सागर विज्ञान

सागर विज्ञान

श्यामसुंदर शर्मा

सत्साहित्य प्रकाशन, दिल्ली

प्रकाशक : **सत्साहित्य प्रकाशन,**
694–ए, (पहली मंज़िल) चावड़ी बाजार, दिल्ली–110006
सर्वाधिकार : सुरक्षित / संस्करण : 2026 / मूल्य : चार सौ रुपए
मुद्रक : नरुला प्रिंटर्स, दिल्ली
ISBN 978-81-7721-302-7

SAGAR VIGYAN (Science of Oceans)
by Shri Shyam Sunder Sharma
₹ 400.00
Published by **SATSAHITYA PRAKASHAN**
694-A, (First Floor) Chawri Bazar, Delhi-110006

अनुक्रम

1
बढ़ती जरूरतें : घटते साधन

संसार की जनसंख्या पांच अरब से भी अधिक हो चुकी है; और उसमें दिन-प्रतिदिन, तेजी से, वृद्धि हो ही रही है। आसानी से यह अनुमान लगाया जा सकता है कि यदि जनसंख्या-वृद्धि की वर्तमान दर कुछ दशक और जारी रही, तब मनुष्यों को पृथ्वी पर रहने की ही नहीं, खड़े होने तक की जगह मिलना कठिन हो जाएगा।

इस संदर्भ में हमारे देश की स्थिति भी काफी गंभीर और चिंताजनक है। वह उस क्षेत्र में आता है जहां जन्म-दर बहुत अधिक, 3.24 प्रतिशत, है। देश की मृत्यु-दर को ध्यान में रखकर गणना की जाए तो सहज ही उस आंकड़े पर पहुंच जाते हैं जो अत्यधिक वृद्धि-दर का द्योतक है, यानी 2.1 प्रतिशत।

पिछले कुछ दशकों में विश्व के अधिकांश देशों में निरंतर बढ़ती हुई आबादी के फलस्वरूप उत्पन्न समस्याओं को हल करने के गंभीर प्रयास किए गए हैं। बढ़ती हुई आबादी का पेट भरने के लिए खाद्यान्नों का उत्पादन बढ़ाने के प्रयत्न किए गए। समय-समय पर पड़नेवाले सूखे के निराकरण के लिए नदियों पर बांध बनाकर नहरें काटी गईं तथा खेतों में ट्यूबवैल लगाने के लिए बिजली बनाई गई। ऊसर और बंजर भूमि पर खाद्यान्न पैदा करने के लिए तकनीकें विकसित की गईं। साथ ही फसलों के आवर्तन चक्र में आवश्यक परिवर्तन किए गए। अनाजों की अधिक पैदावार देनेवाली प्रजातियां विकसित करने हेतु आनुवंशिक इंजीनियरी के क्षेत्र में नए-नए प्रयोग किए गए। उर्वरकों और कीटनाशकों का आवश्यक मात्रा में उत्पादन करने के लिए न केवल बड़े-बड़े कारखाने स्थापित किए गए, वरन् जैव उर्वरक भी तैयार किए गए। फसलों को हानि पहुंचानेवाले कीड़ों को नष्ट करनेवाले कीटों के अधिक प्रभावी विभेद विकसित किए गए। इन सबके आशाजनक परिणाम भी जल्दी ही सामने आने लगे। पिछले कुछ दशकों में खाद्यान्नों की पैदावार में आशातीत वृद्धि हुई। इससे अनेक देश, जो भुखमरी के कगार पर खड़े हुए थे, खाद्यान्नों में आत्मनिर्भर हो गए।

इसी प्रकार पिछले कुछ दशकों में औद्योगिक क्षेत्र में भी अत्यधिक प्रगति हुई। पुराने कारखानों का विस्तार हुआ। उत्पादन बढ़ाने हेतु नए यंत्र और नई तकनीकें विकसित की गईं। साथ ही नई-नई वस्तुओं का निर्माण आरंभ किया गया। कारखानों में उत्पादन बढ़ाने के लिए खनिजों, कच्चे मालों और ऊर्जा के उत्पादन में बढ़ोतरी करना अत्यंत आवश्यक था। इसलिए खनिजों के नए भंडार ज्ञात करने हेतु व्यापक सर्वेक्षण किए गए; भूमि में अधिक गहराई तक खुदाई की गई तथा अब तक व्यर्थ समझे जानेवाले अयस्कों से धातु निष्कर्षण की विधियां खोजी गईं। इसी तरह अन्य कच्चे मालों की निरंतर उपलब्धि के लिए नए स्रोतों की खोज की गई और घटिया किस्म के कच्चे मालों के उपयोग के तरीके ढूंढ़े गए। ऊर्जा के क्षेत्र में न केवल परंपरागत स्रोतों से अधिकाधिक मात्रा में ऊर्जा उपलब्ध करने के उपाय ढूंढ़े गए वरन् गैर-परंपरागत स्रोतों से भी ज्यादा से ज्यादा ऊर्जा पैदा करने की कोशिशें की गईं। नए किस्म के, बेहतर, डीजल और पेट्रोल इंजन विकसित किए गए। घटिया किस्म के, अधिक राखवाले कोयलों को धोकर, पीस-कर और ढिम्मे बनाकर बिजलीघरों में उपयोग करने के प्रयत्न किए गए।

इन प्रयत्नों के फलस्वरूप औद्योगिक उत्पादन में बहुत तेजी से वृद्धि हुई। करोड़ों लोगों का जीवन-स्तर काफी ऊंचा उठ गया। उन्हें रोजगार के अवसर मिले।

खाद्यान्नों और औद्योगिक उत्पादनों में इस वृद्धि से भुखमरी जैसी समस्याएं कुछ हद तक टल गईं पर स्थायी रूप से हल नहीं हुईं क्योंकि रोकथाम के भरसक प्रयत्नों के बावजूद जनसंख्या में निरंतर वृद्धि हो रही है। विडंबना यह है कि विकसित देशों की अपेक्षा विकासशील देशों में, जहां साधनों की अपेक्षाकृत बहुत कमी है, यह वृद्धि-दर काफी अधिक है। विकासशील देश अपनी पुरानी समस्याओं के हल ढूंढ़ नहीं पाते कि नई-नई समस्याएं पैदा हो जाती हैं। उन्हें अपनी बढ़ती हुई आबादी के लिए अधिक अन्न पैदा करने और नए कारखाने स्थापित करने के लिए ही नहीं वरन् अपनी आबादी को बसाने के लिए भी भूमि चाहिए। इस प्रकार भूमि की आवश्यकता दिनोंदिन बढ़ रही है। आबादी के संदर्भ में उपलब्ध भूमि की प्रतिशत मात्रा दिन-प्रतिदिन घटती ही जा रही है।

अब धीरे-धीरे स्थिति यह होती जा रही है कि हमारे कितने ही प्रयत्न और कैसी भी तकनीकें प्रयुक्त करने के बाद भी, भूखे पेटों के लिए हम पर्याप्त मात्रा में अनाज पैदा ही नहीं कर पाएंगे। हमारे कारखाने खनिजों, कच्चे मालों और ऊर्जा की कमी के फलस्वरूप बंद होने लगेंगे। लोगों को रहने के लिए जगह ही नहीं मिलेगी। यदि जल्दी ही, आगामी कुछ दशकों में, कुछ विशेष उपाय नहीं किए गए तो मनुष्यों की स्थिति भी नॉर्वे के उन चूहों जैसे जीवों—लेमिंगों—के समान हो जाएगी जिन्हें समय-समय पर, मात्र अपनी आबादी पर नियंत्रण रखने

के लिए, सामूहिक आत्महत्या करनी पड़ती है। इस स्थिति को सुधारने के लिए या कम-से-कम और बिगड़ने से रोकने के लिए क्या करना चाहिए ?

इसके लिए हमें पूरी स्थिति पर, उसके सब पहलुओं पर, एक बार फिर से —नए सिरे से—गौर करना पड़ेगा। पृथ्वी पर भूमि (थल) काफी कम है—केवल 29.1 प्रतिशत। थल के प्राणी होने के फलस्वरूप हम हमेशा थल पर ही अपना पूरा ध्यान देते रहे हैं। पर थल की अपनी सीमाएं हैं। वह हमारी उग्रतर होती हुई समस्याओं को हल नहीं कर सकता। हमें अपनी खाद्य, आवास, खनिज, कच्चे माल, ऊर्जा आदि से संबंधित समस्याओं के हल सागर में ढूंढ़ने होंगे। हमें सागर की शरण में जाना होगा।

आज से लगभग 20 लाख वर्ष पूर्व से, जब 'एप' जैसे जंतु से उसका विकास हुआ था, मनुष्य थल पर ही रहता आया है। उसके लिए सागर, जो पृथ्वी के 70.9 प्रतिशत भाग को घेरे हुए है, महत्त्वपूर्ण नहीं रहा। उसके लिए सागर मुख्यतः थल खंडों को विभाजित करनेवाली जलराशि मात्र ही रहा है। यद्यपि पिछले लगभग दो सौ वर्षों से कुछ वैज्ञानिक सागर के अंदर झांकने के प्रयत्न कर रहे हैं पर उनके लिए भी अब तक सागर रहस्य ही बना हुआ है।

हमारे जैसे देश के निवासियों को तो सागर के बारे में बहुत कम ज्ञान है। इसलिए सागर में अपनी विकरालतर होती जा रही समस्याओं के हल ढूंढ़ने से पहले हमें उसके विस्तार, उसके जल, उसकी लहरों, धाराओं, जलवायु पर पड़नेवाले प्रभावों, उसकी तली, खनिजों, जीव-जंतुओं आदि के बारे में कुछ जानने का प्रयत्न करना होगा। साथ ही अपने उन कामों पर रोक लगानी होगी जिनसे अनजाने ही हम सागर को गंदा कर रहे हैं।

2
छोटी-छोटी नौकाएं : लंबी यात्राएं

मनुष्य का सागर से परिचय बहुत पुराना है। वह हजारों-लाखों वर्षों से उसके तट पर रह रहा है, पर उन्नीसवीं शती तक भी सागर के बारे में जन-साधारण का ज्ञान बहुत सीमित था। प्राचीन काल में सागर को एक देवता माना जाता था और ज्वार-भाटाओं को उसकी 'सांसें'।

दक्षिण-पूर्वी एशिया के प्राचीन निवासी समुद्र-प्रेमी थे। उन्होंने ईसा से कई सौ वर्ष पूर्व छोटी-छोटी नौकाओं में लंबी-लंबी यात्राएं कर दक्षिण प्रशांत महासागर के अनेक द्वीपों को अपना निवास-स्थान बना लिया था। ये सूर्य और तारों की सहायता से सैकड़ों किलोमीटर की समुद्री यात्रा करके अपने गंतव्य स्थान पर पहुंच जाते थे। न्यूजीलैंड और ऑस्ट्रेलिया के आदिवासी नौकाओं द्वारा ही अन्य स्थानों से वहां पहुंचते थे।

सबसे पुराने सागर-प्रेमी—फोनेशियावासी

फोनेशिया (वर्तमान सीरिया) के निवासी सागर के सबसे पुराने और दुस्साहसी प्रेमी थे। आज से लगभग साढ़े तीन हजार वर्ष पूर्व अपनी छोटी-छोटी नौकाओं में उन्होंने भूमध्यसागर का चप्पा-चप्पा ही नहीं छान मारा था वरन् पश्चिम में ब्रिटिश द्वीपसमूह के तटवर्ती समुद्र की और पूर्व में हिंद महासागर की यात्राएं भी की थीं। जिब्राल्टर के मुहाने से निकलकर उन्होंने अंध महासागर की हवा भी खाई थी और अफ्रीका के तट की सैर भी की थी। ईसा से लगभग 600 वर्ष पूर्व मिस्र के राजा नेको की सेवा में कार्यरत फोनेशियनों ने पूरे अफ्रीका महाद्वीप का चक्कर काटा था। उन्होंने अपनी यात्रा लाल सागर से आरंभ की थी और जिब्राल्टर के मुहाने से अंदर जाकर, भूमध्यसागर को पार करते हुए वे मिस्र वापस जा पहुंचे थे।

इस घटना के लगभग 100 वर्ष बाद कार्थेजीनियन नौसेना के सेनापति हैन्नो ने एक सैनिक अभियान का नेतृत्व किया जो जिब्राल्टर की जलसंधि में से होता

हुआ अफ्रीका के तट के सहारे-सहारे कांगो नदी के मुहाने तक जा पहुंचा था। प्राचीन क्रीट-निवासी भी सागर-प्रेमी थे और उनके साहसी राजा, निमास, ने अनेक बार समुद्री डाकुओं का दमन किया था। प्राचीन मिस्र निवासी भी समुद्री यात्रा का शौक रखते थे।

ईसा से चार शताब्दी पूर्व मार्सेल्स का पार्थियस उत्तरी हिमसागर तक अपनी नौका ले गया था। वह ज्वार-भाटाओं और चंद्रमा के बीच संबंध स्थापित करने में सफल रहा था। ब्रिटिश द्वीप-समूह की अपनी यात्रा के दौरान उसने अक्षांशों और देशांतरों का भी पता लगाया था। इराटोस्थेनीज (276-195 वर्ष ईसा पूर्व), जो सिकंदरिया के पुस्तकालय के अध्यक्ष थे, ने एक सरल विधि से पृथ्वी की परिधि का काफी सही मान ज्ञात कर लिया था। प्राचीन रोम और मिस्र के निवासी भी समुद्र-प्रेमी थे। वे लकड़ी की बनी अपनी छोटी-छोटी नौकाओं में लंबी-लंबी यात्राएं करते थे। उनकी ये यात्राएं यूरोप और अफ्रीका के बीच स्थित भूमध्यसागर तक ही सीमित नहीं थीं। वे जिब्राल्टर की जलसंधि को पार करके खुले अंध महासागर में भी विचरण करते थे और लाल सागर में से होते हुए हिंद महासागर के तट पर बसे देशों तक पहुंच जाते थे। इन देशों के साथ इनके घनिष्ठ व्यापारिक संबंध थे और माल का लाना-ले जाना समुद्री मार्गों से भी होता रहता था।

उत्तरी यूरोप के निवासी, जिन्हें उस समय आमतौर से बर्बर समझा जाता था, समुद्री यात्राओं में निरंतर रुचि लेते थे। फलस्वरूप ईसा की सातवीं शताब्दी में ही सेल्ट आइसलैंड तक जा पहुंचे थे और वहां उन्होंने अपने उपनिवेश बना लिए थे।

रोमन साम्राज्य के पतन (सन् 476) के बाद हिंद महासागर में रोमन नौकाओं की गतिविधियां समाप्त हो गईं जिसके फलस्वरूप उत्तरी हिंद महासागर में से गुजरनेवाले व्यापारिक मार्ग बंद हो गए परंतु मिस्र निवासियों को ये मार्ग भली-भांति याद रहे और धर्मयुद्ध (क्रुसेड 1096-1300) के दौरान यूरोप-वासियों ने इनका उपयोग भी किया। बाद में धर्मयुद्ध के योद्धाओं ने अपनी यात्राओं के दौरान, दिशा ज्ञात करने के लिए चुंबकीय कंपासों का भी उपयोग किया था। ये कंपास उन्होंने उस लोड स्टोन (प्राकृतिक चुंबकीय चट्टान) की मदद से लोहे की सुइयों को चुंबकित करके बनाए थे, जो उन्हें अरब व्यापारियों से प्राप्त हुआ था। अरब व्यापारी उसे लगभग सन् 1200 में चीन से लाए थे।

वाइकिंग

दसवीं शताब्दी में स्कैंडेनेविया के निवासियों, वाइकिंगों, ने लंबी-लंबी समुद्री यात्राएं की थीं। उस शताब्दी के ग्रंथों में हमें वाइकिंगों की ग्रीनलैंड यात्राओं का उल्लेख मिलता है। देश-निकाले की सजा के दौरान एक अपराधी, एरिक द रैड,

अपनी नौका में कनाडा के तट पर स्थित बेफिन द्वीप तक जा पहुंचा। इसके तीन वर्ष बाद उसने ग्रीनलैंड में एक उपनिवेश भी स्थापित किया। बाद में उसके पुत्र, लीफ इरीकसन, ने उसकी खोजों को जारी रखा और कनाडा के तट के निकट यात्रा करता हुआ वह सन् 995 में न्यू फाउंडलैंड जा पहुंचा। छोटी नौका में, तूफानों और हिम चट्टानों से भरे महासागर पर हजारों किलोमीटर की दूरी तय करना वास्तव में अत्यंत साहस और दिलेरी का काम था। इसीलिए उसे 'दिलेर वाइकिंग' कहा जाता है। उसने अमेरिका के पूर्वी तट पर बस्तियां भी बसाई थीं।

इरीकसन के बाद भी वाइकिंगों ने अमेरिका के तटों की अपनी खोजें जारी रखीं। उन्होंने उत्तरी और पूर्वी कनाडा की अनेक यात्राएं कीं और बस्तियां बसाईं। पर 1200 ई० के लगभग, जलवायुगत परिस्थितियों में एकदम परिवर्तन आ जाने के फलस्वरूप, वाइकिंग अपनी यात्राओं को और आगे जारी नहीं रख सके। फलतः अपनी नई बस्तियों से उनके संपर्क टूट गए।

तेरहवीं शताब्दी के अंतिम चरण में इटली के मार्को पोलो ने चीन की यात्रा की जिसका काफी भाग सागरों पर से तय किया था। मार्को पोलो की यात्राएं बहुत महत्त्वपूर्ण थीं। चीन से लौटते समय सन् 292 में वह मलक्का के मुहाने में से गुजरा था।

यूरोपवासी

पंद्रहवीं शताब्दी में यूरोपवासियों ने, विशेष रूप से भूमध्यसागरीय देशों के निवासियों ने, जो समुद्री यात्राएं कीं, उन्होंने तो संपूर्ण विश्व के इतिहास को ही बदल दिया। इस शताब्दी में दो अत्यंत महत्त्वपूर्ण घटनाएं हुईं। पहली घटना थी वर्ष 1420 में पुर्तगाल के प्रिंस हेनरी द्वारा सेग्रेस (पुर्तगाल) में नाविकों की प्रशिक्षण संस्था की स्थापना और दूसरी थी वर्ष 1453 में तुर्कों द्वारा कुस्तुन-तुनिया शहर पर कब्जा। पहली घटना के परिणामस्वरूप पुर्तगाल में प्रशिक्षित नाविकों का एक ऐसा दल तैयार हो गया जो उस समय अज्ञात सागरों और देशों की खोज करने का बहुत इच्छुक था। उन्हें प्रशिक्षित करने में प्रिंस हेनरी (जो बाद में 'प्रिंस हेनरी—द नेवीगेटर' के नाम से प्रसिद्ध हुए) ने इतालवी नाविकों और मानचित्रों की मदद ली थी। कालांतर में इन पुर्तगाली नाविकों में से दिगो काओ ने कांगो नदी के मुख तक यात्रा की, बार्थोलोमेव दिआज़, 1487-88 में, केप ऑफ गुडहोप की परिक्रमा करने में सफल रहे और वास्को-द-गामा वर्ष 1498 में भारत आ पहुंचे।

दूसरी घटना ने समुद्री अभियानों को परोक्ष रूप से प्रभावित किया। कुस्तुनतुनिया पर तुर्कों का कब्जा हो जाने से, यूरोप से पूर्वी देशों की ओर जाने-वाले थल मार्ग बंद हो गए। साथ ही उस शहर में रहनेवाले विद्वान् भागकर

यूरोप के देशों में जा पहुंचे। वहां पहुंचकर उन्होंने उस प्राचीन ज्ञान का पुनः प्रचार करना शुरू कर दिया, जिसे तत्कालीन यूरोपवासी भूल गए थे।

थल मार्ग बंद हो जाने के कारण भारत तथा दक्षिण-पूर्व के अन्य देशों तक पहुंचने के लिए जल-मार्गों की खोज आरंभ हुई।

इन यात्राओं के बारे में एक और विलक्षण बात यह है कि उन्हें प्रेरित करने में हमारे देश, भारत का प्रत्यक्ष और परोक्ष रूप से बहुत हाथ था। भारत पहुंचने का नया (समुद्री) मार्ग खोजने के प्रयास में अनेक अन्वेषक आर्कटिक सागर तक जा पहुंचे थे।

भारत तथा दक्षिण-पूर्वी एशियाई देशों की यात्रा के बारे में 1474 में फ्लोरेंस के खगोलशास्त्री, तोस्कानेल्ली ने पुर्तगाल के राजा को एक पत्र लिखा था। उसमें उन्होंने यह सुझाया था कि इन देशों तक पश्चिम की ओर से समुद्री यात्रा करके पहुंचा जा सकता है, क्योंकि ये देश इस मार्ग से भी काफी निकट पड़ेंगे। उन्होंने इस पत्र के साथ एक मानचित्र भी संलग्न किया था जो बाद में बहुत भ्रामक पाया गया क्योंकि इसमें दक्षिण-पूर्वी (एशियाई) देश अमेरिका के एकदम निकट दर्शाए गए थे। पर उस समय यह मानचित्र बहुत महत्त्वपूर्ण समझा गया।

क्रिस्टोफर कोलंबस (1451-1506)—जिनोवा निवासी नाविक जो स्पेन के दरबार में नौकरी करता था। पश्चिम की ओर से भारत पहुंचने के प्रयास में वह 1492 में बहामा जा पहुंचा। बाद में उसने अंध महासागर पर चार बार यात्राएं कीं जिनके दौरान उसने बहामा, क्यूबा, हेटी, पोर्टोरिको ट्रिनीडाड, वेनेजुला आदि की खोज की थी।

कालांतर में अनेक प्रयत्नों के बाद, क्रिस्टोफर कोलंबस इस पत्र और मानचित्र की एक प्रति प्राप्त करने में सफल रहे। उनके आधार पर कोलंबस ने स्पेन के तत्कालीन सम्राट को पश्चिम दिशा से भारत तक पहुंचने के लिए एक समुद्री मार्ग खोज निकालने हेतु आर्थिक सहायता देने के लिए राजी कर लिया। स्पेन से समुद्री मार्ग द्वारा पश्चिम की ओर बढ़ते हुए 1492 में वह भारत के स्थान पर बहामा पुंज (वैस्ट इंडीज) के एक द्वीप पर जा पहुंचे। कोलंबस विलक्षण नाविक थे, पर असफल प्रशासक। इसलिए उनके द्वारा नई दुनिया (वैस्ट इंडीज) में बसाए गए उपनिवेशों में अनेक उलझनें उत्पन्न हो गई थीं।

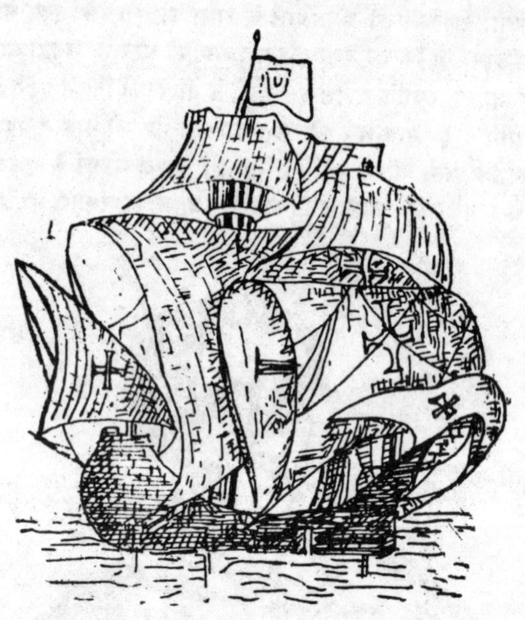

वह जहाज जिसमें वास्को-द-गामा भारत आया था

समुद्री मार्ग से भारत पहुंचनेवाला प्रथम यूरोपवासी था वास्को-द-गामा। 1498 में उसने भारत में जो कदम रखा, वह भारत के लिए काफी अशुभ सिद्ध हुआ। उसकी यात्रा के फलस्वरूप न केवल वास्को-द-गामा के देशवासी, पुर्तगाली, भारत आ पहुंचे वरन् फ्रांसीसी और अंग्रेज भी बड़ी संख्या में आ गए। उनके धीरे-धीरे अपने पैर जमाने तथा हमारे देश के तत्कालीन शासकों की गलतियों और कमजोरियों के परिणाम देश के पूरी तरह अंग्रेजों के अधीन होने के रूप में सामने आए।

विश्व-यात्राएं

कोलंबस और वास्को-द-गामा की अन्वेषक यात्राओं के बाद तो ऐसी यात्राओं की बाढ़-सी आ गई। यूरोप के लगभग हर देश के निवासी ऐसी यात्राओं पर निकल पड़े जिनका उद्देश्य अपेक्षाकृत अल्प विकसित देशों से व्यापार बढ़ाने की आड़ में उन देशों पर अपना आधिपत्य जमाना था। इनके फलस्वरूप अनेक स्थलों की खोज हुई, पर विश्व के अनेक भागों में ब्रिटेन और स्पेन के ही नहीं फ्रांस, हॉलैंड आदि के भी साम्राज्य स्थापित हो गए। वैसे राजनीतिक उद्देश्य से की गईं समुद्री यात्राओं के अनेक लाभ भी हुए। नए-नए समुद्री मार्ग खोज लिए गए।

वर्ष 1497 में जॉन कैबोट उत्तर-पश्चिम की ओर यात्रा करते हुए उत्तर अमेरिका के पूर्वी तट पर जा पहुंचे। उसके बाद, वर्ष 1500 और 1520 के बीच अनेक पुर्तगाली और स्पेनिश अन्वेषकों ने लंबी-लंबी समुद्री यात्राएं कीं जिनमें दक्षिण और मध्य अमेरिका के पूर्वी तटों की खोज हुई।

फर्दीनांद मैगेलान (1480-1521)—अपने देश, पुर्तगाल से आर्थिक मदद प्राप्त न कर पाने पर मैगेलान ने स्पेन के जहाजों पर विश्व-यात्रा की। यात्रा के दौरान 280 नाविकों में से केवल 18 बचे, स्वयं मैगेलान भी मारे गए।

स्पेन निवासी कैप्टेन फर्दीनांद मैगेलान पहले व्यक्ति थे, जिन्होंने पृथ्वी की

परिक्रमा की थी। उन्होंने वर्ष 1519 में अपनी यात्रा अंध महासागर से आरंभ की—पांच जहाजों और 230 नाविकों के साथ। पर जब उनका बेड़ा 8 सितंबर, 1522 को वापस स्पेन पहुंचा तो उसमें एक जहाज और 18 नाविक थे—स्वयं मैगेलान उनमें नहीं थे। अंध महासागर से प्रशांत महासागर जाने के लिए उनके जहाज दक्षिण अमेरिका के दक्षिणी सिरे से गुजरे थे। उस जलसंधि की खोज, जिसमें से उनके जहाज अंध महासागर से प्रशांत महासागर पहुंचे थे, उन्होंने ही की थी। इस कारण आज भी वह 'मैगेलान जलसंधि' कहलाती है।

मैगेलान ही पहले व्यक्ति थे जिन्होंने 1521 में खुले सागर की गहराई नापने के प्रयत्न किए थे। रस्सी के सिरे में वजन बांधकर उथले जल की गहराई मापने का उन्हें पर्याप्त अनुभव था। अन्य नाविकों की भांति वह भी थल की ओर जाते समय अपनी स्थिति निर्धारित करने के लिए सागर की गहराई के माप पर निर्भर रहते थे। उनका मत था कि जहाज किनारे के जितने नजदीक होगा, सागर उतना ही उथला होगा। इस प्रकार वजन से बंधी हुई रस्सी को पानी में उतारकर वह यह अनुमान लगाने के प्रयत्न करते थे कि वह थल के निकट हैं या नहीं।

मैगेलान के जहाज जब प्रशांत महासागर के लगभग मध्य में यात्रा कर रहे थे तब उनके पास पेय जल और अन्न की कमी हो गई। इस कारण मैगेलान के साथियों को बहुत कष्ट झेलने पड़े। कुछ की तो मृत्यु तक हो गई। उस समय यह अनुमान लगाने के लिए कि वे लोग थल से कितनी दूर हैं, मैगेलान ने महासागर की गहराई नापने की कोशिश की। उस समय उनके पास लगभग चार सौ मीटर लंबी रस्सी थी। वह उन गहराइयों के लिए पर्याप्त थी जिन्हें वे अकसर नापा करते थे। पर प्रशांत महासागर के मध्य में उसमें बंधा वजन तली को नहीं छू सका। इससे उन्होंने भ्रमवश यह अनुमान लगा लिया कि वह सागर के गहनतम भाग में पहुंच गए हैं।

ब्रिटेन सागर से चारों ओर से घिरा एक टापू है। वहां प्राकृतिक संपदा भी बहुत नहीं है। अपनी दैनिक जरूरतों के लिए भी वहां के निवासियों को अन्य देशों पर निर्भर रहना पड़ता है। इस तथ्य ने ब्रिटेनवासियों को निपुण और साहसिक नाविक बना दिया। इस कार्य में ब्रिटेन के राजाओं के शौक ने भी सहायता की। फलस्वरूप शीघ्र ही वह भी साहसिक समुद्री अभियानों की श्रृंखला में शामिल हो गया। उसके जहाज भी खुले महासागरों की सैर करने लगे।

मैगेलान की यात्रा के 57 वर्ष बाद ब्रिटेन के सर फ्रांसिस ड्रेक ने भी विश्वयात्रा की। उसे अंध महासागर में विचरण करने और दक्षिण अमेरिका के देशों को लूटकर सोना आदि लाते हुए स्पेनिश जहाजों से युद्ध करने का काफी अनुभव था। वह अपनी यात्रा में मैगेलान से अधिक सफल रहा। वह स्वयं भी विश्वयात्रा के बाद सकुशल ब्रिटेन पहुंच गया था।

वैज्ञानिक यात्राएं

फ्रांसिस ड्रेक के बाद भी अनेक अन्वेषकों ने लंबी-लंबी समुद्री यात्राएं कीं। उनका उद्देश्य अनेक स्थानों की खोज करना, नए व्यापारिक मार्ग तलाश करना अथवा नए देशों पर अपने देश का आधिपत्य जमाना था। ब्रिटेन के कैप्टन कुक की ही पहली ऐसी समुद्री यात्रा थी जिसका उद्देश्य मात्र वैज्ञानिक खोज था। उसने 1768 और 1779 के बीच अनेक खोजपूर्ण यात्राएं कीं।

कैप्टन जेम्स कुक (1728-1779)—सागरों का प्रथम वैज्ञानिक सर्वेक्षण अनेक वर्षों तक समुद्री यात्राएं, न्यूजीलैंड, ऑस्ट्रेलिया; तिमोर, जावा और अधिकांश पालीनेशिया द्वीपों और अंटार्कटिक सागर की खोज; यात्रा के दौरान ही हवाई द्वीप में हत्या।

ब्रिटेन की नौ सेना से संबद्ध कैप्टन कुक को सबसे पहले सेंट लारेंस नदी के क्षेत्र और न्यू फाउंडलैंड के तट के सर्वेक्षण का कार्य सौंपा गया था। यह कार्य उन्होंने इतनी निपुणता से संपन्न किया कि शीघ्र ही उनकी धाक गणितज्ञ, खगोल-शास्त्री और मानचित्र बनानेवाले विद्वान् के रूप में जम गई। बाद में उन्होंने प्रशांत महासागर के विभिन्न भागों की विस्तृत सर्वेक्षण-यात्राएं कीं, अनेक नए द्वीपों की खोज की, पानी की गहराइयां नापीं, जीव-जंतुओं के अध्ययन किए तथा अनेक नए तथ्यों का पता लगाया। यद्यपि वह अंटार्कटिक महाद्वीप की खोज न कर सके, पर वहां से आते हुए लवणरहित हिम शैलों और थल पर घोंसला बनानेवाले पक्षियों को देखकर उन्होंने उसके अस्तित्व का अनुमान अवश्य लगा लिया था।

अपनी यात्राओं के दौरान उन्होंने स्कर्वी रोग, जो नाविकों को आमतौर पर होनेवाला एक घातक रोग है, के कारणों का पता लगाया और उसका उपचार ढूंढ़ निकालने में सफलता प्राप्त की। इसके अतिरिक्त उन्होंने देशांतर ज्ञात करने की एकदम सटीक विधि भी ज्ञात की।

कैप्टन कुक की यात्राओं ने पृथ्वी के भौगोलिक ज्ञान में बहुत वृद्धि की। उनकी यात्राओं के बाद 70° उत्तर और 70° दक्षिण अक्षांशों के बीच के सब क्षेत्रों के सही मानचित्र बनाए जा सके।

यद्यपि सागर विज्ञान को ठोस आधार प्रदान करने में अमेरिका निवासी मैथ्यू फोंटेन मॉरे (1806-1873) अग्रणी थे, पर उन्होंने स्वयं लंबी-लंबी समुद्री यात्राएं नहीं की थीं। नौ सेना में भरती होने के कुछ दिन बाद ही दुर्भाग्यवश वह दुर्घटनाग्रस्त हो गए थे और समुद्री यात्राओं के योग्य नहीं रहे थे (उनके योगदान के बारे में अगले अध्याय में पढ़िए)।

दिसंबर, 1831 में प्लाइमथ (इंग्लैंड) से बीगल (पोत) अपनी यात्रा पर चला। उस पर चार्ल्स डारविन भी सवार था जिसने उरुग्वे, अर्जेंटाइना, पेटेगोनिआ, फाकलैंड द्वीप, टेरा डेल फ्यूगो और गालपेगोस द्वीप के मनुष्यों, पशु-पक्षियों, पेड़-पौधों, जीवाश्मों (फॉसिलों) और प्राकृतिक बनावटों का पांच वर्ष तक अध्ययन किया। उसके बाद ही डारविन ने विकासवाद का अपना सिद्धांत प्रस्तुत किया था।

बीगल की यात्रा के बाद छोटे-छोटे बहुत-से सर्वेक्षण किए गए। 1872 में लंदन की रॉयल सोसायटी की ओर से विश्व सागर के वैज्ञानिक अभियान पर निकला चैलेंजर (पोत)। यह अभियान सागर विज्ञान के इतिहास में सबसे बड़ा और सबसे अनोखा अभियान था। चैलेंजर (इसके बारे में अधिक विवरण 'आधुनिक समुद्र मंथन' अध्याय में पढ़िए) और उसके बाद आयोजित अभियानों का उद्देश्य मुख्य रूप से सागर की तली, पानी, लहरों, जल-धाराओं, जीव-जंतुओं आदि की खोज करना था।

नैनसन की यात्रा

साहसिक अन्वेषण यात्राओं में नार्वेजियन वैज्ञानिक डॉ० फ्रिट्जोफ नैनसन की यात्रा काफी अभूतपूर्व थी। उन्हें उत्तरी अंध महासागर और आर्कटिक सागर में बहुत रुचि थी। उन्हें अपनी रुचि के अनुसार अन्वेषण अभियान आयोजित करने में उन्नीसवीं सदी के उत्तरार्द्ध में आर्कटिक सागर के अन्वेषण हेतु आयोजित किए गए अनेक अभियानों के परिणाम प्राप्त थे। इनमें से डॉ० नैनसन को 1879 में आयोजित जेनेट अभियान में विशेष रुचि थी और उसने ही उन्हें अपना अभियान आयोजित करने के लिए प्रेरणा भी दी। जेनेट अमेरिकी पोत था और

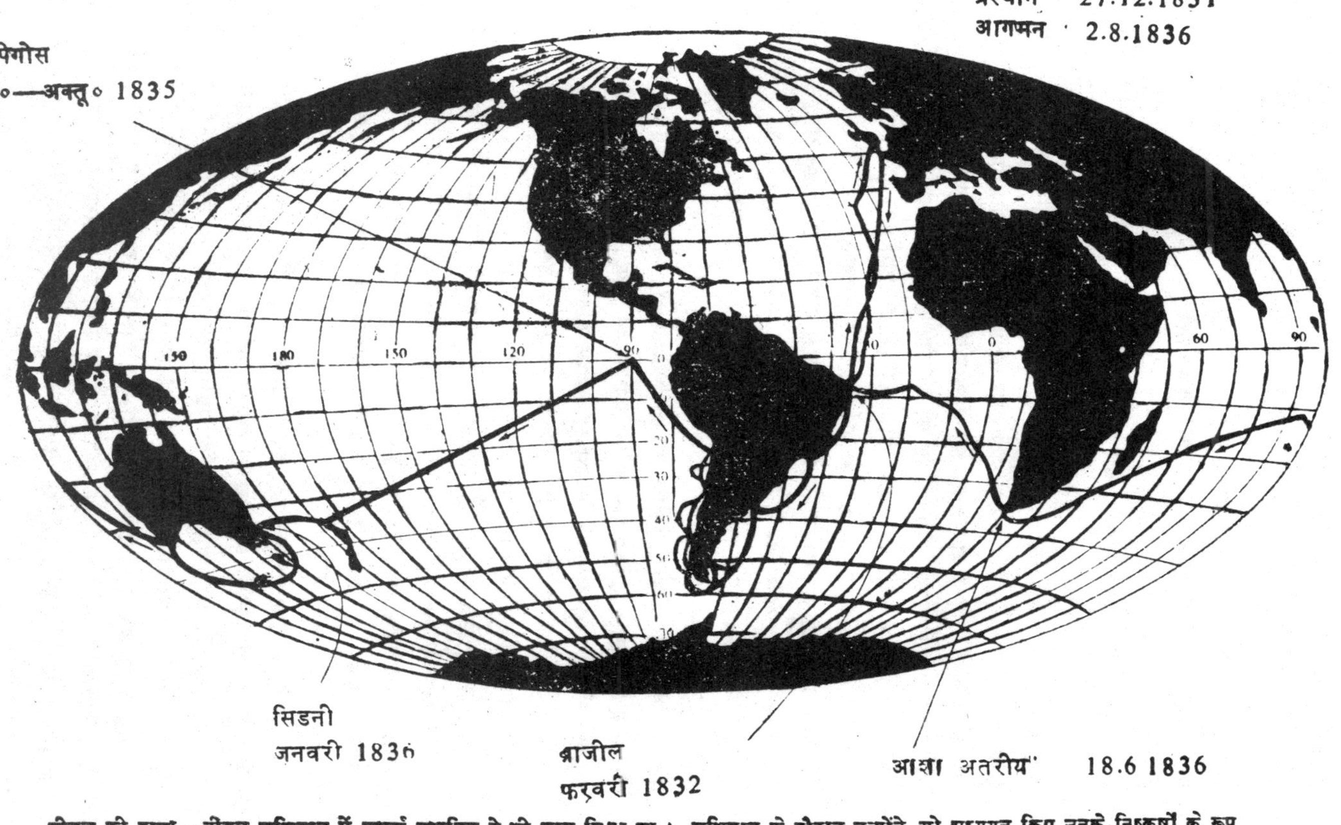

बीगल की यात्रा—बीगल अभियान में चार्ल्स डारविन ने भी भाग लिया था। अभियान के दौरान उन्होंने जो अध्ययन किए उनके निष्कर्षों के रूप

उसके कप्तान थे जॉर्ज वाशिंगटन डिलांग। इस अभियान का उद्देश्य था वैज्ञानिकों की एक परिकल्पना की पुष्टि। उस समय वैज्ञानिकों का यह विचार था कि आर्कटिक सागर में एक बड़ा महाद्वीप स्थित है और उसी महाद्वीप में स्थित है उत्तरी ध्रुव। इस कल्पित महाद्वीप के दक्षिणी भाग में एक प्रायद्वीप भी है।

जेनेट बेरिंग जलसंधि से होकर रेंगल द्वीप पहुंच गया था। वहां आकर वैज्ञानिकों को पता चला कि उस प्रदेश में कोई महाद्वीप नहीं है वरन् सागर है। जेनेट इस बर्फीले सागर में फंस गया और उत्तर की ओर बहने लगा। दो वर्ष तक इसी प्रकार बहते रहने के बाद अंततः वह न्यू साइबेरियन द्वीप के निकट डूब गया और उसके साथ ही उसके अभियान दल की भी सागर-समाधि बन गई।

वर्ष 1884 में जेनेट अभियान की कुछ वस्तुएं ग्रीनलैंड के पूर्वी तट पर प्लावी बर्फ पुंज (पैक आइस) में जमी पाई गईं। इन वस्तुओं के बहने के तरीके से नैनसन ने यह अनुमान लगाया कि ये जिस रास्ते से बहकर आई हैं, उस रास्ते से उत्तरी ध्रुव भी पहुंचा जा सकता है।

अंत में नैनसन ने एक ऐसा पोत फ्राम बनाया जो बर्फ में फंसकर भी टूट नहीं सकता था। जमी हुई बर्फ, जो आयतन में बढ़ती जाती है, उसे ऊपर की ओर ही धकेल देती थी। ऐसा पोत तैयार हो जाने के बाद नैनसन 24 जून, 1893 को, अपने तेरह साथियों तथा पांच वर्ष के लिए पर्याप्त सामग्री के साथ ओस्लो से उत्तर की ओर रवाना हुए। नैनसन का खयाल था कि जेनेट की वस्तुओं को ग्रीनलैंड तक पहुंचने में कम से कम तीन वर्ष लगे होंगे। इसलिए उन्होंने अपने फ्राम में पांच वर्ष के लिए सामग्री की व्यवस्था की।

नैनसन का विचार न्यू साइबेरियन द्वीप पर पहुंचने के बाद उत्तर की ओर तब तक अपनी यात्रा जारी रखना था जब तक फ्राम उत्तरी ध्रुव ले जानेवाली जलधारा में न पहुंच जाए। पर बर्फ ने फ्राम को रास्ते में ही रोक लिया। उस समय वह 79°30′ उत्तर अक्षांश तक ही पहुंचा था और उत्तरी ध्रुव 1100 किलोमीटर दूर था।

फ्राम के डिजाइन ने फैलती हुई बर्फ से उसकी रक्षा की। जब भी बर्फ उसे भींचने की कोशिश करती, वह छिटककर ऊपर सतह पर आ जाता। अपनी इस यात्रा के दौरान नैनसन ने यह देखा कि यद्यपि बर्फ काफी अनियमित रूप से आगे बढ़ती है, पर सामान्यतः वह पवन के बहने की दिशा से 20-40° के कोण पर दाहिनी ओर बहती है। नैनसन ने इससे यह निष्कर्ष निकाला कि बर्फ की बहने की दिशा में विक्षेप पृथ्वी के अपनी धुरी पर घूमने के फलस्वरूप होता है। उनका यह निष्कर्ष एकदम सही था। वास्तव में वह विक्षेप कोरिओलिस प्रभाव के फलस्वरूप था।

नैनसन के अनुसार यदि फ्राम पवनों के अनुसार अपने पथ पर बढ़ता रहता

तो उसे उत्तरी ध्रुव पार करते हुए अलास्का पहुंच जाना चाहिए था, पर वास्तव में कोरिओलिस प्रभाव के कारण वह ग्रीनलैंड के तट पर ही पहुंच सका।

नैनसन ने यह भी निष्कर्ष निकाला था कि फ्राम के मार्ग को न केवल पवनें वरन् एक जलधारा भी प्रभावित कर रही है। यह जलधारा आर्कटिक और अंध महासागरों की जलराशियों के घनत्वों में अंतर के फलस्वरूप उत्पन्न होती है।

नैनसन ने अपनी यात्रा के दौरान एक ऐसी युक्ति का आविष्कार भी किया जो बाद में सागर वैज्ञानिकों के लिए अत्यंत महत्त्वपूर्ण और उपयोगी साबित हुई। यह युक्ति आज भी उनके नाम पर 'नैनसन बोतल' कहलाती है। इससे किसी भी गहराई से सागर के पानी का नमूना लिया जा सकता है।

भारतीयों का सागर-प्रेम

सागर हमारे देश के चरण चूमता है। वह हमारे देश को, विशेष रूप से उसके दक्षिणी भाग को तीन ओर से घेरे हुए है। साथ ही सागर देश के दक्षिणी भाग से आरंभ होकर सुदूर अंटार्कटिक तक, निर्विघ्न, फैला हुआ है। हमारे देश का तट लगभग 6,100 किलोमीटर लंबा है। इसलिए हमारे पूर्वज, अपनी सभ्यता

प्राचीन तमिल नौका

के आरंभिक चरण में ही सागर (हिंद महासागर) के संपर्क में आ गए थे। हमारे पूर्वजों ने बहुत पहले ही इसके बारे में, मात्र अपनी अवलोकन शक्ति से, समयानुकूल, काफी जानकारियां हासिल कर ली थीं। उन्होंने इसके ज्वार-भाटाओं,

लहरों, धाराओं आदि का कुछ परिचय प्राप्त कर लिया था और वे कुछ हद तक इनका उपयोग करते भी थे। पर आधुनिक ग्रंथों, विशेष रूप से उन ग्रंथों में, जो पश्चिमी देशों द्वारा रचे गए हैं, कहीं-कहीं ही इसके उल्लेख मिलते हैं।

गुजरात में लोथल नामक स्थान पर की गई खुदाई में मिले अवशेषों से प्राचीन भारतवासियों के सागर संबंधी ज्ञान की पुष्टि होती है। ये अवशेष बहुत पुराने—सिंधु घाटी सभ्यता काल के हैं। उनसे यह स्पष्ट हो गया है कि प्राचीन भारतीय बड़ी समुद्री नौकाएं और बंदरगाह बनाना जानते थे। इन अवशेषों से यह अनुमान लगाया जा सकता है कि हमारे पूर्वज, अत्यंत सीमित रूप से ही सही, तट के सागरों का उपयोग खाद्य तथा ऊर्जा प्राप्त करने के लिए भी करते थे।

हमारे व्यापारी प्राचीन काल से ही नियमित रूप से लंबी समुद्री यात्राएं करते थे। वे दूर देशों में जाकर माल बेचते और वहां से अपने देश को सामान लाते थे। ईसा के जन्म से भी लगभग 3,000 वर्ष पहले हमारे देश और बेबीलोन के बीच नियमित रूप से व्यापार होता था। बेबीलोन के खंडहरों में मिले भारतीय सागौन के शहतीरों से इसकी पुष्टि होती है।

भोज द्वारा रचे गए ग्रंथ 'युक्ति कल्पतरु' में जलयान निर्माण कला का विस्तृत वर्णन है। उसमें विभिन्न प्रकार की नौकाओं की निर्माण और मरम्मत करने की विधियां, उनको चलाने के तरीके आदि के विस्तृत विवरण हैं। उसमें यह भी बताया गया है कि लंबी समुद्री यात्राएं करनेवाले जलयानों की तली में लोहे का उपयोग नहीं करना चाहिए अन्यथा सागर की तली में स्थित चुंबकीय चट्टानें जलयानों को अपनी ओर आकर्षित कर सकती हैं।

सम्राट अशोक के राज्य-काल में बौद्ध धर्म के प्रचार हेतु सुदूर देशों की नियमित रूप से समुद्री यात्राएं करना आम बात थी। अशोक के पुत्र और पुत्री समुद्री मार्ग से ही श्रीलंका गए थे। प्रसिद्ध इतिहासकार विंसेंट स्मिथ के अनुसार 'जब हम सम्राट अशोक की सिंहल नीति पर दृष्टिपात करते हैं, तब सहज ही यह स्पष्ट हो जाता है कि उसके पास थल सेना के साथ जहाजी बेड़ा भी था।'

दक्षिण भारत के तीन ओर से सागर से घिरे होने के कारण वहां के निवासी प्रागैतिहासिक काल से ही लंबी-लंबी समुद्री यात्राएं करते रहे हैं। उनके, विशेष रूप से तमिल प्रदेश के निवासयों के, प्राचीन काल से ही पूर्व और पश्चिम के देशों से घनिष्ठ व्यापारिक संबंध रहे हैं। उनका व्यापार समुद्री मार्गों से भी होता था। बाइबिल में इस व्यापार के उल्लेख मिलते हैं। अनेक प्राचीन हिब्रू ग्रंथों में द्रविड़ भाषाओं के कई शब्द मिले हैं।

दूसरी ओर तीसरी सदी के आंध्र राजाओं के सिक्कों पर दो मस्तूलवाले जहाज के चित्र खुदे थे। इन्हें कदाचित् यज्ञ श्री ने ढलवाया था और वे कारोमंडल तट के समुद्री मार्गों से होनेवाले व्यापार के द्योतक हैं।

अनेक विदेशी यात्रियों, यथा मार्को पोलो, जान ऑफ मांटे कोरविनो, इब्न बतूता, जॉन डि मॉरीग्नोली, वांग ता यान, फाइहीन, निकोले द कांती आदि ने प्राचीन दक्षिण भारत के जहाजों और समुद्री व्यापार का विस्तृत वर्णन किया है।

जापान के ताका-कुसु के अनुसार दक्षिण भारत के व्यापारियों की नौकाएं जापान तक विचरण करती थीं।

प्राचीन तमिल साहित्य, विशेष रूप से संगम साहित्य, में अनेक उन्नत बंदरगाहों, उदाहरणार्थ मुचिरी, का वर्णन है। ईसा की प्रथम दो शताब्दियों में कारोमंडल तट से पूर्व और पश्चिम के अनेक देशों के लिए जलयान चलते थे। दक्षिण भारत के चोल राजाओं के समुद्री बेड़ों ने अपने-आप को केवल तटीय सागर तक ही सीमित नहीं रखा था वरन् वे बंगाल की खाड़ी को साहसपूर्वक पार करके इरावदी के डेल्टे और मलय प्रायद्वीप तक की यात्राएं करते थे। ये बेड़े जावा और सुमात्रा तक भी चले जाते थे।

प्राचीन भूगोलवेत्ता टालमी ने अपने ग्रंथ 'ज्यॉग्रफी', जिसकी रचना लगभग सन् 150 में हुई थी, में भारत के पश्चिमी और पूर्वी तटों के अनेक बंदरगाहों का उल्लेख किया है। इनमें सूरत, मैंग्राल, सुपरा, कोणार्क प्रमुख थे।

जावा पर अधिकार करने और उसे आबाद करने में पश्चिमी तट के भारतीयों ने भी योग दिया था। सन् 75 और फिर सन् 600 के लगभग साहसी गुजराती युवकों ने भी जावा में आधिपत्य जमाने के प्रयत्न किए थे। भारतीयों ने वहां अपनी बस्तियां बसाई थीं तथा अपनी संस्कृति और धर्म का प्रचार किया था।

अन्य देशों, श्रीलंका, कंपूचिया, जावा आदि में भारतीयों की आबादी बसाने में बंगालवासियों ने भी बहुत योग दिया था। उन्होंने चंपा (कोचीन चाइना) में 'भागलपुर' नामक शहर भी बसाया था। बंगाल की लोककथाओं में 'चंडी' और 'मनसा' देवियों और सुदूर देशों से यात्रा करनेवाले यात्रियों के वर्णन हैं। प्राचीन बंगाल के कुछ प्रसिद्ध बंदरगाह थे—संतगांव, सोनार गांव, चंपा, भागलपुर और तापलिप्ता।

सन् 673 में भारत की यात्रा करनेवाले चीनी यात्री, आइत्सिंग ने स्वर्णभूमि (ब्रह्मा) से लेकर चीन तक बसी अनेक भारतीय बस्तियों का उल्लेख किया है। ये थीं सुमात्रा में 'श्री-भोज', जावा में 'कलंग', बोर्नियो में 'महासिन' तथा बाली द्वीप, भामपाड़ा आदि। इनके और भारत के बीच नियमित रूप से यात्राएं होती थीं।

दसवीं शताब्दी के अंत में, चोल वंश के शासनकाल में, दक्षिण भारत में समुद्री अभियानों में अत्यधिक तेजी आ गई। सन् 985 में गद्दी पर बैठनेवाले राजा चोल ने अपने शासनकाल के बीसवें वर्ष में श्रीलंका पर विजय प्राप्त की और एक शक्तिशाली नौ सेना संगठित की। उनके पुत्र राजेंद्र चोल (1013-1044) ने लक्षद्वीप

और मालद्वीप पर भी कब्जा कर लिया था। उसने समस्त इल्लम (श्रीलंका) जीत लिया था। एक प्रशस्ति में राजेंद्र चोल की 'कदरम' (ब्रह्मा) के राजा संग्राम तुंग वर्मन पर विजय का वर्णन भी अंकित है। यह विजय राजेंद्र चोल की थल सेना ने नहीं वरन् नौ सेना ने प्राप्त की थी।

चोल वंश के राजा केवल बंगाल की खाड़ी के दूसरी ओर स्थित देशों को जीतकर ही संतुष्ट नहीं हो गए थे। उन्होंने पूर्व में चीन तक अपने संपर्क बढ़ाए थे। 'सुंगशीह' नामक चीनी ग्रंथ में उल्लेख है कि दो चोल राजाओं ने चीनी दरबार में अपने दूत भेजे थे।

लगभग आठ सौ वर्ष पहले अरब व्यापारी नियमित समुद्री मार्ग से भारत से व्यापार करते थे। उस समय भारत के बंदरगाह अन्य देशों के बंदरगाहों से बड़े, उन्नत और अधिक विकसित थे। हमारी नौकाएं महासागर पर इठलाती हुई सुदूर देशों की यात्राएं करती थीं। इसलिए अरब सौदागरों ने उस जलराशि का, जो हमारे देश को तीन ओर से घेरे हुए है, नामकरण ही हमारे देश के नाम पर 'हिंद महासागर' रख दिया था। उसके बाद यह नाम सदैव प्रचलित रहा; यद्यपि बीच-बीच में ऐसे समय भी आए, जब हमारा देश हर तरह से पददलित और गुलाम हो गया था। उस समय हमारे देश के जहाज इस जलराशि पर नाममात्र के लिए ही विचरण करते थे। पर किसी ने 'हिंद महासागर' नाम को बदलना उचित न समझा। बाद में हिंद महासागर में मोटे रूप से उस जलराशि को शामिल कर लिया गया जो पश्चिम में अफ्रीका महाद्वीप और पूर्व में ऑस्ट्रेलिया से तथा उत्तर में एशिया के दक्षिणी तट और दक्षिण में अंटार्कटिक महाद्वीप से घिरी हुई है।

मध्य युग में शिवाजी ने अपनी नौ सेना का गठन किया था और वह उस पर पर्याप्त ध्यान देते थे। मराठा शक्ति के उत्थान में नौ सेना का भी योग था। शिवाजी के शासनकाल में विजय दुर्ग, कोलाबा, सिंधुवर्ग, रत्नागिरि, अंजनवाला आदि में युद्धपोतों का निर्माण किया जाता था।

'सतारा के मुखिया प्रमुख' नाम से विख्यात आंग्रे, बंबई से विंसीरेला तक के समुद्री तट का 'बेताज बादशाह' था। तीस से चालीस तोपों से लैस, युद्धपोतों का उसका बेड़ा उस समय के यूरोपीय व्यापारियों के लिए दहशत बन गया था। इसीलिए इस वीर की स्मृति में भारतीय नौ सेना ने अपने एक युद्धपोत का नाम 'आई० एन० एस० आंग्रे' रखा है।

हम नहीं जानते कि प्राचीन भारतवासियों को सागर के पानी, जलधाराओं, धरातल की बनावट आदि के बारे में कितनी जानकारी थी। उनकी नौकाओं और उनके उपकरणों को देखकर ऐसा लगता है कि वे समुद्र पर अपना मार्ग ढूंढ़ निकालना-भर ही जानते थे। इसके अलावा समुद्र के बारे में उन्हें अधिक जानकारी न थी।

3
सागर विज्ञान का विकास

सागरों पर की गईं छोटी-बड़ी यात्राओं ने स्वयं सागर के बारे में कुछ जानकारियां प्रदान करने में मदद की। ये जानकारियां अत्यंत महत्त्वपूर्ण थीं और इनके बिना सागर-विषयक हमारा ज्ञान नगण्य ही रह जाता। पर नाविकों या साहसिक यात्रियों के अतिरिक्त अन्य लोगों, विशेष रूप से भौतिकशास्त्रियों, रसायनज्ञों, भूगर्भशास्त्रियों, जीवशास्त्रियों तथा अन्य विषयों के विशेषज्ञों ने भी सागर के बारे में हमारे ज्ञान को बहुत आगे बढ़ाया। वास्तव में सागर विज्ञान के क्षेत्र में हुई प्रगति की रफ्तार यदि सत्रहवीं और अठारहवीं शताब्दियों में धीमी रही तो उसका मुख्य कारण था भौतिकी, रसायन, भूगर्भशास्त्र, जीवशास्त्र आदि क्षेत्रों में होनेवाले अनुसंधानों की मंद गति।

पिछले अध्याय में आप यात्राओं और साहसिक अभियानों के बारे में पढ़ चुके हैं। अब प्रस्तुत है स्वयं सागर विज्ञान के विकास का संक्षिप्त विवरण।

प्राचीन यूनान और रोम छोटे देश थे। वे तीन ओर से सागरों से घिरे हुए थे। उनके निवासी निश्चय ही सागर के संपर्क में अधिक आते थे और इसलिए वे सागर के बारे में अधिक सोचते थे। उन्होंने उस समय उपलब्ध ज्ञान के बल पर यह समझाने की कोशिश की कि सागर क्यों नहीं सूखता और उसमें कभी भी बाढ़ क्यों नहीं आती। खुले सागर में ऊंचे-ऊंचे ज्वार क्यों उठते हैं पर भूमध्यसागर जैसे थल से घिरे छोटे सागर में क्यों नहीं उठते। उनका ज्ञान बहुत सीमित था। इसलिए उनके निष्कर्ष तथ्यों पर कम आधारित थे, अनुमानों पर अधिक।

वैसे महान् अरस्तू ने सागर में पानी की मात्रा में घट-बढ़ न होने के बारे में जो सिद्धांत प्रस्तुत किया था, वह एकदम सही था। उनके अनुसार वर्षा तथा नदियों द्वारा सागरों के पानी में होनेवाली वृद्धि वाष्पन द्वारा संतुलित रहती है तथा वाष्पित होनेवाला जल वर्षा के माध्यम से फिर नदियों में पहुंच जाता है। इस प्रकार एक चक्र निरंतर चलता रहता है।

सागर संबंधी ज्ञान को वैज्ञानिक आधार प्रदान करने के लिए यह जरूरी था

कि नाविकों द्वारा अर्जित जानकारियों को दार्शनिकों (वैज्ञानिकों) द्वारा तर्क की कसौटी पर कसा जाए और उसके अनुसार सिद्धांत विकसित किए जाएं। 'पुनः जागरण' ने यह सुअवसर प्रदान किया। पुनः जागरण से उत्पन्न नवचेतना ने यूरोप में नाविकों को पूरे संसार में भ्रमण करने के लिए प्रेरित किया। साथ ही नवचेतना ने उन्हें यह भी बताया कि उनके ज्ञान में कहां और कौन-सी खामियां हैं।

सत्रहवीं शताब्दी में ब्रिटेन में रॉयल सोसायटी ऑफ लंदन की स्थापना हुई जिसने सागर विज्ञान के विकास में एक नया अध्याय आरंभ किया। सोसायटी के विद्वान् सदस्य सागर का भी व्यवस्थित रूप से अध्ययन करने लगे। इन सदस्यों का वैज्ञानिक ज्ञान पर्याप्त था। इसलिए अध्ययन और अनुसंधान की इनकी विधियां भी अधिक तर्कसंगत और व्यावहारिक थीं। वे सागर से संबंधित हर चीज की जानकारी प्राप्त करना चाहते थे। वे उसकी गहराई मापना चाहते थे। साथ ही यह भी मालूम करना चाहते थे कि गहराई के पानी के ताप और लवणता पर क्या प्रभाव पड़ते हैं। वे सागर की तली की संरचना ही नहीं जानना चाहते थे वरन् यह भी मालूम करना चाहते थे कि वे कौन-सी भूगर्भीय घटनाएं थीं जिन्होंने तली को वर्तमान संरचना प्रदान की। वे सागर के ज्वार-भाटाओं के बारे में जानना चाहते थे। साथ ही उसके जीव-जंतुओं और खनिजों के बारे में भी अधिकतम ज्ञान प्राप्त करना चाहते थे।

रॉयल सोसायटी के सदस्य सागर की गहराई ज्ञात करने के लिए बहुत उत्सुक थे। इसके लिए उन्होंने अनेक तकनीकें सुझाईं और नए उपकरण विकसित किए। इस संबंध में कनाटीकट (संयुक्त राज्य अमेरिका) के तत्कालीन गवर्नर जॉन विनथ्राप और रॉबर्ट हुक, जो बैरोमीटर, सूक्ष्मदर्शी, पेंडुलम, स्प्रिंग आदि के बारे में अपने अनुसंधानों के लिए काफी ख्याति अर्जित कर चुके थे, ने इस बारे में काफी रुचि ली। रॉबर्ट हुक ने तो पानी के दाब का उसकी गहराई के साथ संबंध स्थापित कर सागर की गहराई ज्ञात करने की नई तकनीक भी प्रस्तुत की। उन्होंने यह मालूम कर लिया था कि पानी के दबाव का उसके ताप और लवणता के साथ सीधा संबंध होता है।

सतह और विभिन्न गहराइयों पर सागर के पानी के ताप और लवणता ज्ञात करने का विचार उस समय नया था और रॉबर्ट बायल ने (1617-1691) इन दोनों में बहुत रुचि ली। उस समय तक बायल गैसों के दाब और आयतन के संबंध को व्यक्त करनेवाले अपने सिद्धांत के फलस्वरूप अभूतपूर्व ख्याति अर्जित कर चुके थे। वास्तव में उन्होंने ही रसायनशास्त्र को कीमियागिरों के चंगुल से निकालकर तर्कसंगत वैज्ञानिक आधार प्रदान किया था। उन्होंने सागर के पानी के लिए सिलवर नाइट्रेट परख विकसित की थी। आज भी लोग उनको 'रासायनिक सागर विज्ञान का जनक' मानते हैं।

बायल ने ही सबसे पहले यह पता लगाया था कि सागर की सतह के पानी का ताप जलवायु के अनुसार बदलता रहता है। गर्म प्रदेशों में वह अधिक होता है और ध्रुव प्रदेशों में कम। उन्होंने यह भी पता लगाया कि सतह के पानी की लवणता वाष्पित होनेवाले पानी और वर्षा के संतुलन पर निर्भर होती है। यद्यपि हुक ने गहरे सागर में से पानी के नमूने लेने के लिए सैंप्लर का डिजाइन तैयार कर लिया था और बायल ने गोताखोरों तथा नाविकों के अनुभवों से सागर की गहराइयों की परिस्थितियों का अनुमान लगा लिया था परंतु वे, दोनों ही, गहरे सागर से पानी के वास्तविक नमूने उपलब्ध करने में असमर्थ रहे थे।

अतिरिक्त पानी का रहस्य

जिब्राल्टर की जलसंधि अंध महासागर और भूमध्यसागर को आपस में मिलाती है। नाविकों और सागर में रुचि रखनेवाले लोगों को प्राचीन काल से ही यह बात ज्ञात थी कि जिब्राल्टर की जलसंधि में से एक जलधारा बहती है। इसमें अंध महासागर का पानी भूमध्यसागर में आता है। इस जलधारा के विभिन्न गुणों को समझाने के प्रयास में वैज्ञानिकों को समुद्री जल के घनत्व की भिन्नताओं के बारे में अनेक तथ्य ज्ञात हो गए थे।

प्राचीन काल में लोगों को यह भी मालूम था कि भूमध्यसागर में काला सागर से भी एक जलधारा आती है। साथ ही उसमें अनेक छोटी-बड़ी नदिया, जिनमें संसार की सबसे बड़ी नदी नील भी शामिल है, मिलती हैं। फिर भी भूमध्यसागर के जल का स्तर कभी ऊपर नहीं आता। क्यों ? आखिर इस अतिरिक्त पानी की विशाल मात्रा जाती कहां है ? यद्यपि आज हमें इस प्रश्न का सही उत्तर ज्ञात है कि वह पानी तली के निकट बहनेवाली धारा के रूप में जिब्राल्टर की जलसंधि में से ही होता हुआ वापस अंध महासागर में पहुंच जाता है, परंतु सत्रहवीं शताब्दी में इसके बड़े विचित्र उत्तर दिए गए थे। पिरामिडों पर अनुसंधान करनेवाले गणितज्ञ जॉन ग्रीव्स ने यह सुझाया था कि वह अतिरिक्त पानी भूमध्यसागर की तली के छेद में से पृथ्वी के गर्भ में चला जाता है। इंजीनियर सर हेनरी सीर्स ने इस सुझाव की हंसी उड़ाते हुए कहा था, "प्रकृति व्यर्थ में कोई कार्य नहीं करती।" वैसे उस समय भी कुछ वैज्ञानिकों ने 'धारा के नीचे विपरीत दिशा में बहनेवाली धारा' के बारे में सुझाव दिया था। इस धारा के बारे में अगले दो सौ वर्षों तक कोई प्रमाण पेश नहीं किया जा सका।

पर सागर के ज्वार-भाटाओं के बारे में वैज्ञानिकों के सोचने की दिशा अधिक सफल रही। महान् गैलीलियो ने यह सुझाया था कि पृथ्वी के घूमने के साथ ही ज्वार-भाटे उत्पन्न होते हैं। रॉयल सोसायटी के एक आरंभिक फेलो जॉन वलीस ने गैलीलियो की परिकल्पना को आगे बढ़ाया और उसके आधार पर कुछ

अनुमान लगाए। ये अनुमान बाद के प्रेक्षणों में सही नहीं उतरे, पर उनकी घोषणा के बीस वर्ष बाद आइजक न्यूटन ने उनका उपयोग अपने गुरुत्वाकर्षण के सिद्धांत के प्रतिपादन में किया। गुरुत्वाकर्षण के इसी सिद्धांत के अनुसार ज्वार-भाटाओं के पैदा होने के कारणों को समझाया जा सका।

लगभग इसी समय इतालवी वैज्ञानिक काउंट मारसिगली ने बासफोरस जलसंधि में से भूमध्यसागर से काले सागर की ओर बहनेवाली प्रतिकूल धारा के अध्ययन किए। मारसिगली ने समुद्री सर्वेक्षणों के क्षेत्र में अग्रणी कार्य किए थे। अठारहवीं शताब्दी के आरंभ में उन्होंने लियांस की खाड़ी की गहराई मापी, इसके पानी के ताप, लवणता, ज्वार-भाटाओं, धाराओं और जीव-जंतुओं के गहन अध्ययन किए। इन अध्ययनों में उन्हें अनेक नए तथ्य ज्ञात हुए। साथ ही उन्हें इस बात का भी बहुत कटु अनुभव हुआ कि सागर-सर्वेक्षण एक महंगा कार्य है और कोई भी व्यक्ति, जब तक वह राजा ही न हो, व्यक्तिगत तौर पर यह कार्य नहीं कर सकता। इसके लिए विशेष उपकरण ही नहीं वरन् बड़े जहाज भी चाहिए।

सत्रहवीं शताब्दी के अंत में सागर-प्रेमियों को एक बात स्पष्ट होने लगी थी कि जब तक विज्ञान की विविध शाखाओं—भौतिकी, रसायनशास्त्र, जीवशास्त्र, भूगर्भशास्त्र, यंत्रविज्ञान, इलेक्ट्रॉनिकी आदि में प्रगति नहीं होती, तब तक सागर के रहस्यों को भली-भांति उद्घाटित नहीं किया जा सकता। इसीलिए काफी समय तक सागर विज्ञान के क्षेत्र में कोई सनसनीखेज खोज नहीं हुई, यद्यपि साहसिक व्यक्ति यात्राएं और मामूली अध्ययन करते रहे। वर्ष 1698 में ब्रिटिश खगोलशास्त्री एडमंड हेली ने अंटार्कटिक की बर्फीली सीमा तक यात्रा की और व्यापारी पवनों तथा पृथ्वी के चुंबकत्व के बारे में अध्ययन किए।

अठारहवीं शताब्दी के पूर्वार्द्ध में सागर विज्ञान के क्षेत्र में अनेक घटनाएं घटीं। वर्ष 1725 में काउंट मारसिगली ने अपने अध्ययनों के निष्कर्ष प्रकाशित किए। लगभग उसी समय इंग्लैंड के विकार, रिवरेंड स्टीफन हेल्स, जो पादप शरीरक्रियाशास्त्र में अपनी खोजों के लिए जगत् प्रसिद्ध हो चुके थे, ने सी-गेज का आविष्कार किया। मजेदार बात यह है कि सी-गेज के वास्तविक परीक्षण का काम उन्होंने गुलामों के एक व्यापारी कैप्टन इलीस को सौंपा। कैप्टन इलीस ने उस सी-गेज से, वर्ष 1749 में, सागर की विभिन्न गहराइयों पर पानी के ताप अंकित किए। सागर के प्रेम ने प्रसिद्ध अमेरिकी दार्शनिक-राजनीतिज्ञ बेंजामिन फ्रेंकलिन को भी अनेक राजनीतिक और सामाजिक व्यस्तताओं के बीच गल्फ स्ट्रीम जलधारा के अध्ययन करने और उसके मार्ग का चार्ट बनाने के लिए प्रेरित किया। अपने आर्कटिक अभियान के दौरान कैप्टन कांस्टैनटिन जान फिप्स ने पहली बार गहराई मापने के प्रयत्न किए। लाप्लास ने ज्वार-भाटाओं के उद्गम के बारे में

अनेक महत्त्वपूर्ण तथ्यों की खोज की।

उन्नीसवीं सदी के आरंभ में, 1819 में, स्विस रसायनज्ञ, एलेक्सांदर मारसेट ने, जो लंदन में अनुसंधान कर रहे थे, एक सनसनीखेज खोज की। उन्होंने यह पता लगाया कि यद्यपि सागर के कुछ भागों का पानी अन्य भागों की तुलना में अधिक खारा भले ही हो, पर सब सागरों के पानी में एक जैसे रचक ही घुले हुए हैं और उनका पारस्परिक अनुपात समान है। विभिन्न सागरों के जलों में उनकी कुल मात्राओं के बारे में ही अंतर होता है। यह खोज इस संबंध में विशेष रूप से महत्त्वपूर्ण थी कि समुद्री पानी के केवल एक रचक, उदाहरणार्थ क्लोरीन, का परिमापन करके ही अन्य रचकों की मात्राओं का सही अनुमान लगाया जा सकता है।

तली के पानी का ताप

भौतिकशास्त्र का एक प्रसिद्ध नियम है कि पानी का घनत्व 4° सें० पर सबसे अधिक होता है। 4° सें० से अधिक ठंडा करने पर भी पानी हलका होता जाता है परंतु मारसेट ने अपने अध्ययनों में यह पाया कि 4° सें० ताप के नीचे ठंडा करने पर (ताजे पानी के विपरीत) सागर का पानी हलका नहीं होता, वरन् भारी होता जाता है। इस प्रकार सागर की तली के पानी का ताप 4° सें० न होकर —1° सें० जैसा नीचा हो सकता है (सागर का पानी उसमें मौजूद लवणों की अत्यधिक मात्रा के कारण 0° सें० पर नहीं जमता)।

वैसे उस समय तक यह भी पता लग गया था कि उष्ण कटिबंधीय प्रदेशों में सागर की तली के पानी का ताप लगभग वही होता है जो ध्रुवीय प्रदेशों में सागर की सतह के पानी का। इससे इस बात की पुष्टि हुई कि सब सागरों के पानी आपस में मिलते रहते हैं।

उस समय तक यह भी ज्ञात हो गया था कि गहरे पानी का ताप मालूम करने के लिए भेजे गए थर्मामीटर की माप पर दबाव के भी प्रभाव पड़ते हैं। इसलिए यदि आवश्यक सावधानियां नहीं बरती जातीं, तो सतह पर लाने पर ये थर्मामीटर तली के पानी का ताप 4° सें० ही बताते हैं यद्यपि उसका वास्तविक ताप इससे काफी कम हो सकता है। इस संबंध में भौतिकशास्त्री एकाइल वान लेंज का योगदान महत्त्वपूर्ण है। उन्होंने पहली बार 1000 फैदम (1800 मीटर) गहरे पानी का सही ताप मापने में सफलता प्राप्त की। वह उन्हें लगभग 2° सें० मिला। इसके लिए वह एक विशेष युक्ति में उतनी गहराई के पानी का नमूना ऊपर लाए और फिर उसका ताप लिया तथा उसमें से ऊपर लाने के दौरान होनेवाली वृद्धि को घटाया। सर जॉन रॉस को बेफिन की खाड़ी की तली के पानी का ताप—1·8° सें० मिला।

सागर की तली के ताप को लेकर अनेक वैज्ञानिकों में अनेक वर्षों तक बहुत मतभेद रहा। यद्यपि उन्नीसवीं शताब्दी के आरंभ में ही लेंज और प्रो० पैरट ने यह स्पष्ट रूप से सिद्ध कर दिया था कि गहरे पानी के ताप को स्वांकित करनेवाले थर्मामीटरों पर पानी के दाब के गंभीर प्रभाव पड़ते हैं जिनके फलस्वरूप थर्मामीटर सही ताप नहीं दर्शा पाते, पर अनेक देशों के वैज्ञानिक इस बात से सहमत नहीं थे। वे यह मानते थे कि ताजे पानी की भांति ही सागर के पानी का घनत्व भी 4° सें० पर ही अधिकतम होना चाहिए। इनमें फ्रांस, संयुक्त राज्य अमेरिका और ब्रिटेन आदि देशों के वैज्ञानिक शामिल थे। अपने मत को सही सिद्ध करने के लिए फ्रांस के द्यूमोंद द उर्विल, संयुक्त राज्य अमेरिका के विल्कीस और ब्रिटेन के सर जेम्स क्लार्क रॉस के नेतृत्व में अनेक अभियान दलों ने खुले सागरों की यात्राएं कीं। अपनी इन अभियान-यात्राओं के दौरान उन्होंने विभिन्न क्षेत्रों में विभिन्न गहराइयों पर पानी के ताप मापे। मजेदार बात यह रही कि इन्हें हर स्थान पर गहरे सागर की तली के जलों का ताप 4° सें० ही मिला। निश्चय ही यह ताप सही नहीं था क्योंकि इन सब वैज्ञानिकों ने ऐसे थर्मामीटरों का ही उपयोग किया था जो पानी के दबाव से प्रभावित होते थे। इसीलिए वे गहराई पर पानी का ताप तो सही लेते थे पर सतह तक आते-आते दबाव के बहुत कम हो जाने से उनका ताप बढ़ जाता था। इस बढ़े हुए ताप को ही वैज्ञानिक गहरे पानी का सही ताप मान बैठते थे। बाद में भौतिकशास्त्र में प्रगति होने के साथ सागर-प्रेमियों की समझ में भी यह बात आने लगी।

जैवसागर विज्ञान

यद्यपि उन्नीसवीं सदी के पूर्वार्द्ध में भौतिकी में इतनी प्रगति नहीं हुई थी कि उसकी मदद से सागर में घटनेवाली सब घटनाओं को समझाया जा सके पर उस समय तक जीव-शास्त्र में क्रांति आ चुकी थी। इसीलिए शताब्दी के मध्य तक नॉर्वे के माइकेल सार्स और ब्रिटेन के एडवर्ड फोर्ब्स 'जैवसागर वैज्ञानिक' कहलाने लगे थे यद्यपि उस समय तक स्वयं 'सागर विज्ञान' नामकरण नहीं हुआ था। वह तो 1880 के दशक में हुआ। समुद्री जीवशास्त्र को ठोस आधार प्रदान करने का श्रेय मुख्य रूप से विलियम स्कोर्सबी को दिया जाता है। स्कोर्सबी मुख्य रूप से ह्वेल के शिकारी थे और अपने पिता के साथ अक्सर शिकार किया करते थे। बाद में उन्होंने एडिनबरा विश्वविद्यालय में प्रो० जेमसन की शिष्यता में गहन अध्ययन किया। उनकी प्रेक्षण क्षमता अत्यंत तीव्र थी। अपनी इस क्षमता के बल पर उन्होंने अनेक भौगोलिक महत्त्व की खोजें कीं। पर उनका सबसे बड़ा योगदान था प्रो० जेमसन और उनके उत्तराधिकारियों की जैवसागर विज्ञान में रुचि उत्पन्न करना। उन्हीं के उत्साह के फलस्वरूप फोर्ब्स और वीवल थॉमसन

जैसे विद्वान् सागर विज्ञान के क्षेत्र में आए और अंततः चैलेंजर अभियान का सफल आयोजन हो सका। सागरीय जीवशास्त्र में इस बढ़ती हुई रुचि के फलस्वरूप ही उस काल में आयोजित किए गए फ्रेंच, ब्रिटिश और अमेरिकी अभियान सागर के पानी के ताप, लवणता तथा जलधाराओं की गति आदि की तुलना में जीव-जंतुओं के अध्ययनों के लिए अधिक सुसज्जित थे।

बेंजामिन फ्रेंकलिन द्वारा गल्फ स्ट्रीम के अध्ययनों की शुरुआत करने के बाद अन्य वैज्ञानिक भी उन अध्ययनों में रुचि लेने लगे। उन्होंने भी नाविकों के अनुभवों से लाभ उठाया। उन्होंने पाया कि गल्फ स्ट्रीम जलधारा के ताप और तटीय पानी के ताप में बहुत अंतर है। उसी समय मेजर जेम्स रेन्नेल, जो बंगाल के सर्वेयर-जनरल थे, अंध महासागर की सब जलधाराओं तथा हिंद महासागर की एगुलहास जलधारा के बारे में विस्तृत जानकारियां एकत्रित कर रहे थे। लगभग उसी समय मार्सडन ने, जो नेपोलियन के साथ लड़े गए युद्धों में ब्रिटिश नौसेना के मंत्री थे, सागरों को विभिन्न क्षेत्रों में इस प्रकार वर्गीकृत किया जिससे उनके बारे में नाविकों के लिए उपयोगी जानकारियां आसानी से एकत्रित की जा सकें।

सागर विज्ञान का जनक

यदि हम किसी एक आदमी को 'सागर विज्ञान का जनक' होने का श्रेय दे सकते हैं तो वह हैं अमेरिका की नौ सेना के लेफ्टिनेंट मैथ्यू फोंटेन मॉरे (1806-1873)। उन्होंने इस नवविज्ञान को सर्वप्रथम ठोस आधार प्रदान किया। मॉरे अत्यंत कुशाग्र बुद्धि और विलक्षण अवलोकन क्षमतावाले अमेरिकी नौ सैनिक थे। दुर्भाग्यवश नौ सेना में भरती होने के कुछ दिन बाद ही वह दुर्घटनाग्रस्त हो गए थे और समुद्री यात्राओं के योग्य नहीं रहे थे। इसलिए उन्हें वाशिंगटन स्थित मानचित्र और उपकरण कार्यालय का इंचार्ज बना दिया गया। वहां उन्होंने हजारों जहाजों की यात्राओं की लॉग बुक और चार्टों के अध्ययन किए और उनके आधार पर अनेक उपयोगी निष्कर्ष निकाले। वर्ष 1836 में प्रकाशित 'न्यू थ्योरिटिकल एंड प्रेक्टिकल ट्रिटॉइज ऑन नेवीगेशन' उनकी पहली पुस्तक थी। उसमें मॉरे ने अपनी यात्राओं के दौरान विविध समुद्री तत्त्वों के बारे में एकत्रित की गई जानकारियों का उल्लेख किया था। इन जानकारियों के आधार पर उन्होंनें अंध महासागर की प्रमुख जलधाराओं, पवनों और तूफानों के पथों के चार्ट तैयार किए थे और उन्हें उक्त पुस्तक में शामिल किया। यह पुस्तक इतनी उपयोगी और महत्त्वपूर्ण सिद्ध हुई कि शीघ्र ही 'नाविकों की बाइबिल' बन गई। इस पुस्तक में दी गई हिदायतों का उपयोग करके उस समय, सेनफ्रांसिसको से लंदन तक की समुद्री यात्रा की अवधि में 180 दिन की कमी कर सकना संभव हो सका था।

सागर विज्ञान के जनक : मैथ्यू फोंटेन मॉरे

मॉरे ने 1855 में सागर भौतिकी पर एक और पुस्तक 'फिजिकल ज्यॉग्राफी ऑफ द सी' प्रकाशित की। कहा जाता है कि उनकी प्रेरणा से ही ग्रेट ब्रिटेन और जर्मनी में मौसम विज्ञान विभागों की स्थापना हुई। वर्ष 1863 में उन्होंने ब्रुसेल्स में एक अंतरराष्ट्रीय सागर सम्मेलन का आयोजन भी किया था। इस सम्मेलन ने सब समुद्री यात्राओं के दौरान वायु तथा जल की स्थिति संबंधी आंकड़े एकत्रित करने की परंपरा स्थापित करने की सिफारिशें भी की थीं। यह परंपरा आज भी प्रचलित है।

प्रो० बाके के नेतृत्व में संयुक्त राज्य अमेरिका के तट सर्वेक्षण विभाग ने गल्फ स्ट्रीम के ताप और वेग आदि के बारे में विस्तृत अध्ययन किए। इन अध्ययनों के परिणामस्वरूप ही 1885 से 1889 के दौरान लेफ्टिनेंट पिलसबरी ने इस जलधारा के वेग-गहराई के संबंध में महत्त्वपूर्ण निष्कर्ष निकाले।

जलधाराएं

फ्रेंकलिन और रेन्नल का यह विश्वास था कि जलधाराएं मुख्य रूप से पवनों द्वारा ही उत्पन्न होती हैं। इस विश्वास के आधार पर उन्होंने जलधाराओं को दो वर्गों में विभाजित किया—पवनों के निरंतर बहने के कारण उत्पन्न अपवाह जलधाराएं (डिफ्ट करंट) और सरिता जलधाराएं (स्ट्रीम करंट)। सरिता जलधाराएं उस समय उत्पन्न होती हैं जब कोई अपवाह जलधारा किसी रोध के कारण रुक जाती है और पानी एक स्थान पर इकट्ठा होने लगता है। परंतु फ्रेंच वैज्ञानिक आर्गो का मत था कि जलधाराएं उत्पन्न होने में सागर के जल के गर्म और ठंडे होने तथा पृथ्वी के अपनी धुरी पर घूमने से पूर्व और पश्चिम की ओर

होनेवाले विक्षेपण (डिफ्लेक्शन) बहुत महत्त्वपूर्ण योग देते हैं। माँरे का भी यही मत था यद्यपि वह यह मानने को भी राजी थे कि सागर के पानी के विभिन्न स्तरों के घनत्वों में अंतर से उत्पन्न होनेवाली धाराओं को पवनें, वर्षा, वायुमंडलीय दाब, वाष्पन और यहां तक कि समुद्री जीव-जंतु भी प्रभावित करते हैं।

इसी दौरान इंग्लैंड में दो वैज्ञानिकों के बीच गहरे मतभेद उत्पन्न हो रहे थे। ये वैज्ञानिक थे जेम्स क्रोल, जो भूगर्भशास्त्र में महत्त्वपूर्ण योगदान कर चुके थे और डब्ल्यू० बी० कारपेंटर, जो अनेक अभियानों में वीवल थॉमसन के सहयोगी रह चुके थे। क्रोल यह मानने के लिए एकदम ही तैयार नहीं थे कि घनत्वों के अंतर से बड़ी जलधाराएं उत्पन्न हो सकती हैं। पर कारपेंटर यह मानने को तैयार थे कि पवनें सागर की सतह पर धाराओं को जन्म दे सकती हैं।

अमेरिकी गणितज्ञ विलियम फैरल ने सुझाया था कि जलधाराओं के मार्गों को संशोधित करने में पृथ्वी के धुरी पर घूमने का बहुत बड़ा योग होता है। फैरल ने इस बारे में अनेक सिद्धांत प्रस्तुत किए और अनेक प्रचलित भ्रांतियों का खंडन किया।

बर्लिन विश्वविद्यालय के क्रिश्चियन इरेनबर्ग ने अपनी खोजबीन के दौरान पाया कि पूरे यूरोप महाद्वीप में ऐसी चट्टानें बहुत बड़ी संख्या में मौजूद हैं जो अत्यंत सूक्ष्म समुद्री जंतुओं के अवशेषों से बनी हैं। ये चट्टानें एक समय सागर की तली की जमावटों से बनी थीं। इनमें से अधिकांश में डायएटम, स्पंज, रेडियोलारिन आदि सूक्ष्म समुद्री जीवों के अवशेष मौजूद हैं। प्रो० इरेनबर्ग ने अपनी खोजों के दौरान यह भी निष्कर्ष निकाला कि अंधेरी रात में सागर में दिखनेवाली रोशनी (फास्फोरेंस) वास्तव में सागर की सतह पर निवास करनेवाले सूक्ष्म जीवों द्वारा उत्पन्न की जाती है।

तली के जीव

यद्यपि सागर के जीव-जंतुओं के अध्ययन का श्रीगणेश करनेवाले और एडवर्ड फोर्ब्स को उनमें रुचि लेने के लिए प्रेरित करनेवाले वैज्ञानिक थे विलियम स्कोर्सबी, पर सागरीय जीवशास्त्र के गंभीर अध्ययन आरंभ हुए वर्ष 1841 के बाद—एडवर्ड फोर्ब्स के सर्वेक्षण पोत बीकन के दल में शामिल होने के बाद। उस पोत ने एजियन सागर के जीव-जंतुओं के अध्ययन किए। उनमें यह पाया कि सागर की गहराई के साथ-साथ जीव-जंतुओं की प्रजातियां और संख्या घटती जाती है। इससे फोर्ब्स ने यह निष्कर्ष निकाला कि सागर में 300 फैदम से अधिक गहराई पर एक क्षेत्र ऐसा भी होगा—प्राग्जैविक क्षेत्र (एजोइट जोन)—जहां कोई भी जीव नहीं होगा। जिस प्रकार अनेक वर्षों तक भौतिकशास्त्री यह मानते रहे कि सागर की गहनतम गहराइयों में भी पानी का ताप 4° सें० ही होगा,

उसी प्रकार जीवशास्त्री भी काफी समय तक इस प्राग्जैविक क्षेत्र के अस्तित्व को स्वीकार करते रहे, यद्यपि उस समय भी उसके विपक्ष में काफी प्रमाण मौजूद थे। पर धीरे-धीरे प्राग्जैविक क्षेत्र के विरोध में अधिकाधिक प्रमाण इकट्ठे होने लगे और अंत में वीवल थॉमसन द्वारा, वर्ष 1869 में, 2,500 फैदम से भी अधिक गहरे सागर में से जीवों के नमूने प्राप्त कर लेने के बाद, इस क्षेत्र का अस्तित्व ही समाप्त हो गया। उसी अभियान के दौरान 'सुरक्षित' थर्मामीटरों का उपयोग करके नॉर्वेजियन सागर की तली के पानी का सही ताप लिया गया। वह $-1°$ सें० से नीचा था। इस प्रकार सागर की तली के पानी के ताप के संबंध में विवाद हमेशा के लिए समाप्त हो गया।

कुछ लोगों का मत है कि फोर्ब्स ने अपने प्रेक्षणों से यह निष्कर्ष निकाला था, "जैसे-जैसे सागर गहरा होता जाता है उसमें जीव-जंतुओं की प्रजातियां और संख्या कम होती जाती है। इससे ऐसा प्रतीत होता है कि गहनतम सागर की तली पर बहुत कम संख्या में ही जीव मौजूद होंगे।" पर फोर्ब्स के शिष्यों ने या तो उनके निष्कर्षों का गलत अर्थ लगाया अथवा उन्हें अपने तर्कों के अनुसार गलत संशोधित कर दिया। इससे फोर्ब्स के निष्कर्षों से यह अर्थ निकलने लगा कि अत्यंत गहरे सागर में उच्च दाब के कारण तथा प्रकाश और वायु की अनुपस्थिति के कारण कोई भी जीव मौजूद नहीं होगा। ऐसा निष्कर्ष निकालते समय उन्होंने जॉन रॉस और उनके भतीजे जेम्स क्लार्क रॉस द्वारा आर्कटिक और अंटार्कटिक सागरों में की गई खोजों पर बिलकुल भी ध्यान नहीं दिया।

उन्नीसवीं सदी के उत्तरार्द्ध तक प्रौद्योगिकी के क्षेत्र में काफी प्रगति हो चुकी थी। अमेरिका और यूरोप के बीच, अंध महासागर के आर-पार टेलीग्राफ केबल बिछाने की बात गंभीर रूप से उठने लगी थी। यह केबल सागर की तली पर ही बिछाया जाना था। इसलिए सागर की गहराई को सही-सही मापने का प्रश्न एक बार फिर पैदा हो गया। इस बारे में सर जेम्स क्लार्क रॉस अपने अंटार्कटिक अभियान के दौरान काफी समस्याएं हल कर चुके थे। उन्होंने एक खुली नाव से, जो दूसरी नाव द्वारा सागर पर एक ही स्थान पर स्थिर की गई थी, चार मील लंबा तार डालकर गहराई मापने के प्रयत्न किए थे। उधर अमेरिका में मॉरे ने डाल्फिन पोत में बेरीमैन को उत्तरी अंध महासागर में अनेक स्थानों पर गहराई मापने के लिए भेजा। इसमें बेरीमैन को काफी सफलता मिली। डाल्फिन के दूसरे अभियान के दौरान मॉरे ने एक ऐसी युक्ति का उपयोग करने की सलाह दी जो सागर की तली पर पहुंचते ही अपने साथ बंधे वजन को गिरा देती थी। उसके कुछ वर्ष बाद ही गहराई मापने की अन्य अनेक युक्तियां विकसित हो गईं जो भाप इंजनों की मदद से चलती थीं।

चैलेंजर अभियान

सागर में जीवन का वितरण भी एक ऐसी समस्या थी जिसने रॉयल सोसायटी, लंदन को एक विश्वव्यापी सागर अभियान आयोजित करने की प्रेरणा दी। फलस्वरूप वर्ष 1871 में उसने ब्रिटिश सरकार से इस अभियान के लिए वित्तीय सहायता मांगी, जो मिल गई। इस अभियान के उद्देश्य थे—(i) बड़ी समुद्री बेसिनों में गहरे सागर के भौतिक गुण ज्ञात करना, (ii) सब गहराइयों पर सागर के पानी के रासायनिक गुण मालूम करना, (iii) सागर की तली की जमावटों के भौतिक और रासायनिक अभिलक्षण ज्ञात करना और यह मालूम करना कि वे जमावटें कैसे बनीं तथा (iv) सागर की सब गहराइयों पर तथा उसकी तली पर जीवों का वितरण ज्ञात करना।

अभियान के लिए 2,306 टन के एक कोरवेट किस्म के जहाज को वैज्ञानिक खोजबीनों के लिए विशेष रूप से सुसज्जित किया गया और उसे चैलेंजर नाम दिया गया। चैलेंजर 61 मीटर लंबा और 2,306 टन भारी पोत था जो मुख्य रूप से पालों की मदद से चलता था, पर उसमें 1,234 अश्व शक्ति के भाप इंजन भी लगे थे। सागर की तली की जमावटों और जीव-जंतुओं आदि के नमूने लेने

चैलेंजर पोत

हेतु एक स्थल पर खड़े रहने के लिए उसे अपने पाल बंद कर देने पड़ते थे और भाप इंजन चलाने पड़ते थे। यह पोत 6 वैज्ञानिकों के एक दल के साथ, जिसके अध्यक्ष चार्ल्स वीवल थॉमसन थे, दिसंबर, 1872 में इंग्लैंड के प्लाईमथ बंदरगाह से रवाना हुआ। मई, 1876 में वापस आने तक चैलेंजर ने अंध, हिंद और प्रशांत महासागर के बड़े भागों की यात्राएं कीं, जिनके दौरान उसने 1,27,500

किलोमीटर की दूरी तय की, 492 स्थलों पर सागरों की गहराइयां मापीं, 133 स्थानों से सागर की तली की जमावटों के नमूने एकत्रित किए तथा 263 स्थानों पर सागर के पानी के ताप अंकित किए।

साथ ही कई हजार जीव-जंतुओं के नमूने एकत्रित किए। इनमें से 471 जीव-जंतु नई प्रजातियों के थे। चैलेंजर ने अपने अभियान के दौरान मरिआना ट्रेंच में 8,185 मीटर तक की गहराई मापी।

चैलेंजर अभियान के दौरान ही यह पता चला था कि तीनों महासागरों—प्रशांत, अंध और हिंद—की तलियों पर अत्यंत विशाल पर्वतश्रृंखलाएं उपस्थित हैं। ये श्रृंखलाएं आपस में जुड़ी हुई हैं और एक प्रकार से पूरी पृथ्वी को ही घेरे हुए हैं। आज हमें मालूम है कि यह पृथ्वी की सबसे विशाल और शायद सबसे विलक्षण पर्वतश्रृंखला है जिसकी कुल लंबाई 75,000 किलोमीटर से भी अधिक है और चौड़ाई 1,500 से 4,000 किलोमीटर तक। पृथ्वी के गर्भ से निरंतर नए पदार्थ निकलकर इसमें शामिल होते रहते हैं। समझा जाता है कि यह पर्वत-श्रृंखला संपूर्ण थल के बराबर स्थान घेरे हुए है।

इस अभियान के दौरान ही सबसे पहले यह ज्ञात हुआ था कि अनेक क्षेत्रों में गहरे सागरों की तली पर आलू के आकार के लगभग गोलाकार पिंड बहुत बड़ी मात्रा में बिखरे पड़े हैं।

चैलेंजर अभियान के बाद अनेक देशों—जर्मनी, संयुक्त राज्य अमेरिका, डेनमार्क, फ्रांस, इटली, नॉर्वे, नीदरलैंड, रूस आदि ने महत्त्वपूर्ण सागर अन्वेषण अभियान आयोजित किए। अनेक देशों में सागर विज्ञान के अध्ययन और शोध के लिए विशेष संस्थाएं भी स्थापित की गईं।

इस दौरान मोनाको के प्रिंस अल्बर्ट प्रथम ने भी सागर विज्ञान की प्रगति में महत्त्वपूर्ण योग दिया।

मत्स्यपालन शोध : प्रगति का द्योतक

अब तक अनेक देशों में सागर से मछली पकड़ना एक प्रमुख व्यवसाय बन गया था। इससे बड़ी मात्रा में आय होने लगी थी। इसलिए इसे और अधिक विकसित करने के लिए शोध की आवश्यकता प्रतीत होने लगी। अनेक देशों में सागर विज्ञान में शोध-कार्यों के लिए स्थायी संस्थाएं स्थापित की जाने लगीं। सागर में मछली पकड़ने के बारे में अधिक जानकारियां प्राप्त करने के लिए जो संस्थाएं बनाई गईं, उनमें जर्मनी का कील आयोग, स्कॉटलैंड (ब्रिटेन) का स्कॉटिश मछली बोर्ड और संयुक्त राज्य अमेरिका का मछली आयोग प्रमुख थीं। मछली पकड़ने को प्रोत्साहन देने के लिए वर्ष 1883 में एक अंतरराष्ट्रीय मत्स्य-पालन प्रदर्शनी भी आयोजित की गई। साथ ही मछली पकड़ने के लिए

भाप-चालित जहाजों, विशेष जालों और उपकरणों का उपयोग किया जाने लगा। शीघ्र ही इनका बहुत अधिक उपयोग होने लगा। इससे उन्नीसवीं शताब्दी के आखिरी वर्षों में वैज्ञानिकों में यह भय उत्पन्न हो गया कि कहीं सागर से आवश्यकता से अधिक मछलियां तो नहीं पकड़ी जा रहीं। विचित्र बात यह थी कि इस भय के कारण भी मत्स्यपालन में और शोध करने की आवश्यकता ने जोर पकड़ा। अंत में वर्ष 1899 में, स्वीडन के सम्राट ने उत्तर और बाल्टिक सागरों से मछली पकड़नेवाले देशों का एक सम्मेलन बुलाया। सम्मेलन की सिफारिशों के फलस्वरूप वर्ष 1901 में 'इंटरनेशनल कौंसिल फॉर द एक्सप्लोरेशन ऑफ द सी' की स्थापना हुई।

मत्स्यपालन शोध ने सागर भौतिकी की प्रगति में भी बहुत योग दिया। सागरों में मछलियों, विशेष रूप से हेरिंग, की प्रवास यात्राओं और जलराशियों और जलधाराओं के वितरण के बीच घनिष्ठ संबंध पाए गए। इस खोज ने वैज्ञानिकों को जलधाराओं के बारे में और अनुसंधान करने के लिए प्रेरित किया। इससे पता चला कि अनेक महत्त्वपूर्ण जलधाराएं उत्तरी अंध महासागर में होनेवाले परिसंचरण से संबंधित हैं।

अंध महासागर की जलधाराओं के बारे में अनेक वैज्ञानिकों, विशेष रूप से आटो पैटरसन, ने यह सुझाव पेश किया कि वे मुख्य रूप से आर्कटिक सागर की बर्फ के पिघलने के कारण उत्पन्न होती हैं पर इस बारे में पैटरसन कोई ठोस सिद्धांत पेश नहीं कर पाए। इसी दौरान अनेक सैद्धांतिक भौतिकीविद्, यथा सैंडस्ट्राम, बी० डब्ल्यू० एकमेन, बर्कनेस, हेलैंड-हैनसन, मौसमवैज्ञानिक और सागरवैज्ञानिक समस्याओं में रुचि लेने लगे थे। इसके फलस्वरूप गहरे पानी का ताप ज्ञात करने के लिए नए प्रकार के थर्मामीटर विकसित हुए और क्लोराइड टाइट्रेशन की मदद से लवणता मालूम करने की अधिक परिशुद्ध विधियां ज्ञात हुईं। पर सबसे महत्त्वपूर्ण उपलब्धि थी सागर के पानी के रासायनिक गुणों और लवणता तथा ताप के संबंधों को अधिक स्पष्ट करना।

उन्नीसवीं सदी के अंतिम चतुर्थांश में अंध महासागर के उत्तरी भाग में अन्वेषण करने का श्रेय नैनसन और हेलैंड-हैनसन को है तो दक्षिणी भाग में अन्वेषण करने का श्रेय शाट, ड्राइगैलस्की, ब्रेन्नेस्के और रुच को।

यद्यपि सैद्धांतिक सागर विज्ञान के क्षेत्र में किए जा रहे अध्ययनों का दौर बहुत दिनों तक जारी नहीं रहा, परंतु बर्गेन, क्रिश्चियाना, स्टॉकहोम और हेमबर्ग विश्वविद्यालयों में इस क्षेत्र में काफी महत्त्वपूर्ण कार्य होता रहा। साथ ही उसी दौरान बर्लिन में नई संस्थाएं स्थापित हुईं। प्रथम विश्वयुद्ध से पहले की एक महत्त्वपूर्ण घटना थी 1911-12 में आयोजित जर्मन अंटार्कटिक अभियान। इस अभियान का प्रमुख पोत था द्यूश्चेलैंड। इस अभियान के दौरान इस पोत से

विल्हेल्म ब्रेनोस्के द्वारा भेजे गए संक्षिप्त विवरणों ने पहले अन्वेषणों के निष्कर्षों को अधिक स्पष्ट किया और उन्हें ठोस आधार प्रदान किया। इस अभियान के अन्य विवरणों ने, जो प्रथम विश्वयुद्ध के बाद ही प्रकाशित किए जा सके थे, अंटार्कटिक सागर के जलों के बारे में महत्त्वपूर्ण जानकारियां प्रदान कीं।

मिटिओर अभियान और सागर से सोना

प्रथम विश्वयुद्ध के बाद किए गए प्रयासों में भी जर्मनी का योग सर्वोपरि था। वर्ष 1925-27 के दौरान जर्मनी ने मिटिओर अभियान आयोजित किया। अनेक अर्थों में यह एक अभूतपूर्व अभियान था। 777 दिनों तक की जानेवाली अपनी अभियान यात्राओं में, मिटिओर ने अंध महासागर को 20° उत्तर और 65° दक्षिण अक्षांशों के बीच अनेक बार पार किया। इनके दौरान उसने इको साउंडर (जिसका इस्तेमाल सागर अभियानों में पहली बार किया गया था) की मदद से योजनाबद्ध तरीके से 70,000 स्थलों पर खड़े होकर सागर की गहराइयां मापीं। साथ ही अनेक स्थानों पर जलधाराओं की गतिविधियां ज्ञात कीं, लहरें मापीं, पानी के विभिन्न स्तरों के ताप लिए, पानी के विभिन्न नमूनों के रासायनिक विश्लेषण किए और जीव-जंतुओं के अध्ययन किए। मिटिओर अभियान के बाद ही वैज्ञानिकों को अंध महासागर की तली के बारे में सही जानकारी प्राप्त हुई।

मिटिओर अभियान के साथ एक और घटना जुड़ी हुई है—अत्यंत दिलचस्प और कल्पित प्रतीत होनेवाली पर एकदम सत्य। मिटिओर जब जुलाई, 1927 में जर्मनी लौटा तो अपने साथ अंध महासागर के जल के बहुत-से नमूने भी लाया। ये नमूने प्रो० फ्रिट्ज हेबर के लिए थे। यह वही फ्रिट्ज हेबर थे जिन्होंने अमोनिया के संश्लेषण की तकनीक विकसित की थी और इसके लिए उन्हें वर्ष 1918 का रसायनशास्त्र का नोबेल पुरस्कार भी प्रदान किया गया था। प्रो० हेबर इन नमूनों में सोने की मात्रा ज्ञात करना चाहते थे।

इसके पीछे उनका अत्यंत सराहनीय पर अत्यंत महत्त्वाकांक्षी उद्देश्य था। वह सागर के पानी से सोना निकालकर अपनी मातृभूमि जर्मनी का वह कर्ज पटाना चाहते थे जो मित्र देशों ने प्रथम विश्वयुद्ध के बाद हर्जाने के रूप में उसके ऊपर थोपा था।

हेबर की यह योजना प्रसिद्ध रसायनज्ञ आरेनियूस के निष्कर्षों पर आधारित थी। आरेनियूस स्वीडन के निवासी थे और उन्हें भी उनकी खोजों पर वर्ष 1903 का रसायन विज्ञान का नोबेल पुरस्कार प्राप्त हो चुका था। आरेनियूस ने यह निष्कर्ष निकाला था कि सागर के एक टन पानी में 5 मिलीग्राम सोना मौजूद होता है। अत्यंत अल्प प्रतीत होते हुए भी सागरों में पानी की मात्रा के संदर्भ में

यह मात्रा बहुत अधिक है। सब सागरों में 80 खरब टन पानी मौजूद है और उससे इतना अधिक सोना प्राप्त हो सकता है कि संसार का प्रत्येक आदमी करोड़पति बन जाए। इस पद्धति पर सोचते हुए यदि हेबर ने सागर के पानी से सोना निकालकर अपने देश का कर्जा पटाने की योजना बनाई थी तो उसमें गलत क्या था ?

पर क्या हेबर अपनी योजना में सफल हुए ? नहीं। दस वर्षों के अनथक प्रयासों के बाद हेबर ने पाया कि समुद्री जल में सोने की मात्रा आरेनियूस द्वारा बताई गई मात्रा से कहीं कम है। वह केवल 0.00006 मिलीग्राम प्रति टन है। उन सागरों के जलों में भी, जिनमें सोने की खानोंवाले क्षेत्रों से बहनेवाली नदियां मिलती हैं, सोने की मात्रा इतनी ही है।

यहां यह बता देना असंगत न होगा कि आरेनियूस ने अपने प्रयोगों के दौरान जिन पात्रों में समुद्री जलों के नमूने लिए थे उनमें सोना जल में घुल गया था। इसलिए उन्हें इतने गलत नतीजे प्राप्त हुए थे।

अभियानों की बाढ़

प्रथम विश्वयुद्ध के कुछ वर्ष बाद नॉर्वेजियन पोत मॉड ने भी आर्कटिक सागर में, साइबेरिया के उत्तर-पूर्वी तट पर महत्त्वपूर्ण अन्वेषण किए। वह लगभग पांच वर्ष तक अन्वेषण करता रहा था।

वैसे मिटिओर अभियान के बाद भी एक बार सागर अभियानों की उसी तरह बाढ़ आ गई जैसी चैलेंजर अभियान के बाद आई थी। वर्ष 1925 में आयोजित डिस्कवरी अभियान में अंटार्कटिक सागर में ताप और लवणता वितरण संबंधी गहन खोजबीन की गई। साथ ही प्लांक्टनों, विशेष रूप से क्रिल, जो ह्वेल का प्रिय भोजन है, के विस्तृत अध्ययन किए। नॉर्वे के जहाज नॉर्वेजिया ने भी अंटार्क-टिक क्षेत्र में खोजबीन की। डेनमार्क के कार्ल्स बर्ग फाउंडेशन द्वारा आयोजित किए गए विश्वव्यापी अभियान, जिसके अध्यक्ष जोहन स्मिट थे, में यह पता चला कि यूरोपीय ईल मछली सारगोसा सागर में ही अंडे देती है।

नीदरलैंड के जहाज विलीब्रोर्ड स्नेलिस ने ईस्ट इंडीज प्रायद्वीप के निकट-वर्ती सागरों के गहन अध्ययन किए। संयुक्त राज्य अमेरिका की संस्थाओं वुड्स होल ओशेनोग्राफिक इंस्टीट्यूशन और स्क्रिप्स फाउंडेशन ने भी क्रमश: ई० डब्ल्यू० स्क्रिप्स और अटलांटिस जहाजों को सागर वैज्ञानिक अभियानों पर भेजा। अमेरिका के एक अन्य जहाज कार्नेगी ने प्रशांत महासागर में अन्वेषण-कार्य किए। कार्नेगी ऐसा पोत था जिस पर चुंबकीय आकर्षण का प्रभाव नहीं पड़ता था। वास्तव में 1925 से 1940 तक का समय अलग-अलग देशों द्वारा आयोजित प्रगतिशील सागरीय सर्वेक्षणों का काल था।

संयुक्त राज्य अमेरिका का योग

अब सागर विज्ञान के क्षेत्र में संयुक्त राज्य अमेरिका के योगदान की कुछ चर्चा करना असंगत न होगा। यद्यपि उन्नीसवीं सदी के पूर्वार्द्ध में अमेरिका के मैथ्यू फांटेन मॉरे ने सागर विज्ञान की विविध शाखाओं में अद्वितीय योग दिया था, पर उनके बाद अगले कई दशक तक अमेरिका ने सागर विज्ञान के क्षेत्र में विशेष रुचि नहीं ली। फिर 1877 में अलेक्जेंडर अगासिज के नेतृत्व में ब्लेक अभियान आयोजित किया गया। अलेक्जेंडर अगासिज स्विस प्रकृतिवैज्ञानिक लुई अगासिज के पुत्र थे। ब्लेक अभियान के बाद अमेरिका द्वारा आयोजित अभियानों का तांता लग गया।

अमेरिका की अनेक सरकारी और गैरसरकारी संस्थाओं ने सागर विज्ञान के विविध क्षेत्रों में महत्त्वपूर्ण योग दिया है। इनमें नेशनल ओशन सर्वे विभाग, नेशनल ओशिआनिक एंड एटमॉस्फीयरिक एडमिनिस्ट्रेशन, नेशनल मेरीन फिशरीज सर्विस आदि सरकारी विभाग शामिल हैं। पर इनके योगदान की तुलना में गैर-सरकारी पर राष्ट्रीय महत्त्व की तीन संस्थाओं का योग बहुत अधिक है। ये हैं स्क्रिप्स इंस्टीट्यूशन ऑफ ओशेनोग्राफी, कैलीफोर्निया विश्वविद्यालय, सैन डिमो; वुड्स होल ओशेनोग्राफिक इंस्टीट्यूशन, मैसाचुसेट्स; और लामोंट-डोहेर्टी जियोलॉजिकल ऑब्जरवेटरी, कोलंबिया विश्वविद्यालय, न्यूयॉर्क।

स्क्रिप्स इंस्टीट्यूशन ऑफ ओशेनोग्राफी की स्थापना ला-जोला, कैलीफोर्निया में वर्ष 1903 में हुई थी। यह कैलीफोर्निया विश्वविद्यालय से संबद्ध है।

वुड्स होल ओशेनोग्राफी इंस्टीट्यूशन की स्थापना वर्ष 1930 में विश्व सागर का अध्ययन करने हेतु एक निजी संस्था के रूप में हुई थी। इस संस्था द्वारा सागर वैज्ञानिकों अन्वेषणों के लिए भेजा गया अटलांटिस द्वितीय एक अत्यंत आधुनिक अनुसंधान जहाज था।

लामोंट-डोहेर्टी जियोलॉजिकल ऑब्जरवेटरी कोलंबिया विश्वविद्यालय से संबद्ध है और इसकी स्थापना 1949 में टारी क्लिफ्स पालिसाडेस, न्यूयार्क में की गई थी। इसके संस्थापक निदेशक थे डॉ० मारिस इविंग। डॉ० इविंग ने सागर की तली की संरचना ज्ञात करने में महत्त्वपूर्ण योग दिया है।

स्क्रिप्स इंस्टीट्यूशन ने अनेक सागर अभियान आयोजित किए हैं। 1963 में नेशनल साइंस फाउंडेशन ने सागर की तली की जमावटों का अध्ययन करने के लिए एक विशेष कार्यक्रम की घोषणा की। शीघ्र ही स्क्रिप्स इंस्टीट्यूशन ने तीन अन्य अमेरिकी संस्थाओं, मियामी विश्वविद्यालय के रोजेंटिअल स्कूल ऑफ एटमॉस्फीयरिक एंड स्टडीज, लामोंट-डोहेर्टी जियोलॉजिकल ऑब्जरवेटरी और वुड्स होल ओशेनोग्राफिक इंस्टीट्यूशन के साथ मिलकर एक संगठन बना लिया – ज्वाइंट ओशेनोग्राफी इंस्टीट्यूशंस फॉर डीप अर्थ सेंपलिंग। बाद में इस संगठन

में अमेरिका के अन्य विश्वविद्यालय भी शामिल हो गए।

गहरे सागर की तली की जमावटों के नमूने लेने के लिए अब एक ऐसे जहाज की जरूरत थी जो सागर की सतह पर तैरते हुए भी 6,000 मीटर गहरी तली से नमूने ले सके। इस उद्देश्य से एक विशेष पोत 'ग्लोमर चैलेंजर' का निर्माण किया गया और उसे पहली बार 23 मार्च, 1968 को सागर में उतारा गया। उसने कुछ दिन बाद 11 अगस्त को गहरे सागर में खुदाई परियोजना में भाग लेना भी आरंभ कर दिया। यह पोत 122 मीटर लंबा, 20 मीटर चौड़ा और इसका वजन 10,300 टन है। वास्तव में यह एक संपूर्ण, तिरती हुई प्रयोगशाला है जो 90 दिन तक लगातार सागर पर रहकर कार्य कर सकती है। इसमें लगे इंजन 8,800 अश्वशक्ति की लगातार ताकत अथवा रुक-रुककर 10,000 अश्वशक्ति उत्पन्न कर सकते हैं। साथ ही ये इंजन खुदाई करने के उपकरणों को भी चला सकते हैं। जिस प्रकार चैलेंजर ने सागर विज्ञान के क्षेत्र में क्रांति उत्पन्न कर दी थी, उसी प्रकार 'ग्लोमर चैलेंजर' ने गहरे सागर की तली में खुदाई करने के क्षेत्र में महत्त्वपूर्ण योग दिया।

आरंभ में गहरे सागर में खुदाई करने के कार्यक्रम को केवल अमेरिका की सरकार ही वित्तीय सहायता देती रही परंतु 1975 में इसमें अन्य देश—रूस, पश्चिम जर्मनी, फ्रांस, ब्रिटेन और जापान—भी शामिल हो गए और यह एक अंतरराष्ट्रीय कार्यक्रम बन गया।

अमेरिकी संस्थाओं ने जिस अन्य बड़ी परियोजना में भाग लिया, वह थी ज़ियोकैमिकल ओशन सैक्शन (जिओसैक्स, भू-रासायनिक समुद्री कार्यक्रम)। इस कार्यक्रम का उद्देश्य सब प्रमुख महासागरों के जलों के नमूने लेकर उनके रासायनिक विश्लेषण करना है। यह वर्ष 1972 में आरंभ हुआ था।

अंतरराष्ट्रीय सहयोग

प्रथम और द्वितीय विश्वयुद्धों के बीच का काल पुनः मत्स्यपालन अनुसंधान का काल था। इस दौरान उत्तरी गोलार्ध, विशेष रूप से उत्तर-पश्चिम यूरोप, की प्रमुख मछलियों पर अनुसंधान किए गए। यही वह अवधि थी जब इंटरनेशनल कौंसिल फॉर दि एक्सप्लोरेशन ऑफ द सी अपने विकास की चरम सीमा पर थी।

यद्यपि इस काल में सैद्धांतिक सागर विज्ञान के क्षेत्र में विशेष प्रगति नहीं हुई, पर ज्वार-भाटाओं पर, लिवरपूल टाइड़ल इंस्टीट्यूट, ड्यूत्से सीवार्ट और अमेरिका के कोस्टल एंड जियोडेटिक सर्वे ने महत्त्वपूर्ण कार्य किए। इनकी मदद से ज्वार-भाटाओं की उत्पत्ति को बेहतर तरीके से समझा जा सका और उनके बारे में अधिक सही पूर्व सूचनाएं दे पाना संभव हुआ।

द्वितीय विश्वयुद्ध ने सागर विज्ञान में एक नया अध्याय आरंभ किया। पहले

यह समझा जाता था कि सागर के बारे में जानकारियां केवल शांति काल के लिए ही उपयोगी हैं पर द्वितीय विश्वयुद्ध ने यह स्पष्ट कर दिया कि जिस देश को सागरों के बारे में जितना अधिक ज्ञान होगा, युद्ध में उसके जीतने की संभावना उतनी ही अधिक होगी। इसीलिए विभिन्न देशों में, विशेष रूप से संयुक्त राज्य अमेरिका और ब्रिटेन में, सागर विज्ञान संबंधी शोध-कार्यों में फिर से तेजी आई। आरंभ में वैज्ञानिक जलमग्न उपकरणों, विशेष रूप से ध्वानिक उपकरणों, की दक्षता पर ही अधिक अनुसंधान करते रहे, पर बाद में वे लहरों, जलधाराओं, पानी के जैव रासायनिक गुणों में भी अधिक रुचि लेने लगे। इनसे अनेक महत्त्व-पूर्ण सिद्धांतों को परखा जा सका और निष्कर्ष निकाले जा सके।

युद्ध के बाद अंतरराष्ट्रीय सहयोग का दौर आरंभ हुआ। अनेक देशों की प्रयोगशालाएं एक-दूसरे से मिलकर काम करने लगीं। इसी समय अनेक अंतर-राष्ट्रीय संस्थाओं की स्थापना हुई। इंटरनेशनल कौंसिल ऑफ साइंटिफिक यूनियंस ने विभिन्न देशों की सागर विज्ञान पर अनुसंधान करनेवाली संस्थाओं के शोध-कार्यों के बीच समन्वय स्थापित करने के लिए एक समिति की स्थापना की। यूनेस्को और एफ० ए० ओ० (संयुक्त राष्ट्र खाद्य और कृषि संगठन) ने एक अंतःसरकारी सागरीय आयोग की स्थापना की।

वर्ष 1957 में अंतरराष्ट्रीय भूभौतिक वर्ष के आरंभ होने पर सागर के बारे में ज्ञान अर्जन के कार्य में बहुत तेजी आई। इस 'वर्ष' के दौरान 40 देशों के 60 से अधिक अनुसंधान पोतों ने भाग लिया। इस कार्यक्रम के अंतर्गत अंध महासागर का विशिष्ट अध्ययन किया गया। यह स्वाभाविक भी था क्योंकि यूरोप और अमेरिका के बीच यही महासागर स्थित है तथा यूरोपीय देशों और अमेरिका ने ही इस कार्यक्रम में प्रमुख भाग लिया था। इस दौरान विशेष बात यह हुई कि हिंद महासागर के अनुसंधान अभियान की योजना तैयार हुई। विचित्र लगते हुए भी यह सत्य है कि उस समय तक हिंद महासागर की तुलना में वैज्ञानिकों को चांद के बारे में अधिक जानकारी थी।

हिंद महासागर अभियान की योजना को उस समय ठोस रूप मिला, जब उसे कार्यान्वित करने के लिए 20 देशों ने आश्वासन दिया। यद्यपि वास्तविक रूप में योजना का कार्यकाल 1962 से आरंभ होना था, पर अमेरिकी अनुसंधान जल-यानों ने 1961 से ही हिंद महासागर में छानबीन आरंभ कर दी और जब अमेरिका मैदान में आ गया तो भला रूस कैसे पीछे रहता। वैसे 1960 से इस कार्यक्रम का उत्तरदायित्व यूनेस्को ने अंतःसरकारी सागर आयोग के माध्यम से अपने ऊपर ले लिया था। इसमें 20 देशों के 40 से अधिक अनुसंधान पोतों ने भाग लिया था। इनमें हमारा देश भी शामिल था।

पिछले कुछ दशकों में अनुसंधान और खोजबीन का क्षेत्र महाद्वीपीय शैल्फ से

आगे बढ़कर गहरे सागर में चला गया है। अब हम गहरे सागरों का अध्ययन मात्र यह जानने के लिए नहीं करना चाहते कि उन पर से जहाज कैसे तेज चल सकते हैं या उसमें जलधाराएं कैसे जन्म लेती हैं अथवा वे हमारी जलवायु को कैसे प्रभावित करते हैं वरन् उनकी तलियों में बिखरे पड़े बहुधात्विक पिंडों को बटोरने के लिए या उनके विभिन्न जलस्तरों से ऊर्जा प्राप्त करने के क्या उपाय किए जा सकते हैं। आज हम सागरों को कचराघर समझकर उन्हें गंदा करते जा रहे हैं। इस प्रवृत्ति को न केवल रोकना है वरन् जो गंदगी हम फैला चुके हैं उसे दूर भी करना है। हमें सागरों को इस स्थिति में रखना है कि अंततः हम उनमें शरण ले सकें।

भारत में आधुनिक सागर विज्ञान

भारत में आधुनिक सागर विज्ञान का आरंभ आज से लगभग 120 वर्ष पूर्व 1871 में हुआ। उस समय भारतीय संग्रहालय के डॉ० जे० वुड मैसन ने अपने सर्वेक्षण जहाज 'अनडोंटेड' पर यात्रा करते हुए पहली बार अंडमान तट के निकट के गहरे सागर में जीवशास्त्रीय अध्ययन किए। उसके शीघ्र बाद, 1872 में, भारतीय समुद्री सर्वेक्षण विभाग की स्थापना हुई।

सर्जन नेचुरलिस्ट के पद की स्थापना हो जाने पर 1875 में, उस पर डॉ० जे० आर्मस्ट्रांग की नियुक्ति की गई। 1881 में भारतीय समुद्री सर्वेक्षण ने 580 टन का एक सर्वेक्षण पोत 'इन्वेस्टीगेटर-प्रथम' अर्जित किया। तत्कालीन भारत सरकार के अनुरोध पर ब्रिटेन की नौ सेना ने चैलेंजर पर लगे कुछ उपकरण भी उस पर लगा दिए। और इस प्रकार भारत में आधुनिक सागर विज्ञान का आरंभ हुआ। प्रारंभिक अध्ययनों के दौरान कुछ समुद्री जीव-जंतुओं के नमूने एकत्रित किए गए। साथ ही कभी-कभी सागर के जल के ताप लिए गए और तली की जमावटों के अध्ययन भी किए गए। 1908 में इन्वेस्टीगेटर-प्रथम बेकार हो गया और उसके स्थान पर 1078 टन का इन्वेस्टीगेटर-द्वितीय अर्जित किया गया। यह अपेक्षाकृत तेज चलनेवाला जहाज था। पर 1910 तक, जब तक कर्नल आर० बी० एस० सेवेल की सर्जन नेचुरलिस्ट के पद पर नियुक्ति नहीं हुई, जीवशास्त्रीय अध्ययनों के अतिरिक्त अन्य अध्ययन आरंभ नहीं हुए थे। बाद में भारतीय सागरों के कुछ क्षेत्रों के जलों में लवणों की सांद्रता ज्ञात की गई, जलों के ताप लिए गए और पवनों के ताप, दिशा आदि के बारे में कुछ अध्ययन किए गए। प्रथम विश्व-युद्ध के आरंभ हो जाने पर इन अध्ययनों के क्रम में, 1914 से 1921 तक, व्यवधान आ गया।

अरब सागर, बंगाल की खाड़ी तथा अंडमान और लक्षद्वीप समूहों के इर्द-गिर्द के सागरों में किए गए सर्वेक्षणों के निष्कर्ष रॉयल एशियाटिक सोसायटी

ऑफ बंगाल की शोध पत्रिका में प्रकाशित भी किए गए थे। बाद में डाना (1928-30), जान मरे (1933) और गालथिया (1950-52) अभियानों के दौरान भी हिंद महासागर के पानी के भौतिक गुणों और जीव-जंतुओं के बारे में कुछ अध्ययन किए गए।

वर्ष 1947 में केंद्रीय सागरीय मत्स्य अनुसंधान संस्थान की तथा नौ सेना भौतिक सागर विज्ञान प्रयोगशाला, कोचीन, की स्थापना हुई और 1952 में आंध्र विश्वविद्यालय में सागर विज्ञान का पाठ्यक्रम आरंभ किया गया।

सन् 1960 में भारत सरकार ने जगत्प्रसिद्ध भू-वैज्ञानिक डॉ० डी० एन० वाडिया की अध्यक्षता में सागर अनुसंधान के लिए एक भारतीय राष्ट्रीय समिति (इंडियन नेशनल कमेटी ऑन ओशियानिक रिसर्च) की स्थापना की, जिसका मुख्य उद्देश्य देश में होनेवाले सागर अनुसंधान संबंधी कार्यों के लिए योजना बनाना और उनमें समन्वय स्थापित करना था।

वर्ष 1960 में अंतरराष्ट्रीय वैज्ञानिक यूनियन परिषद् (इंटरनेशनल कौंसिल ऑफ साइंटिफिक यूनियन) और यूनेस्को के संयुक्त तत्त्वावधान में पंचवर्षीय अंतर-राष्ट्रीय अभियान आरंभ किया गया। 20 देशों और अनेक अंतरराष्ट्रीय संस्थाओं के सहयोग से आयोजित इस अभियान—अंतरराष्ट्रीय हिंद महासागर अभियान—में भारत ने भी सक्रिय योग दिया और डॉ० एन० के० पणिक्कर के नेतृत्व में भारतीय वैज्ञानिकों ने उल्लेखनीय कार्य किए।

सागर अनुसंधान कार्यों को आगे बढ़ाने के लिए पहली जनवरी, 1966 को एक संपूर्ण प्रयोगशाला, राष्ट्रीय सागर विज्ञान संस्थान, की स्थापना की गई। राष्ट्रीय सागर विज्ञान संस्थान आज वैज्ञानिक और औद्योगिक अनुसंधान परिषद् के अंतर्गत एक राष्ट्रीय प्रयोगशाला है। इसका मुख्यालय गोआ में है। वह भारतीय सागरों—अरब सागर, बंगाल की खाड़ी, अंडमान सागर और लक्षद्वीप सागर—के भौतिक, रासायनिक, जैविक, भूगर्भीय अध्ययन करता है। इस संस्थान के वैज्ञानिकों ने ही मध्य हिंद महासागर बेसिन से बहुधात्विक पिंडों के नमूने निकाले थे और अंटार्कटिक अभियानों के बारे में पहल की थी। साथ ही तटों पर निरंतर बढ़ते हुए प्रदूषण को कम करने के उपायों के बारे में भी अध्ययन किए। इस संस्थान के पास अपने अनुसंधान पोत 'गवेषणी' और 'सागर कन्या' भी हैं।

देश के विकास में सागर के महत्त्व को ध्यान में रखकर भारत सरकार ने जुलाई, 1981 को एक स्वतंत्र विभाग—महासागर विकास विभाग—की स्थापना की। महासागर विकास विभाग के मुख्य कार्यकलापों में देश के आसपास के सागरों में जैविक और खनिज संपदा की स्थिति और मात्रा ज्ञात करना और उसके लिए पर्याप्त मात्रा में वैज्ञानिक और तकनीकी ज्ञान उपलब्ध कराना है।

इस विभाग के तत्त्वावधान में ही हमारे वैज्ञानिकों ने अंटार्कटिक अभियान

आयोजित किए, आसपास के सागरों की जैविक और खनिज संपदा ज्ञात करने के लिए सर्वेक्षण किए और उनके अधिकतम उपयोग के लिए योजनाएं बनाईं; सागर से ऊर्जा प्राप्त करने के प्रयत्न किए और गहरे सागर में से बहुधात्विक खनिज पिंड निकालने से संबंधित कानूनी कार्य और सर्वेक्षण किए। इसी विभाग के प्रयत्नों के फलस्वरूप दो अनुसंधान पोत 'सागर कन्या' और 'सागर संपदा' अर्जित किए गए। ये दोनों पोत वास्तव में 'तैरती हुई प्रयोगशालाएं' हैं, जो महीनों तक सागर में रहकर विभिन्न प्रकार के भौतिक, रासायनिक, भू-भौतिक, जीवशास्त्रीय परीक्षण और अनुसंधान कर सकते हैं। इसके अतिरिक्त 'सागर संपदा' खुले सागर में तट से हजारों किलोमीटर दूर तक जाकर अनेक प्रकार के परीक्षण कर सकती है। उसमें मत्स्य अध्ययन की विशेष सुविधाएं हैं और वह अंटार्कटिक अभियानों में भी सहायक हो सकती है।

4
पर्वत और खाइयां : जल में डूबी गंगा

अनेक सदियों तक लंबी-लंबी यात्राएं करने तथा लगातार समुद्र-मंथन करते रहने के बाद मनुष्य सागर से उसके कुछ रहस्य छीनने में सफल हुआ है। उसने सागर के बारे में कुछ ज्ञान प्राप्त कर ही लिया। आज उसे सागर की निर्माण प्रक्रिया, उसके विस्तार, उसके जल, ज्वार-भाटे, धाराएं, जीव-जंतुओं, खनिजों आदि के बारे में काफी जानकारी है। पर अब भी हमें सागर के बारे में बहुत कुछ जानना बाकी है।

पृथ्वी एक जलद्वीप है। अंतरिक्ष में यात्रा करनेवाले लोगों को पृथ्वी नीले रंग का सुंदर ग्रह प्रतीत होती है जिसकी विशाल जलराशि में थल के टुकड़े तैरते हुए दिखाई देते हैं। वास्तव में पृथ्वी के 51 करोड़ वर्ग किलोमीटर क्षेत्र में से 36.1 वर्ग किलोमीटर इलाके में सागर है। पर आज से लगभग 4.7 अरब वर्ष पहले जब पृथ्वी बनी थी उस समय उस पर सागर नहीं थे। उनका उद्‌गम काफी बाद में लगभग एक अरब वर्ष बाद हुआ।

पृथ्वी के निर्माण के बारे में वैज्ञानिकों में सदैव ही मतभेद रहा है। कुछ इसे सूर्य का एक अंश मानते हैं जो सुदूर अतीत में सूर्य के निकट से एक अत्यंत विशाल तारे के गुजरने से गुरुत्वाकर्षण के बल के कारण टूटकर अलग हो गया था। इसके विपरीत कुछ वैज्ञानिक यह मानते हैं कि पृथ्वी का निर्माण अंतरिक्ष धूल के संघनन से हुआ। अब आमतौर से यह माना जाता है कि पूरा सौर परिवार एक साथ ही धूल के बादलों और गैसों के संघनन से बना था। उसके निर्माण में कई अरब वर्ष लग गए थे। उस दौरान धूल और गैसों के कण पिंडों के गुरुत्व केंद्रों की ओर आर्कषित होते रहे।

इस प्रकार सूर्य और उसके ग्रहों का निर्माण हुआ। इन पिंडों में धूल और गैसों के कणों के पास-पास आते रहने से बड़ी मात्रा में ऊष्मा उत्पन्न होती रही। जब पृथ्वी बनी तो वह बहुत गरम थी। पर आजकल अधिकांश विद्वानों की यह मान्यता है कि जब पृथ्वी बनी उस समय वह अधिक गरम नहीं थी यद्यपि

उसके शीघ्र बाद वह कणों के और पास-पास आने तथा आंतरिक भाग में होनेवाली रेडियोधर्मी क्रियाओं के फलस्वरूप अत्यंत गरम हो गई। इतनी गर्म पृथ्वी पर तो सागरों की उपस्थिति का प्रश्न ही नहीं उठता था।

पानी पृथ्वी के गर्भ में आरंभ से ही मौजूद था। वह धीरे-धीरे 'शिशु पृथ्वी' में होनेवाली क्रियाओं के परिणामस्वरूप बाहर आया। पर सतह पर आते ही भाप में बदल गया। यह भाप पृथ्वी की गुरुत्वाकर्षण की 'पकड़' से बाहर नहीं जा सकी और बादलों के रूप में मंडराती रही। ये बादल हजारों वर्षों तक सौर ऊष्मा को धरती तक पहुंचने से रोकते रहे। इससे धरती कुछ ठंडी हुई। साथ ही बादल भी अपनी ऊष्मा का कुछ अंश त्यागकर ठंडे होने लगे। इस प्रकार एक समय ऐसा आ गया जब बादलों ने बरसना शुरू कर दिया। उस समय यद्यपि पृथ्वी कुछ ठंडी हो चुकी थी फिर भी वह इतनी गर्म थी कि जो भी बूंद उस पर गिरती वह तुरंत भाप बनकर ऊपर उड़ जाती और बादलों में जा मिलती। इस प्रकार बादल बरसते रहे और बनते रहे। यह क्रम कई हजार वर्षों तक लगातार चलता रहा। अंत में एक समय ऐसा भी आया जब पृथ्वी का ताप, जो आरंभ में 1000° सें० से भी अधिक था (जिस पर चट्टानें भी पिघल जाती थीं) घटकर 100° सें० से कम हो गया। अब वर्षा की बूंदें तुरंत भाप बनकर नहीं उड़ीं वरन् पानी के रूप में ही धरती के गड्ढे भरने लगीं। परंतु बादलों ने उस समय भी बरसना बंद नहीं किया। इससे पृथ्वी पर पानी ही पानी हो गया। जब वर्षा थमी तब सागरों का एक भाग बन चुका था।

कुछ भू-वैज्ञानिकों को सागर के इस प्रकार निर्माण में कुछ असंभव-सा प्रतीत होता है। उनका कहना है कि उस समय भी आज के समान ही वर्षा हुई थी न कि लगातार हजारों वर्षों तक। उससे ही धरती ठंडी हुई और सागरों का एक अंश बना। ऐसा होने में हजारों नहीं वरन् करोड़ों वर्ष लग गए थे।

सागर चाहे हजारों वर्षों में बने हों अथवा करोड़ों-अरबों वर्षों में, इतना निश्चित है कि पहले-पहल उनका 5 से 10 प्रतिशत भाग ही बना था। बाद में पृथ्वी के गर्भ से ज्वालामुखियों और वाष्पमुखों (फ्यूमेरोल) के माध्यम से निकलनेवाली भाप से उसके पानी में वृद्धि हुई। इस बारे में यह भी मत है कि आरंभिक सागर इतने खारी—उनके पानी में लवणों की मात्रा इतनी अधिक—नहीं थे जितने अब हैं। उनमें कुछ लवण उस पानी के माध्यम से आए जो नदियां उनमें मिलाती रही हैं। नदियों का पानी थल पर से बहने के दौरान अनेक प्रकार के लवण अपने में घोल लेता है। लवणों की कुछ मात्रा सागर के पानी द्वारा तटों और किनारों की चट्टानों से प्राप्त की गई।

आज पृथ्वी पर लगभग 140 करोड़ घन किलोलीटर पानी मौजूद है। उसका 97 प्रतिशत भाग सागरों में भरा हुआ है। बाकी के तीन प्रतिशत में से भी

2 प्रतिशत हिमनदियों में फंसा हुआ है। शेष एक प्रतिशत पानी ही आमतौर से हमें उपलब्ध हो पाता है।

सागर में इतना पानी है कि अगर किसी कारण से न तो थल पर पर्वत और टीले रहें और न सागर में गहरे खड्ड—पृथ्वी की संपूर्ण सतह एकदम सपाट हो जाए—तब पृथ्वी पर थल का नामोनिशान भी नहीं दिखेगा, वरन् 3,798 मीटर ऊंचा पानी भरा होगा। इसी प्रकार अगर हम सागरों में भरे पानी को किसी पाइप में भर सकें तो हमें 121 किलोमीटर व्यास के 1,12,700 किलोमीटर लंबे पाइप की जरूरत होगी। वह पाइप इतना ऊंचा होगा कि खड़े होने पर पृथ्वी से चांद की लगभग आधी दूरी तय कर ले।

निम्नांकित सारणी पृथ्वी पर पानी के वितरण को अधिक स्पष्टता से समझाती है—

वायुमंडल में उपस्थित जलवाष्प···	15,300 घन किलोलीटर
नदियों और झीलों में जल	5,10,000 " "
भूमिगत जल की मात्रा	51,00,000 " "
हिमनदियों तथा अन्य थलीय हिमखंडों में जल	2,23,50,000 " "
विश्व सागर में जल	1,36,93,50,000 " "

वास्तव में एक ही जलराशि थल को घेरे हुए है। यह जलराशि पृथ्वी पर निर्विघ्न फैली हुई है। इसके सब भाग आपस में जुड़े हुए हैं। इसे हम 'विश्व सागर' कह सकते हैं। अपनी सुविधा के लिए हम विश्व सागर के छोटे टुकड़े को 'समुद्र' या 'सागर' और बड़े टुकड़ों को 'महासागर' कहते हैं। महासागर पांच हैं—प्रशांत (पैसेफिक) महासागर, अंध (अटलांटिक) महासागर, हिंद महासागर, आर्कटिक महासागर (उत्तर हिमसागर) तथा अंटार्कटिक महासागर (दक्षिण हिमसागर)। पर आजकल अनेक सागर वैज्ञानिक आर्कटिक और अंटार्कटिक महासागरों को अन्य महासागरों के विस्तार मात्र मानते हैं—आर्कटिक को प्रशांत और अंध महासागर का तथा अंटार्कटिक को तीनों महासागरों का।

यद्यपि भूगोलवेत्ताओं और नाविकों ने अपनी सुविधानुसार महासागरों और सागरों की सीमाएं निश्चित कर ली हैं पर इन सीमाओं के बारे में अनेक बार उनमें भी मतभेद उत्पन्न हो जाते हैं। ये मतभेद विशेष रूप से महासागरों की सीमाओं के बारे में उठते हैं। कुछ लोग निकटवर्ती सागरों को एक महासागर में शामिल करना चाहते हैं और कुछ दूसरे महासागर में।

सागरों और महासागरों में प्रशांत महासागर सबसे बड़ा है। वह पूरी पृथ्वी के लगभग एक तिहाई भाग में फैला हुआ है। यदि केवल महासागरों और सागरों के विस्तार के अनुसार विचार किया जाए तो आधे क्षेत्र में प्रशांत महासागर

फैला हुआ है और आधे में अन्य सब महासागर और सागर। उसका क्षेत्रफल, अपने निकटवर्ती सागरों सहित 17,96,79,000 वर्ग किलोमीटर है।

अंध महासागर का विस्तार प्रशांत महासागर से कम और हिंद महासागर से अधिक है। उसका क्षेत्रफल विश्व सागर का लगभग एक-चौथाई यानी 10,64,63,000 वर्ग किलोमीटर है और हिंद महासागर का विस्तार विश्व सागर का लगभग 1/5 भाग यानी 7,50,00,000 वर्ग किलोमीटर है।

पृथ्वी के हर क्षेत्र में सागर और थल का वितरण एकसमान नहीं है। पृथ्वी पर कुछ क्षेत्र ऐसे हैं जहां थल ही थल है, सागर नहीं है। साथ ही कुछ ऐसे क्षेत्र भी हैं जहां थल बहुत कम है। उदाहरण के लिए 80° से 90° दक्षिण अक्षांशों के बीच के क्षेत्र में सागर बिलकुल नहीं है। वहां अंटार्कटिक महाद्वीप फैला हुआ है। इसके विपरीत 85° से 90° उत्तर अक्षांशों के बीच सागर ही सागर है, थल नहीं। इस क्षेत्र में उत्तर ध्रुव स्थित है। इसी तरह दक्षिणी गोलार्ध में 45° से लेकर 65° अक्षांशों के बीच के क्षेत्र में थल केवल 4 प्रतिशत क्षेत्र में ही है और सागर लगभग 96 प्रतिशत भाग में है। इसमें भी 55 से 65° दक्षिण अक्षांशों के बीच तो 99.5 प्रतिशत से भी अधिक भाग में जल है। मोटे तौर पर उत्तरी गोलार्द्ध में थल अधिक है, 60.7 प्रतिशत, जबकि दक्षिणी गोलार्द्ध में जल अधिक है, 80.9 प्रतिशत।

सागर की अपनी एक अलग दुनिया है—थल की दुनिया से कहीं बड़ी, कहीं अधिक विचित्र, कहीं अधिक रहस्यमय। सागर का तल भी उसी भांति ऊबड़-खाबड़ है जैसे थल का। उसमें भी खाइयां हैं, ऊंचे पर्वत हैं, नीचे मैदान हैं और उच्चसम भूमियां हैं, मरुस्थल हैं तथा उपजाऊ और बंजर क्षेत्र हैं। पर थल और सागर तल की संरचनाओं में एक बड़ा अंतर है। थल पर पर्वत की चोटियां वर्षा, वायु और धूप से होनेवाले कटाव के फलस्वरूप बहुत नुकीली नहीं रही हैं, परंतु सागर में डूबी चोटियां बहुत नुकीली हैं। वैसे सागर की तली की संरचनाओं पर अवसादों की मोटी-मोटी परतें जमा हैं।

जलमग्न थल

सागर वहीं से आरंभ नहीं हो जाता जहां थल समाप्त होता है। आमतौर से थल और सागर की संधि के बाद थल धीरे-धीरे नीचा होता जाता है। इस प्रकार सब महाद्वीपों के इर्दगिर्द कई सौ किलोमीटर तक उथला भाग है। यह ज्वार रेखा से आरंभ होकर 1,200 किलोमीटर तक फैला हो सकता है (जहां तक ज्वार पहुंचता है, वह 'ज्वार रेखा' मानी जाती है)। इस जलमग्न तटीय प्रदेश को आमतौर से दो भागों में बांटा जाता है—'महाद्वीपीय शैल्फ' (कांटीनेंटल शैल्फ) और 'महाद्वीपीय ढलान' (कांटीनेंटल स्लोप)। महाद्वीपीय शैल्फ को 100 फैदम (एक फैदम = 1.8 मीटर) की गहराई तक माना जाता है और महाद्वीपीय

ढलान को 600 फैंदम की गहराई तक।

महाद्वीपीय शैल्फ—महाद्वीपीय शैल्फ वास्तव में महाद्वीपों का ही प्रसार है जो इस समय सागर में डूबा हुआ है। समझा जाता है कि अतिनूतन (प्लिस्टोसीन) कल्प में आज से लगभग 20 लाख वर्ष पहले जब लगभग 6.15 करोड़ घन किलोमीटर पानी हिमनदियों के रूप में फंसा हुआ था, वह थल ही का अंग था। ऐसा भी हो सकता है कि सागरों के जीवन काल में महाद्वीपीय शैल्फ के कुछ भाग कभी थल के अंग रहे हों और कभी सागर के। आमतौर से इसका ढाल 0.1° जैसा कम होता है और महाद्वीपीय ढलान में, जिसका ढलान औसतन 4.3° जैसा अधिक होता है, परिवर्तित होने से पहले महाद्वीपीय शैल्फ में एक 'रुकावट' सदृश बनावट होती है।

महाद्वीपीय शैल्फ की चौड़ाई सब महाद्वीपों के इर्द-गिर्द एक-सी नहीं है। अनेक स्थानों पर, विशेष रूप से पश्चिमी अंध महासागर में वह काफी चौड़ा है। उसकी सबसे अधिक चौड़ाई लगभग 1,300 किलोमीटर, साइबेरिया के उत्तरी तट पर है। पर कुछ स्थानों पर विशेष रूप से दक्षिण अमेरिका में प्रशांत महासागर के तट पर, जहां अब भी पर्वत-निर्माण की प्रक्रियाएं जारी हैं, महाद्वीपीय शैल्फ बिलकुल भी नहीं है। वहां तट के एक ओर गहरा सागर है और दूसरी ओर बहुत ऊंचा पर्वत।

ऊष्ण कटिबंधीय क्षेत्रों में शैल्फों में ही कोरल पैदा होते हैं। ये उन्हीं शैल्फों में पैदा होते हैं जहां पानी साफ, उथला और कोष्ण होता है तथा जहां महाद्वीपों से लाई गई मिट्टी आदि जमा नहीं होती। कोरलों की सबसे बड़ी जमावटें ऑस्ट्रेलिया के उत्तरी किनारे के निकट, प्रशांत महासागर में हैं। ये ग्रेट बेरियर रीफ कहलाती हैं। वैसे प्रशांत महासागर में कोरल उद्भव के अनेक द्वीप हैं।

महाद्वीपीय शैल्फ सपाट क्षेत्र नहीं है। उसमें भी अकसर छोटी-बड़ी घाटियां, टीले और पर्वत हैं। अनेक नदियों उदाहरणार्थ गंगा, सिंधु, कांगो, हड़सन आदि के मुखों के निकट शैल्फ में गहरी घाटियां (कैनयन) हैं जो सैकड़ों किलोमीटर दूर तक चली गई हैं। निश्चय ही ये गहरे सागर की खाइयों की तुलना में कम गहरी हैं। इन घाटियों को 'प्रपाती खड्ड', 'घाटी', 'दिखावटी घाटी', 'अवनलिका' आदि भी कहते हैं। इनमें से कुछ घाटियां 'वी' आकार की हैं और कुछ 'यू' आकार की। ये घाटियां नदियों द्वारा लाई गई मिट्टी के समय-समय पर, हर 100-200 वर्षों बाद, सागर में आगे की ओर सरक जाने से बनती हैं। जब मिट्टी चिकनी होती है तो लगभग सपाट सतह पर सैकड़ों किलोमीटर तक सरकती ही चली जाती है।

इन घाटियों की तली की जमावटों पर अकसर ऐसे निशान मिलते हैं जैसे रेत पर पानी के बहने से बनते हैं। इन निशानों से इस बात के संकेत मिलते हैं

कि इनकी तली में जलधाराएं उपस्थित हैं। पर ये धाराएं निरंतर नहीं बहतीं, कभी-कभी ही काफी वेग, 50 किलोमीटर प्रति घंटे जैसे वेग, से बहती हैं और सैकड़ों किलोमीटर तक बहती चली जाती हैं। ये धाराएं अपने साथ बड़ी मात्रा में मिट्टी, पत्थर आदि पदार्थ भी, जो नदियों द्वारा घाटी के मुखों पर जमा कर दिए जाते हैं, लाती हैं और उन्हें गहरे सागर में पहुंचा देती हैं। ये धाराएं 'आविल धाराएं' (टर्बिडिटी करंट) कहलाती हैं। फलस्वरूप घाटियों की तली में मोटी जमावटें नहीं बन पातीं।

महाद्वीपीय शैल्फ की ये घाटियां हर महासागर में मौजूद हैं। कुछ प्रमुख घाटियां इस प्रकार हैं—

प्रशांत महासागर	**अंध महासागर**	**हिंद महासागर**
टोक्यो	ओशेनोग्राफर	सिंधु
बेरिंग	जुडसन	गंगा
कोलंबिया (आस्टोरिआ)	विलमिंगठन	मोकांबो
जॉन द फ्यूका	नारफोक	
मोंटेरे	कांगो	
आर्गुलिओ	साओ फ्रांसिसको	
स्क्रिप्स		
कोरोनाडोज		

अनेक स्थानों पर ये घाटियां पिछले हिमयुग में, जब शैल्फ का भाग जल से बाहर था, बहुत विशाल हिमखंडों के सरकने से भी बनी थीं।

वैसे महाद्वीपीय शैल्फ हमारे लिए सागर का सबसे महत्त्वपूर्ण भाग है। सागर के इसी क्षेत्र से हम तेल, नमक और अन्य खनिज प्राप्त कर रहे हैं तथा इसी क्षेत्र से सबसे ज्यादा मछलियां पकड़ी जाती हैं। दुर्भाग्य से इसी क्षेत्र में सबसे अधिक कूड़ा-कर्कट फेंका जाता है।

महाद्वीपीय ढलान—महाद्वीपीय शैल्फ की भांति महाद्वीपीय ढलान की चौड़ाई भी हर स्थान पर एक जैसी नहीं है। कहीं वह 1,200 किलोमीटर तक फैला है और कहीं तट के एकदम निकट से ही गहरा सागर आरंभ हो जाता है। दक्षिण अमेरिका के पश्चिमी तट पर, एंडीज पर्वत की जड़ में ही, 7,600 मीटर गहरा सागर है। एंडीज पर्वत इतनी गहराई से एकदम 7,000 मीटर (सागर सतह से) ऊपर उठता है। इस प्रकार लगभग 150 किलोमीटर की दूरी में ही 14.5 किलोमीटर से भी अधिक का ढाल है। इतना तीखा ढाल पृथ्वी पर और कहीं नहीं है।

महाद्वीपीय ढलान भी किसी समय महाद्वीपों के अंग थे जो किसी कारणवश

टूटकर उनसे अलग हो गए हैं। उदाहरणार्थ अंध महासागर के महाद्वीपीय ढलान लगभग 18 करोड़ वर्ष पहले ही बने हैं। उस समय 'प्राथमिक' महाद्वीप पेंजिआ में दरार (रिफ्ट) उत्पन्न हो गई थी। भू-वैज्ञानिकों के अनुसार जब पृथ्वी बनी तब उस पर एक ही महाद्वीप—पेंजिआ—था और उसे एक ही महासागर—'पेंथालास्सा'—घेरे हुए था। आज से लगभग 20 करोड़ वर्ष पूर्व वह महाद्वीप टूटने लगा। पहले उसके दो टुकड़े लॉरेशिया और गौंडवाना हुए और फिर अनेक। उससे सागर-तल भी फैलना शुरू हो गया और महाद्वीप एक-दूसरे से दूर सरकने लगे। इन सरकते हुए महाद्वीपों के किनारों के ढाल बाहर की ओर थे क्योंकि रिफ्ट के दौरान बना सागर-तल बहुत भारी था और अपेक्षाकृत हलके महाद्वीपों के ऊपर नहीं उठ सकता था।

उस समय ही महाद्वीपों की कगारों के काफी भाग महाद्वीपीय ढलानों में बदल गए। ऑस्ट्रेलिया और न्यूजीलैंड के निकट ऐसे ढलानों की बहुतायत है मगर सबसे अधिक चर्चित है 'गलीशिया बैंक'। यह स्पेन के उत्तर-पश्चिम में अंध महासागर में स्थित है। यह उच्चसम भूमि है जिस पर सागर की गहराई लगभग 760 मीटर है। इसकी खोज के बाद, कुछ वैज्ञानिकों के मन में यह विचार आया कि कहीं यह प्रागैतिहासिक 'अटलांटिस' महाद्वीप का अवशेष ही तो नहीं?

आज भी पश्चिमी जगत् में ऐसी किंवदंतियां प्रचलित हैं कि किसी समय अंध महासागर में एक और महाद्वीप अटलांटिस स्थित था जिस पर बहुत सभ्य लोगों का निवास था। पर किसी कारण वह अंध महासागर में जलमग्न हो गया था।

उक्त विचार की पुष्टि करने के लिए 1958 में ब्रिटिश अनुसंधान पोत 'डिस्कवरी-द्वितीय' ने गलीशिया बैंक की सतह के चित्र लिए, उसकी जमावटों आदि के नमूने एकत्रित किए तथा अन्य अध्ययन किए। पर इनमें उस स्थल पर कभी भी मानव आबादी होने के कोई भी सबूत नहीं मिले और अटलांटिस महाद्वीप का अस्तित्व एक बार फिर खटाई में पड़ गया।

हमारे देश के तटीय सागरों—अरब सागर और बंगाल की खाड़ी—के महाद्वीपीय शैल्फों और महाद्वीपीय ढलानों की चौड़ाई और गहराई भी सब जगह बराबर नहीं है। देश के पश्चिमी तट के दक्षिणी भाग में शैल्फ की चौड़ाई 120 किलोमीटर है। उत्तर की ओर जाते समय वह संकरा होता जाता है। परंतु कराची के निकट उसकी चौड़ाई लगभग 185 किलोमीटर हो जाती है। उसके बाद वह फिर संकरा होता चला जाता है। मकरान की घाटी के पास वह बहुत संकरा है।

बंगाल की खाड़ी में आंध्र तट पर महाद्वीपीय शैल्फ लगभग 40 किलोमीटर चौड़ा है। वैसे उसकी अधिकतम चौड़ाई 160 किलोमीटर है।

अरब सागर के शैल्फ में रेत और कीचड़ है। केरल के निकट मोनाजाइट (रेडियोधर्मी) रेत की जमावटें हैं। बंगाल की खाड़ी के शैल्फ में भी रेत की

जमावटें अधिक हैं। ये जमावटें थल की ओर बढ़ती जाती हैं जिससे बंदरगाहों में बड़े जहाजों को अंदर आने में कठिनाई होती है। मद्रास एक ऐसा बंदरगाह है जिसमें बड़ी मात्रा में रेत जमता रहता है। इस रेत को समय-समय पर हटाते रहना बहुत जरूरी होता है। यदि ऐसा नहीं किया जाता तो जहाज बंदरगाह में नहीं आ पाते। वैसे बंगाल की खाड़ी के तटों की रेत की जमावटों में भी रेडियोधर्मी तत्त्व उपस्थित हैं।

महाद्वीपीय उत्थान—महाद्वीपीय ढलान के एकदम बाद ही आमतौर से गहरा सागर बेसिन आरंभ नहीं हो जाता। इनके बीच में ढलान के आधार पर थोड़ी उभरी हुई बनावट होती है। यह बनावट उन पदार्थों के जमने से बनती है जिन्हें आविल धाराएं अपने साथ बहाकर लाती हैं और गहरे बेसिन के कगार पर छोड़ देती हैं। इस बनावट को 'महाद्वीपीय उत्थान' कहा जाता है। इस उत्थान का ढाल बेसिन की ओर जाता है पर वह इतना अधिक नहीं होता जितना महाद्वीपीय ढलान का। अनेक बार महाद्वीपीय उत्थान में पंखाकार घाटियां भी होती हैं।

गहरे सागर

सागर हर स्थान पर समान रूप से गहरे नहीं हैं। छोटे सागरों की तुलना में महासागर अधिक गहरे हैं। यदि हम पूरे विश्व सागर की औसत गहराई का हिसाब लगाना चाहें तो वह लगभग 3,800 मीटर आएगी। यह थल की समुद्र-सतह से औसत ऊंचाई से साढ़े चार गुनी अधिक है। इस प्रकार थल जितना समुद्र-सतह से औसतन ऊंचा है, सागर उसके मुकाबले में साढ़े चार गुना अधिक गहरा है। विश्व सागर के लगभग 83 प्रतिशत भाग की गहराई 3,000 से 6,000 मीटर के बीच है परंतु उसका केवल 1.3 प्रतिशत भाग ही 6,000 मीटर से अधिक गहरा है।

यदि क्षेत्रफल की दृष्टि से देखें तो सागर के 30.5 करोड़ वर्ग किलोमीटर क्षेत्र की गहराई 2,000 मीटर से अधिक है। इसमें से 27.8 करोड़ वर्ग किलो-मीटर क्षेत्र 3,000 मीटर से अधिक गहरा है पर केवल 50 लाख वर्ग किलोमीटर क्षेत्र की ही गहराई 6,000 मीटर से अधिक है।

महासागरों और सागरों के सबसे गहरे भाग उनके मध्य में नहीं हैं। वे आमतौर से महाद्वीपों के तटों के निकट चाप के आकार की खाइयों में स्थित हैं। दक्षिण अमेरिका के पश्चिमी तट और एशिया के पूर्वी तट के निकट ऐसी ही खाइयां स्थित हैं। विलक्षण बात यह है कि इन गहरे स्थलों का संबंध भूपर्पटी के दोहरे वलनों से है और ये सक्रिय ज्वालामुखी और भूकंप पट्टियों में स्थित हैं।

महासागरों में सबसे अधिक गहरा प्रशांत महासागर है। उसकी औसत

गहराई 4,028 मीटर है। सागर का सबसे गहरा ज्ञात स्थल भी उसी महासागर में है। वह उसके पश्चिमी भाग में फिलीपीन द्वीपसमूह के निकट मिंडिआनो खड्ड में स्थित है। उसकी गहराई 11,516 मीटर है—थल की उच्चतम चोटी माउंट एवरेस्ट की ऊंचाई से 2,668 मीटर अधिक। यह कहा जा सकता है कि अगर कोई बलशाली राक्षस माउंट एवरेस्ट को उठाकर मिंडिआनो खड्ड में डुबो दे तो वह पूरी तरह डूब जाएगा तथा उसके ऊपर 2,668 मीटर पानी रह जाएगा। इस स्थल की खोज ब्रिटिश अनुसंधान पोत 'कुक' ने 1962 में की थी।

अंध महासागर कुछ कम गहरा है। उसकी औसत गहराई 3,600 मीटर है और उसका सबसे गहरा स्थल है पोर्टोरिको ट्रेंच—7,825 मीटर गहरा। हिंद महासागर की औसत गहराई 3,900 मीटर है और गहनतम स्थान है सुंद्रा ट्रेंच (गहराई 7,430 मीटर)।

गहरे सागर के बेसिन

महाद्वीपीय उत्थान अंततः गहरे बेसिनों में बदल जाते हैं। ये बेसिन ही सागरों के मुख्य अंग हैं और इनमें ही सागरों का आधे से भी अधिक पानी (लगभग 53 प्रतिशत पानी) मौजूद है। इनका विस्तार बहुत अधिक है। अगर सब सागरीय बेसिनों के विस्तार का योग किया जाए तो वह पूरे थल के विस्तार से भी अधिक बैठेगा। वैज्ञानिकों का अनुमान है कि पूरी पृथ्वी का 30 प्रतिशत भाग इन बेसिनों से घिरा हुआ है। बेसिनों की औसत गहराई तीन से चार किलोमीटर तक है।

इन बेसिनों की तली सपाट नहीं है। उस पर छोटे-बड़े टीले हैं, ऊंचे पर्वत हैं, गहरी खाइयां और विभ्रंश घाटियां (फाल्ट वैली) हैं। पर अनेक क्षेत्रों में लंबे-चौड़े, एकदम सपाट मैदान भी हैं। ये 'वितल मैदान' कहलाते हैं। इनमें आविल धाराओं द्वारा लाए गए अवसादों की जमावटें मौजूद हैं। इन जमावटों में भारी मोटे पदार्थ सबसे नीचे हैं और महीन पदार्थ ऊपर। इनमें उथले सागर में पाए जानेवाले जीवों के अवशेष भी हैं। इससे यह सिद्ध होता है कि ये जमावटें अंततः महाद्वीपीय उद्भव की हैं।

इन बेसिनों की तली पर भी कहीं-कहीं घाटियां हैं। ये घाटियां लगभग वैसी हैं जैसी गहरी नदियों की होती हैं। उत्तरी अंध महासागर में ग्रीनलैंड के दक्षिण में एक ऐसी ही घाटी है जो 100 से 200 मीटर तक गहरी है, जिसकी दीवारें एकदम खड़ी हैं और जो लगभग दो किलोमीटर चौड़ी है। यद्यपि अभी तक यह ठीक-ठीक पता नहीं चल पाया कि वितल मैदानों में ऐसी घाटियां बनने का क्या कारण है पर अनुमान है कि वे उच्च लवणता और घनत्व की जलधाराओं के बहने से बनी हैं।

गूंज की मदद से तली की गहराई नापकर वैज्ञानिकों ने पता लगाया कि हर महासागर के गर्भ में बड़ी-बड़ी खाइयां और गहरे गड्ढे भी हैं। प्रशांत महासागर में गहरी खाइयों की संख्या बहुत अधिक है। खाइयों की श्रृंखला गयाम द्वीप से 350 किलोमीटर दूर से मेरीआना ट्रेंच के रूप में आरंभ होकर जापान और क्यूराइल के निकट से गुजरती हुई, अलास्का के निकटवर्ती समुद्र तक फैली है। जैसा कि पहले बता चुके हैं इसमें कुक खड्ड सबसे गहरा स्थल है— 11,516 मीटर गहरा। प्रशांत महासागर में फिलीपीन द्वीप के निकट मिंडिआना ट्रेंच है और न्यूजीलैंड के उत्तर में टोंगा ट्रेंच।

महासागरों की कुछ प्रमुख खाइयां

खाई	गहराई (किलोमीटर)	लंबाई (किलोमीटर)	चौड़ाई (किलोमीटर)
अंध महासागर			
पोर्टो रिको	8.4	1,543	121
साउथ सैंडविच	8.4	1,448	90
रोमांशे	7.9	360	60
हिंद महासागर			
जावा	7.6	4,506	80
प्रशांत महासागर			
क्यूराइल-कमचटका	10.5	2,205	121
जापान	8.4	805	100
बोनिन	9.8	805	90
मेरिआना	11.0	2,543	69
फिलीपीन	10.5	1,400	60
मिंडिआनो	11.5		
टोंगा	10.8	1,400	55
केरमाडेक	10.0	1,497	40
एल्यूशिन	7.7	3,701	50
मध्य अमेरिकी	6.8	2,800	40
पेरू-चिली	8.0	5,906	100

हिंद महासागर में भी अनेक छोटी-बड़ी खाइयां हैं पर वे उतनी गहरी नहीं हैं जितनी प्रशांत महासागर की। अंतरराष्ट्रीय हिंद महासागर अभियान के दौरान हमारे देश के निकट के सागरों में भी अनेक खाइयों का पता चला था। साथ ही लाल सागर में कई ऐसे खड्ड ढूंढ़ निकाले गए थे जिनकी तली के जलों का ताप

56° जैसा ऊंचा है और लवणता बहुत अधिक है। समझा जाता है इन खड्डों की तली में ज्वालामुखी हैं।

गहरी खाइयों और खड्डों का संसार एकदम अंधकारमय होता है। वहां कभी-कभी ही ऐसे जीवों के कारण जो स्वयं प्रकाश उत्पन्न कर सकते हैं रोशनी की हलकी झलक दिखाई पड़ती है। वहां कोई वनस्पति नहीं उगती। यदि यहां ऑक्सीजन और ऊपर से मृत जीवों के अवशेष पहुंचते रहते हैं तब वहां भी कुकुंबरों, कीड़ों, क्लैमों और सुंदर ग्लास स्पंजों का साम्राज्य होता है। इन खाइयों में आविल धाराएं ऊज जमा करती रहती हैं। पर ऐसे ही एक गहरे खड्ड मेरिआना ट्रेंच के चैलेंज़र खड्ड को मानव द्वारा पददलित किया जा चुका है। इस खड्ड में (गहराई 11,035 मीटर) उतरनेवाले व्यक्ति थे जैक पिकर्द और लेफ्टिनेंट वाल्श। वे एक विशेष पोत 'ट्रीस्ट' बेदिस्केफ में (जिसे जैक और उसके पिता अगस्त पिकर्द ने बनाया था) 23 जनवरी, 1960 को उतरे थे। वे उस गहराई पर लगभग 20 मिनट रहकर सकुशल वापस सतह पर आ गए थे। उस अंधेरे स्थल पर, जहां पानी का दाब लगभग 8 टन प्रति वर्ग इंच था, उन्हें एक अंधा, चपटा और लगभग एक-तिहाई मीटर लंबा जीव मिला था जो चैलेंजर खड्ड की करोड़ों वर्षों की शांति भंग हो जाने के बावजूद शांत था।

निम्न सारणी से स्पष्ट हो जाता है कि पृथ्वी के कितने क्षेत्र को महाद्वीपीय शैल्फ, महाद्वीपीय ढलान, महाद्वीपीय उत्थान, वितल, जलमग्न पर्वत, खाइयां आदि घेरे हुए हैं :

क्षेत्र	पृथ्वी का क्षेत्र (%)	सागर का क्षेत्र (%)	किस क्षेत्र में सागर का कितना पानी है (%)	औसत ढाल	औसत चौड़ाई (कि०मी०)
महाद्वीपीय शैल्फ	6	9	0.2	0.1°	75
महाद्वीपीय ढलान	4	6	3	4.3°	50
महाद्वीपीय उत्थान	4	5	5	0.2°	40
महासागरीय बेसिन	30	42	53	—	—
जलमग्न पर्वत	23	33	33	0.2°	1,700
जलमग्न खाइयां	1	2	4	3.0°	100
जलमग्न ज्वालामुखी	2	3	2	—	—

सागर तली की पर्वतश्रृङ्खला

सागर तली की कदाचित् सबसे विलक्षण संरचना है मध्य महासागरीय पर्वतश्रृंखला (मिड ओशिआनिक रिज)। सब महासागरों में फैली यह पर्वत-

श्रृंखला जो लंबाई में पृथ्वी की परिधि से भी अधिक है, वास्तव में सागर संबंधी सबसे विलक्षण खोज है। लगभग 75,000 किलोमीटर लंबी और 1,000 से 4,000 किलोमीटर तक चौड़ी (औसत चौड़ाई 1,700 कि०मी०) और 1 से 3 किलोमीटर ऊंची यह पर्वतश्रृंखला अंध, हिंद और प्रशांत महासागरों में ही नहीं आर्कटिक और अंटार्कटिक सागरों में भी फैली हुई है। इसका कुल क्षेत्रफल एशिया, अफ्रीका और यूरोप के कुल क्षेत्रफलों से भी ज्यादा है। मध्य महासागरीय पर्वतश्रृंखला कहलाने के बावजूद यह हर महासागर के मध्य में स्थित नहीं है। आर्कटिक सागर से आरंभ होकर यह अंध महासागर को उत्तर से दक्षिण दिशा में यूरोप के लगभग समानांतर पार करती है। फिर यह हिंद महासागर में आ जाती है और उसके मध्य भाग के बजाय अफ्रीका के तट के अधिक निकट से गुजरती हुई कार्ल्सबर्ग रिज के रूप में सेशल्स द्वीप तक पहुंच जाती है। हिंद महासागर के दक्षिणी भाग में इसमें से एक शाखा निकलकर ऑस्ट्रेलिया और न्यूजीलैंड के काफी नीचे से गुजरती हुई प्रशांत महासागर में जा पहुंचती है। प्रशांत महासागर में यह मध्य भाग में से न गुजरकर पूर्वी भाग से होती हुई उत्तर की ओर बढ़ती है। यद्यपि यह दक्षिण अमेरिका के तट में काफी दूर से गुजरती है पर उत्तर अमेरिका के निकट पहुंचकर एकदम कैलीफोर्निया के तट को छूने लगती है। यहां पहुंचकर वह काफी नीची भी हो जाती है। यहां यह समाप्त भी हो जाती है। वैसे प्रशांत महासागर में से इसकी एक शाखा अंटार्कटिक सागर में भी जाती है।

जैसाकि आप पढ़ चुके हैं मध्य महासागरीय पर्वतश्रृंखला का पता सबसे पहले चैलेंजर पोत ने वर्ष 1873 में लगाया था। चैलेंजर ने इसके उस भाग को ढूंढ़ा जो उत्तरी अंध महासागर में स्थित है और मध्य अंध महासागरीय पर्वत-श्रृंखला (मिड अटलांटिक रिज) कहलाता है। उसके बाद अंतरराष्ट्रीय भू-भौतिक वर्ष के दौरान इस श्रृंखला के विस्तृत अध्ययन किए गए। वैसे हिंद महासागर में स्थित इसका भाग 'मध्य हिंद महासागरीय पर्वतश्रृंखला' के नाम से प्रसिद्ध है पर प्रशांत महासागर में यह 'पूर्व प्रशांत महासागरीय उत्थान' (ईस्ट पैसेफिक राइज) कहलाती है।

इस पर्वतश्रृंखला के बारे में एक अत्यंत विचित्र बात यह है कि इसके ऊपरी भाग में दरारें हैं। इन दरारों की चौड़ाई 13 से 48 किलोमीटर तक है। अनेक स्थानों में ये दरारें बहुत लंबी हैं और लगभग 1.5 किलोमीटर तक गहरी हैं। इन्हें मध्य महासागरीय दरार (मिड ओशिआनिक रिफ्ट) कहते हैं। मध्य अंध महासागरीय पर्वतश्रृंखला के उत्तरी भाग में तो ऐसी दरारें पूरी लंबाई में फैली हैं। वैज्ञानिकों का मत है कि इन दरारों में पृथ्वी के गर्म-दुर्बलता मंडल (एस्थेनोस्फीयर) में से पिघला हुआ चट्टानी पदार्थ निकलता रहता है। यह

चट्टानी पदार्थ बेसाल्टी प्रकार का होता है और दरारों में से पर्वतश्रृंखला की दोनों तरफ रिसकर सागर की तली का अंश बनाता रहता है। इस प्रकार मध्य महासागरीय पर्वतश्रृंखला में अब भी सागर की तली का निर्माण हो रहा है। सागर की तली के निरंतर फैलते रहने के फलस्वरूप यह पदार्थ कुछ सौ वर्षों में ही इस पर्वतश्रृंखला से काफी दूर चला जाता है।

मध्य महासागरीय पर्वतश्रृंखला मुख्य रूप से क्षारीय बेसाल्ट अथवा उनसे उत्पन्न चट्टानों से बनी है। इनमें आमतौर से ओलीवाइन खनिज की अधिकता है। मध्य अंध महासागरीय पर्वतश्रृंखला के उत्तरी अंश में मुख्य रूप से सर्पेंटाइन, गैनो और बारीक दानोंवाली बेसाल्टी चट्टानें हैं। मध्य हिंद महासागरीय और पूर्व प्रशांत पर्वतश्रृंखला के जलमग्न भाग में मुख्य रूप से अल्प-पोटैशियम थोलेआइट चट्टानें हैं जबकि श्रृंखलाओं के शिखर क्षारीय बेसाल्ट चट्टानों से बने हैं।

मध्य महासागरीय पर्वतश्रृंखला के अनेक भागों में भूकंपीय पट्टियां स्थित हैं। इनमें भूकंपों के केंद्र स्थित हैं। वैसे इस श्रृंखला में अनेक विभंग हैं जो जगह-जगह इसे चौड़ाई के बल काटते हैं।

1970 के दशक में इस पर्वतश्रृंखला के विस्तृत अध्ययन किए गए। इनमें अमेरिका की पनडुब्बी 'एल्विन' ने विशेष रूप से भाग लिया। एल्विन टाइटेनियम मिश्रधातु से बनी पनडुब्बी है जो सब आधुनिक उपकरणों से लैस है। इसमें सागर की तली के नमूने इकट्ठे करने, दूर नियंत्रित (रिमोट कंट्रोल) यंत्र हैं। इन यंत्रों से पर्वतश्रृंखला के लगभग तीन किलोमीटर गहरे (जलमग्न) भागों में प्रयोग किए गए। इनमें पाया गया कि उन स्थलों पर सागर की तली में से पिघली बेसाल्टी चट्टानें ऐसे निकलती हैं मानो ट्यूब में से पेस्ट। पानी के बहुत अधिक दबाव–दो टन प्रति वर्ग इंच जैसे दबाव–के नीचे ये चट्टानें काली चमकदार तकिए जैसी आकृतियों में बदल जाती हैं। इन आकृतियों की आयु केवल कुछ सौ वर्ष ही (भू-विज्ञान के अनुसार अत्यंत कम) पाई गई है। सागर की सतह पर लाने से इनमें भरी गैसें उसी प्रकार निकलने लगती हैं जैसे सोडा वाटर की बोतल का ढक्कन खोलने पर गैस निकलती है। इससे ये बिखर जाती हैं।

वर्ष 1977 में मध्य महासागरीय पर्वतश्रृंखला के सर्वाधिक सनसनीखेज रहस्य का उद्घाटन हुआ। उस समय एल्विन में बैठे वैज्ञानिक दक्षिण अमेरिका के इक्वेडोर के पश्चिमी तट से लगभग 2.5 किलोमीटर दूर गालापेगोस रिफ्ट का अध्ययन कर रहे थे। यह मध्य अंध महासागरीय रिफ्ट की एक भाग है। वहां वैज्ञानिकों को धातु आक्साइडों के ऐसे टीले मिले जो आमतौर से गरम झरनों के मुखों के पास मिलते हैं। जब वैज्ञानिकों ने उस क्षेत्र के गहरे जल में नमूनों के विश्लेषण किए तब उन्हें उनमें हीलियम और रेडॉन-222 की असामान्य

मात्राएं मिलीं। ये दोनों पदार्थ पृथ्वी के आंतरिक भागों में बनते हैं। इन पदार्थों की उस स्थल पर उपस्थिति को मध्य महासागरीय रिफ्ट के अंदर होनेवाली ज्वालामुखी क्रियाओं के आधार पर नहीं समझाया जा सकता था।

वैज्ञानिक जैसे-जैसे रिफ्ट के नजदीक आते जाते थे पानी का ताप बढ़ता जाता था। वह हिमांक से बढ़कर लगभग 17° सें० पर पहुंच गया। तब उन्होंने एकाएक ऐतिहासिक महत्त्व की एक खोज की। उन्होंने पाया कि गहरे, ठंडे, अंधकारमय सागर में, गालोपगोस रिफ्ट एक कोष्ण, ऊर्जा से भरपूर स्थल है। वहां ऐसे जीव-जंतुओं की भरमार है जिन्हें पहले कभी भी नहीं देखा गया था। रिफ्ट के ऊपर के दूधिया नीले जल में बैक्टीरियाओं और गंधक के कणों का बाहुल्य था। साथ ही उस जल में बहुत बड़े (असामान्य रूप से बड़े) ट्यूब वर्म तैर रहे थे और केकड़े तली पर चल रहे थे। तली लिपेटों और मसलों के कारण कई फुट ऊंची दिखाई दे रही थी। तली पर ही बहुत बड़े आकार के क्लैम स्थित थे और झरने के मुख पर गुलाबी रंगों की मछलियां मौज कर रही थीं।

इन सबसे यह अनुमान लगाया गया कि गालापेगोस रिफ्ट की तली में गर्म पानी के झरने हैं। उनके पानी में सिलिकन और मैंगनीज के ऑक्साइडों की काफी मात्रा मौजूद होती है। यह पानी जब उस क्षेत्र के ठंडे पानी के संपर्क में आता है तब ये ऑक्साइड उससे अलग होकर सागर की तली पर जमने लगते हैं। साथ ही आसपास के क्षेत्र का ठंडा पानी रिफ्ट की तली में रिस जाता है और बाद में गरम होकर पृथ्वी के गर्भ से आनेवाले पानी के साथ निकलता है।

इस कोष्ण प्रदेश में जीवों की इतनी भरमार का कारण है हाइड्रोजन सल्फाइड। यह एक अत्यंत दुर्गंधमय गैस है जिसमें से सड़े अंडों जैसी दुर्गंध आती है। इस रिफ्ट में यह गैस समुद्री जल में मौजूद सल्फेटों पर बहुत अधिक गरमी और दबाव की क्रियाओं के परिणामस्वरूप बनती है। कुछ बैक्टीरिया इस गैस पर ही जीवित रह सकते हैं और इन बैक्टीरियाओं को खाते हैं बड़े प्राणी और खाद्य श्रृंखला चलती रहती है। इस प्रकार यह एक ऐसा क्षेत्र है जहां प्राणी सौर ऊर्जा के बजाय भूगर्भीय ऊर्जा पर जीवित रहते हैं।

समझा जाता है कि मध्य महासागरीय पर्वतश्रृंखला में ऐसे और भी क्षेत्र मौजूद हो सकते हैं।

अन्य पहाड़ियां—सागर की तली में मध्य महासागरीय पर्वतश्रृंखला के अतिरिक्त भी अनेक छोटी-बड़ी पहाड़ियां हैं। बंगाल की खाड़ी में ही 90° पूर्व देशांतर के लगभग समानांतर, उत्तर-दक्षिण दिशा में स्थित 'नाइंटी ईस्ट रिज' एक ऐसी ही पहाड़ी है। इनकी चोटियां सागर-तल से काफी ऊंची हैं। कुछ की ऊंचाई तो माउंट एवरेस्ट से भी ज्यादा है। इनमें से कुछ जल से बाहर भी आ गई हैं और द्वीप बन गई हैं। हमारे अंडमान-निकोबार ऐसे ही द्वीप हैं।

ज्वालामुखी और कोरल द्वीप

गहरे सागर में मध्य महासागरीय रिफ्ट के अतिरिक्त अन्य स्थलों पर भी ज्वालामुखी क्रियाएं होती रहती हैं। वहां सैकड़ों की संख्या में ज्वालामुखियों के अवशेष मिले हैं। ये सागर के लगभग हर क्षेत्र में स्थित हैं। इनका आकार ऐसा शंक्वाकार है जैसा थल पर नहीं मिलता। उनमें से कुछ इतने ऊंचे भी हैं कि उनके शीर्ष जल से बाहर आ गए हैं। हवाई द्वीप वास्तव में सागर में स्थित ज्वालामुखियों के शिखर ही हैं।

अधिकांश ज्वालामुखियों के शीर्ष सागर-तल के निरंतर फैलते रहने के फलस्वरूप जल में डूब गए हैं। इनमें से कुछ सागर की एक अत्यंत विचित्र बनावट वलयाकार कोरल द्वीप (एटॉल) के लिए उत्तरदायी हैं।

यह प्रश्न उठना स्वाभाविक ही है कि डूबते हुए ज्वालामुखियों के शीर्षों का कोरल द्वीपों से क्या संबंध हो सकता है? इस प्रश्न का उत्तर महान् चार्ल्स डारविन ने 1837 में सुझाया था। उनका सुझाव था कि कोरल द्वीप चूने के पत्थर के उन खोलों से बनते हैं जिनमें कोरल निवास करते हैं।

जीवन-भर कोरल इन खोलों को धारण किए रहते हैं, पर मरने के बाद इन्हें ऐसे ही छोड़ देते हैं। कोरल अपने उपनिवेशों में बहुत बड़ी संख्या में रहते हैं और उनकी अगली पीढ़ियां भी अपने उपनिवेश पुराने अवशेषों पर बनाती हैं और अपने अवशेष वहीं छोड़ देती हैं। इस प्रकार लाखों-करोड़ों वर्ष बाद वे अवशेष काफी बड़ी मात्रा में एकत्रित होकर द्वीप का रूप धारण कर लेते हैं।

उष्ण कटिबंधीय सागर में स्थित एक ऐसे ज्वालामुखी की कल्पना कीजिए जिसका शीर्ष सागर-सतह से कोई 40-50 मीटर ही नीचे हो। यह स्थिति कोरलों को अपने उपनिवेश बनाने के लिए बहुत उपयुक्त होती है। इसलिए ज्वालामुखी के शीर्ष पर कोरलों के अवशेष जमने लगते हैं। अब यदि सागर की तली के फैलने के फलस्वरूप ज्वालामुखी के नीचे बैठने की गति कोरल अवशेषों के जमने की गति के बराबर हो तो उसका शीर्ष सतह से 40-50 मीटर नीचे ही बना रहेगा और उस पर कोरलों के उपनिवेश बनते ही रहेंगे। प्रशांत महासागर की तली के फैलने की गति लगभग 15 सेंटीमीटर प्रतिवर्ष अनुमानी गई है। इस प्रकार यद्यपि ज्वालामुखी नीचे बैठ रहा है पर कोरलों के अवशेषों के जमते रहने से उसका शीर्ष सागर-सतह से उतना ही नीचे बना रहता है जितना पहले था। ऐसा करोड़ों-अरबों वर्षों तक होता रहता है।

चार्ल्स डारविन की यह मान्यता थी कि वर्तमान कोरल द्वीपों में बहुत गहरे छेद करने पर ज्वालामुखी चट्टानें अवश्य मिलेंगी। पर डारविन के युग में सागर वैज्ञानिकों के पास ऐसी युक्तियां नहीं थीं जिनसे हजारों फुट गहरे छेद किए जा सकें।

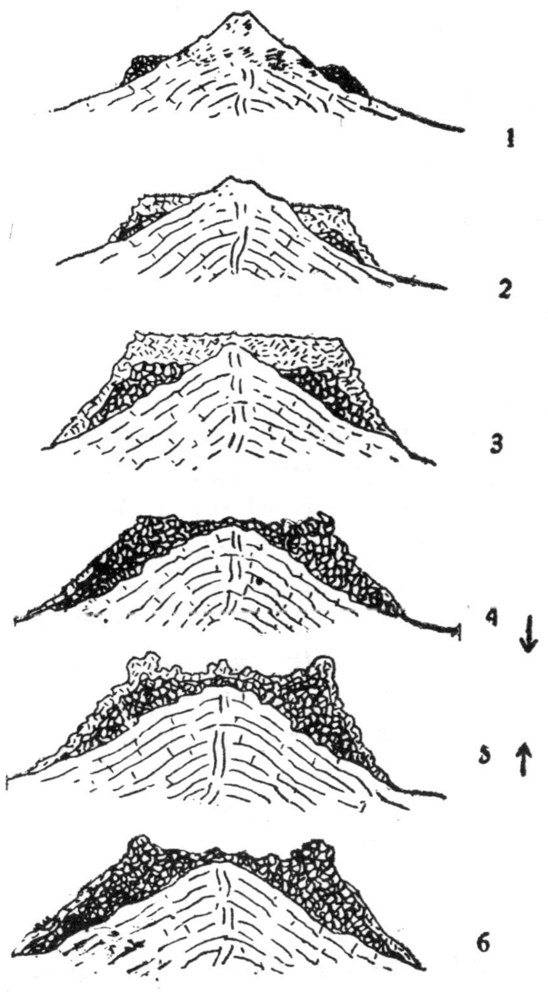

डूबते ज्वालामुखी पर कोरल द्वीप का निर्माण—1. पहले-पहल कोरल ज्वालामुखी के ढालों पर अपने उपनिवेश बनाते हैं और अपने अवशेष छोड़ते हैं 2. उनके कार्य डूबते ज्वालामुखी पर भी जारी रहते हैं। 3. पर हिमयुगों के बीच की अवधि में बर्फ पिघलने से सागर की सतह ऊंची उठ जाती है। उस समय कोरल जमावटें ज्वालामुखी के मुख से ऊपर उठ जाती हैं। 4. फिर से हिमयुग आने पर सागर का काफी पानी बर्फ में बदल जाता है। इससे सागर की सतह नीचे चली जाती है। कोरल जमावटें सागर-सतह से ऊपर आ जाती हैं। उन पर वर्षा, वायु, धूप

आदि के प्रभाव पड़ने लगते हैं। इससे उनका अपरदन होता है। 5. सागर एक बार फिर ऊपर उठता है। कोरल अपनी जमावटों के किनारों पर चले जाते हैं और वहां अपने उपनिवेश बनाते हैं। अब बीच के भाग में पानी भर जाता है। 6. अंत में किनारे सागर-सतह से ऊपर उठ जाते हैं और बीच के भाग में पानी भरा रहता है।

द्वितीय विश्वयुद्ध के बाद, जब ऐसी युक्तियां उपलब्ध हुईं तब अमेरिकी नौ सेना ने 'इनीवेटॉक नामक कोरल द्वीप पर डारविन के सिद्धांत को परखने की बात सोची। फलस्वरूप इनीवेटॉक द्वीप में 1,287 मीटर गहरा छेद किया गया और वास्तव में छेद के अंत में ज्वालामुखी उद्‌गम की चट्टानें मिलीं।' इस प्रकार डारविन के सिद्धांत की पुष्टि हुई।

इस पुष्टि के लगभग 6 वर्ष पहले प्रिंसटन विश्वविद्यालय, संयुक्त राज्य अमेरिका, के भू-वैज्ञानिक हैरी हैस ने प्रशांत महासागर में ही एक और विलक्षण बनावट का पता लगाया था। उन्होंने इको साउंडर की मदद से, सागर-सतह से कई सौ फुट नीचे, सैकड़ों ऐसे ज्वालामुखियों का पता लगाया था जिनके शीर्ष एकदम सपाट थे। वे इतने सपाट थे मानो किसी ने उनके ऊपरी भाग को बड़ी सफाई से आरे से तराश दिया हो। हैस ने इन ज्वालामुखियों का नामकरण किया 'गी ओह'। हैस की खोज के बाद प्रशांत महासागर में अब तक कई सौ गी ओह मिल चुके हैं।

वैज्ञानिकों का अनुमान है कि किसी समय, आज से करोड़ों वर्ष पहले, ये गी ओह सागर-तल से ऊपर थे। उस समय इनके ऊपरी भाग पर वर्षा, वायु, धूप आदि के प्रभाव पड़ते थे। इससे इनके मुलायम भाग कट गए और ऊपरी हिस्सा एकदम सपाट हो गया।

सागर की तली की संरचना

भू-वैज्ञानिकों के अनुसार महाद्वीपों और महासागरों की तलियों में काफी अंतर है। वैसे महाद्वीप और सागर दोनों के नीचे आग्नेय चट्टानों की तलियां हैं पर इन आग्नेय चट्टानों की संरचनाओं में अंतर है। महाद्वीपों की तली में आमतौर से हलके रंग की ग्रेनाइटी चट्टानें हैं जबकि महासागरों की तली बेसाल्टी चट्टानों से बनी है। पर इसका यह अर्थ नहीं कि थल पर बेसाल्टी चट्टानें मौजूद ही नहीं हैं। महाद्वीपों के नीचे तली की मोटाई अधिक है, महासागरों के नीचे कम।

महाद्वीपों पर अनेक क्षेत्रों में भूकंपीय क्रियाओं और अपरदन के फलस्वरूप तली की चट्टानें सतह पर आ गई हैं। परंतु महासागरों की तली पर लगभग हर जगह अवसादी चट्टानों की मोटी-मोटी (कई किलोमीटर मोटी) परतें हैं। इसलिए सागरों की वास्तविक तली तक पहुंचने के लिए आमतौर पर अवसादी जमावटों

को हटाना जरूरी होता है। वैसे अनेक क्षेत्रों में सागरों की तली में भ्रंश हैं। ये भ्रंश पर्पटी में बहुत बड़ी दरारें हैं जिनसे पर्पटी का एक हिस्सा टूटकर दूसरे से बहुत ऊपर—कई सौ मीटर ऊपर—उठ गया है। इससे वास्तविक तली की परतें अनावरित हो गई हैं। इन अनावरित परतों में से चट्टानों के नमूने अपेक्षाकृत आसानी से लिए जा सकते हैं।

वैसे भी अनेक स्थलों पर विभिन्न कारणों से—जिनसे तेज जलधाराएं विशेष रूप से तली के निकट की जलधाराएं, समुद्रगर्भी भू-स्खलन, समुद्री पानी में घुले विभिन्न लवणों के तलहटीकरण की अलग-अलग दरें, तली का ढलान आदि–शामिल हैं। सागर की तली पर अवसादी जमावटों की मोटाई बहुत कम है। प्रशांत महासागर के अनेक गहरे खड्डों में भी 10 किलोमीटर जैसी गहराई अनावरित हो गई है। इस प्रकार भ्रंशों और खाइयों की ऊर्ध्वाधर सतहों आदि में से चट्टानों के नमूने निकालकर उनकी संरचना, आयु, निर्माण-प्रक्रिया आदि ज्ञात की जा सकती है और वैज्ञानिकों ने ऐसा किया भी है।

तली की संरचना ज्ञात करने के लिए वैज्ञानिकों ने योजनाबद्ध तरीके से तली में छिद्र करके नमूने भी लिए हैं। इस प्रकार का पहला छिद्र किया अमेरिकी वैज्ञानिकों ने, 1961 में, प्रशांत महासागर में स्थित ग्वाडेलोप द्वीपसमूह के निकट, गहरे सागर की तली में। बाद में इस कार्य के लिए एक अंतरराष्ट्रीय कार्यक्रम 'डीप सी ड्रिलिंग' आयोजित किया गया। इस कार्यक्रम के अंतर्गत पहला छिद्र 1968 में मेक्सिको की खाड़ी में किया गया था। वैसे अब तक पांच किलो-मीटर से अधिक गहरे सागरों में 500 से भी अधिक स्थलों पर छिद्र किए जा चुके हैं। इस कार्यक्रम में अमेरिका के ग्लोमर चैलेंजर पोत ने विशेष योग दिया।

इन छिद्रों में से निकाले गए चट्टानों के नमूनों से अनेक नई जानकारियां प्राप्त हुई हैं। सागरों की बेसाल्टी तली पर ऐसे लावाओं की मोटी-मोटी परतें हैं जो मध्यजीवी महाकल्प (मेसोजोइक ईरा) के आरंभ में पृथ्वी के गर्भ में से निकले थे। इसका यह अर्थ है कि इन लावाओं की उम्र 24 करोड़ वर्ष से अधिक नहीं है। सागर की सपाट मैदानी तली पर इन लावाओं की परतों की मोटाई 2 से 3 किलोमीटर है। सागर के अनेक क्षेत्रों में वास्तविक बेसाल्टी तली और इन लावा परतों के बीच कोई अन्य जमावट नहीं है जबकि थल की ऐसी संरचनाओं के बीच ग्रेनाइट की जमावटें हैं। पर जहां द्वीपों की पर्वतश्रेणियां सागर की तली में प्रविष्ट कर गई हैं वहां ग्रेनाइटी परतें मौजूद हैं। इसीलिए सागर के नीचे पर्पटी की मोटाई महाद्वीपों की तली की मोटाई की तुलना में कम है। वह 7 से लेकर 10 किलोमीटर तक ही मोटी है।

सागर की तली की चट्टानें भी चुंबकीय हैं पर सब चट्टानें एकसमान और एक ही दिशा में चुंबकित नहीं हैं। वे वैकल्पिक रूप से व्यवस्थित हैं। समझा

जाता है कि उनकी व्यवस्था और धरती के गर्भ से लावा निकलने की घटनाओं का आपस में संबंध है।

प्लेट विवर्तनिकी

यद्यपि भूखंडों के एक-दूसरे से दूर सरकने का सिद्धांत इस शताब्दी के आरंभ में ही अल्फ्रेड वेगनर द्वारा प्रस्तुत कर दिया गया था पर अधिकांश वैज्ञानिक उससे सहमत नहीं थे। अंत में 1950 के दशक में सागर की तली के अनेक ऐसे रहस्यों का उद्‌घाटन हुआ जिनसे इस सिद्धांत की पुष्टि हुई। और इसी शृंखला में 1960 के दशक में विकसित हुआ 'प्लेट विवर्तनिकी (प्लेट टैक्टोनिक्स) का सिद्धांत'। इस सिद्धांत की मदद से आज सागरों और महाद्वीपों के निर्माण और संरचना की भली-भांति व्याख्या की जा सकती है।

इस सिद्धांत के अनुसार पृथ्वी एक अत्यंत सक्रिय ग्रह है जिसमें पदार्थ बनते और विघटित होते ही रहते हैं। पृथ्वी के गर्भ में से विभिन्न रूपों में पदार्थ सतह पर आता रहता है और पृथ्वी के अंदर जाता रहता है। वास्तव में पृथ्वी की पर्पटी और मैंटल का सबसे ऊपरी भाग, जिसे स्थलमंडल (लिथोस्फीयर) कहते हैं, स्थिर नहीं है। वह मैंटल की मुलायम परत 'दुर्बलता मंडल' पर तिर रहा है। पर पूरा स्थलमंडल एक राशि के रूप में नहीं वरन् आठ बड़े और चार छोटे खंडों में तिर रहा है। ये खंड 'प्लेट' कहलाते हैं। इन प्लेटों पर ही सब महाद्वीप और सागर स्थित हैं। कुछ प्लेटें ऐसी हैं जिन पर केवल थल और कुछ पर केवल जल है। पर कुछ प्लेटें ऐसी भी हैं जिन पर थल भी है और सागर भी। ये प्लेटें हैं– अफ्रीकी प्लेट, अरेबियन प्लेट, यूरेशियन प्लेट, इंडो ऑस्ट्रेलियन प्लेट, फिलीपीन प्लेट, प्रशांत प्लेट, अंटार्कटिक प्लेट, नज्का प्लेट, कोकोन प्लेट, कैरीबियन प्लेट, उत्तर अमेरिकी प्लेट और दक्षिण अमेरिकी प्लेट।

दुर्बलता मंडल में सदैव एक संवहन धारा प्रवाहित होती रहती है। यह धारा पृथ्वी के गर्भ में होनेवाली क्रियाओं के फलस्वरूप उत्पन्न होती है। धीमी गति से प्रवाहित होनेवाली इस धारा पर प्लेटें तिरती रहती हैं। ये प्लेटें जब आपस में टकराती हैं या एक-दूसरे से दूर होती जाती हैं अथवा एक-दूसरे में घुस जाती हैं तो थल खंड बनते हैं अथवा थल सागर में परिवर्तित हो जाता है तथा पर्वत बनते हैं, भूकंप आते हैं अथवा ज्वालामुखी विस्फोटित होते हैं या अन्य भू-क्रियाएं होती हैं। जब कोई ऐसी प्लेट जिस पर सागर स्थित हो किसी ऐसी प्लेट से टकराती है, जिस पर पूर्णत: या अंशत: थल स्थित हो तब सागरवाली प्लेट थल की प्लेट के नीचे चली जाती है और उस स्थान पर जहां सागरवाली प्लेट नीचे जाती है गहरी खाई बन जाती है। उसका अगला सिरा गरम होकर पिघल जाता है और इस प्रकार उत्पन्न मैग्मा ऊपर की प्लेट में से छेद करता हुआ ज्वालामुखी के रूप में

फूट पड़ता है। जब दो ऐसी प्लेटें आपस में टकराती हैं जिन पर सागर के हिस्से स्थित होते हैं तब एक प्लेट दूसरी के नीचे घुस जाती है। फलस्वरूप खाइयों और अनेक ज्वालामुखी द्वीपों का निर्माण होता है।

पर दोनों स्थितियों में भीषण भूकंप भी आते हैं।

जब आपस में टकरानेवाली प्लेटों पर थल के ही भाग स्थित होते हैं तब एक प्लेट कुछ हद तक ही दूसरी के नीचे जा पाती है क्योंकि उन पर स्थित पदार्थ हलका होता है और वह नीचे के भारी पदार्थ पर 'तिरने' लगता है। इससे ऊंचे वलयी पर्वतों का निर्माण होता है।

एक-दूसरे से दूर जाती प्लेटें 'रिफ्ट' का निर्माण करती हैं। इससे तली फैलती है। इसमें भूगर्भ से मैग्मा आकर नई चट्टानों का निर्माण करता है। इस प्रकार एक लंबी पर्वतश्रेणी का निर्माण होता है।

एक-दूसरे के निकट से गुजर जानेवाली प्लेटें पृथ्वी की सतह पर बड़े परिवर्तन नहीं करतीं। पर कभी-कभी उनके किनारे आपस में फंस जाते हैं। अंत में जब वे अलग होते हैं तब भीषण भूकंप आते हैं। प्लेट विवर्तनिकी तथा अन्य सिद्धांतों के आधार पर आज हमें मालूम है कि वर्तमान महाद्वीपों और तीन महासागरों को बनने में कई करोड़ वर्ष लगे हैं। आरंभ में पृथ्वी पर केवल एक ही महाद्वीप था और एक ही सागर उसे चारों ओर से घेरे हुए था। उस अति विशाल महाद्वीप को भू-वैज्ञानिक 'पेंजिआ' कहते हैं और उस महासागर को 'पेंथालास्सा'। उस पेंजिआ पर तीन और छोटे सागर भी थे : टिथिस सागर, साइनस ऑस्ट्रलिस और साइनस बोरिलिस। इनमें से टिथिस सागर पेंजिआ के उन भागों के बीच स्थित था जो आज यूरेशिया और अफ्रीका हैं, साइनस ऑस्ट्रेलिस वर्तमान भारत और ऑस्ट्रेलिया के बीच था तथा साइनस बोरिलिस वर्तमान आर्कटिक महासागर है। पेंथालास्सा अंत में प्रशांत महासागर में परिवर्तित हो गया।

लगभग 20 करोड़ वर्ष पूर्व किसी कारणवश पेंजिआ में दरार पड़ गई और वह दो भागों—लॉरेशिया और गौंडवानालैंड—में विभक्त हो गया। ये दोनों भाग एक-दूसरे से दूर सरकने लगे और इनमें बीच में आज के अंध महासागर का उत्तरी भाग बनने लगा। बाद में लॉरेशिया के टूटने से बने उत्तर अमेरिका, ग्रीनलैंड और यूरेशिया तथा गौंडवानालैंड के टूटने से बने दक्षिण अमेरिका, अफ्रीका, ऑस्ट्रेलिया, भारत और अंटार्कटिक महाद्वीप। गौंडवानालैंड के विखंडित होने से अंध महासागर का दक्षिणी भाग भी बना।

प्लेट विवर्तनिकी सिद्धांत के अनुसार ये भूखंड और सागर विभिन्न प्लेटों पर स्थित थे जो कभी एक-दूसरे के इतने निकट आ जाती थीं कि टकरा जाएं और कभी दूर चली जाती थीं। जब यूरेशिया और अफ्रीका की प्लेटें पास-पास आ गईं तो टिथिस सागर सिकुड़ने लगा और अंत में आज के भूमध्यसागर में

परिवर्तित हो गया। भारत जिस प्लेट पर स्थित था वह एशिया की प्लेट से जा टकराई और इससे दोनों प्लेटों के बीच का पदार्थ भिचकर ऊपर उठ गया फलस्वरूप हिमालय पर्वत का जन्म हुआ।

भारतीय प्लेट के उत्तर की ओर आ जाने और ऑस्ट्रेलियाई प्लेट के अंटार्कटिक प्लेट से अलग हो जाने के फलस्वरूप हिंद महासागर का निर्माण हुआ।

समझा जाता है कि महाद्वीप और महासागर वर्तमान स्थिति में आज से कुल 4 करोड़ वर्ष पहले ही आए थे। पर अब भी प्लेटें एक-दूसरे से टकरा रही हैं, या दूर जा रही हैं अथवा निकट से गुजर रही हैं। फलस्वरूप आज भी नया पदार्थ पृथ्वी के गर्भ से बाहर आ रहा है, 'पुराना' पदार्थ उसके गर्भ में जा रहा है तथा पर्वतों और सागरों का निर्माण हो रहा है। आज भी सागर की तली फैल रही है जिसके फलस्वरूप तली पर स्थित ज्वालामुखी और पर्वत जलमग्न होते जा रहे हैं।

सागर की तली के फैलने की गति हर क्षेत्र में एकसमान नहीं है। अंध महासागर में वह लगभग 2·5 सेंटीमीटर प्रति वर्ष है तो प्रशांत महासागर में 15 सेंटीमीटर प्रति वर्ष। वह इतनी कम है कि दैनिक जीवन पर उसके प्रभाव प्रतीत नहीं होते पर कुछ लाख वर्षों में उसके फलस्वरूप भीषण परिवर्तन हो जाते हैं और प्रकृति के लिए लाखों वर्षों का समय 'ज्यादा' नहीं है।

यद्यपि सागर की तली के फैलने से अनेक पर्वत और द्वीप, जो आज सागर की सतह के ऊपर शान से सिर उठाए खड़े हैं, डूबते जा रहे हैं पर इसका यह अर्थ नहीं कि सागर से द्वीप बाहर नहीं आ रहे हैं। जलमग्न पर्वतों के अनेक शिखर द्वीपों में परिवर्तित होते जा रहे हैं। द्वीप बनने और उनके जलमग्न होते रहने का कदाचित् सबसे अच्छा उदाहरण है दक्षिण प्रशांत महासागर में स्थित फैल्कन द्वीप का, जो पिछले 75 वर्षों में तीन बार समुद्र से बाहर निकला और पुनः जलमग्न हुआ। इसीलिए उस प्रदेश के निवासी इसे 'फोनुआ फोऊ' (नई भूमि) कहते हैं। जापान के दक्षिण में स्थित मिओजिनशो नामक द्वीप भी बार-बार जल से बाहर निकलने और डूब जानेवाले थल का उदाहरण है।

5

बिन पानी सब सून

सागर में एक वस्तु बहुत अधिक मात्रा में मौजूद है और वह है पानी। पानी के फलस्वरूप ही सागर के ज्वार-भाटे हैं; जलधारायें हैं; विविध प्रकार के खनिज हैं और हैं असंख्य किस्मों के जीव-जंतु। सागर का पानी ही उसके रहस्यों का जन्मदाता है। इस पानी से ही वर्षा होती है, पेड़-पौधे उत्पन्न होते हैं, जलवायु निर्धारित होती है और मनुष्यों के विभिन्न कार्य-कलाप होते हैं। वैज्ञानिकों का तो यहां तक कहना है कि पृथ्वी पर सब जीवधारी भी सागर के पानी की ही देन हैं। इस पानी में ही पृथ्वी के प्रथम जीव का उद्गम हुआ था। अगर सागरों में पानी न होता तो पृथ्वी भी अन्य ग्रहों की भांति जीवन-विहीन होती। पृथ्वी पर ऐसे जीव तो पाए गए हैं जो ऑक्सीजन अथवा सौर ऊर्जा के बगैर जीवित रह सकते हैं, पर पानी के बगैर जीवित रहनेवाला कोई भी जीव नहीं पाया गया। हर जीव के शरीर में पानी होता है। हमारे शरीर का 70 प्रतिशत भाग पानी ही है।

आम लोगों के लिए पानी अत्यंत साधारण वस्तु है क्योंकि उन्हें वह आमतौर से प्रचुर मात्रा में आसानी से उपलब्ध हो जाता है। परंतु जहां पानी की कमी होती है, वहां के लोगों से उसका महत्त्व पूछिए। जीवन के लिए अनिवार्य होने के बाद भी अधिकांश व्यक्ति इसे पर्याप्त महत्त्व नहीं देते। रसायनशास्त्रियों के अनुसार पानी एक अत्यंत विलक्षण द्रव है। रसायनशास्त्र के साधारण सिद्धांतों के अनुसार पानी को पृथ्वी के सामान्य ताप पर द्रव रूप में मौजूद होना ही नहीं चाहिए और न ही उसमें इतने विलक्षण गुण होने चाहिए जितने उसमें विद्यमान हैं।

सागर के पानी में अन्य स्थानों के पानी की सब विशेषताएं तो हैं ही, और साथ ही अत्यधिक विशाल मात्रा तथा घुले लवणों के कारण भी उसमें अनेक विलक्षण गुण आ गए हैं।

सागर में एक अजीब आकर्षण होता है। तट पर रहनेवाले अनेक लोग नियमित रूप से सागर को देखने जाते हैं। उसका नीला रंग हर व्यक्ति को अपनी ओर आकर्षित कर लेता है। यह आकर्षण अत्यंत प्रबल होता है। इस आकर्षण

से हमारे देश के महानतम वैज्ञानिक चंद्रशेखर वेंकट रामन भी नहीं बच पाए थे। भारत से यूरोप जाने के लिए जलपोत में यात्रा करते समय उन्होंने प्रकाश के प्रवीर्णन का विलक्षण सिद्धांत खोज निकाला था। कालांतर में यह सिद्धांत 'रामन प्रभाव' के नाम से विख्यात हुआ और इसी खोज पर प्रो० रामन को 1930 में विज्ञान जगत् का सर्वोच्च पुरस्कार नोबेल पुरस्कार प्राप्त हुआ।

आधी दुनिया अंधकार में

सागर के पानी का रंग सदैव ही नीला नहीं होता। वह भूरा, हरा और लाल भी होता है। साथ ही उसका नीला रंग भी हर स्थान पर एक-सा नहीं होता। गरम इलाकों में वह गहरा नीला होता है, जबकि ध्रुवीय प्रदेशों में हलका नीला अथवा हरा। पानी के नीले रंग का कारण है उसके द्वारा सूर्य की विभिन्न रंगों की किरणों को समान मात्रा में न सोख पाना। पानी प्रकाश की लाल, पीली और हरे रंगों की किरणों को नीले रंग की किरणों से अधिक सोखता है।

पानी प्रकाश के किस रंग की किरण को कितना अवशोषित करता है (जल के प्रकाश अवशोषण गुणांक) यह निम्न सारणी से स्पष्ट हो जाता है।

किरण	तरंग दैर्ध्य (सहस्रांश मिलीमीटर)	अवशोषण गुणांक (प्रति मीटर)
पराबैंगनी	0.30	0.800
नीली	0.40	0.072
हरी	0.50	0.016
पीली	0.60	0.125
नारंगी	0.70	0.840
लाल	0.80	2.400

जिस किरण का अवशोषण गुणांक जितना अधिक होता है, पानी उसे उतना ही अधिक अवशोषित करता है।

गरम और ठंडे प्रदेशों के सागरों के जलों के रंगों में अंतर होने का कारण यह है कि गरम प्रदेशों में खाद्य पदार्थों (हरे रंग के सूक्ष्म पौधों और जंतुओं-प्लांक्टनों) की मात्रा कम होती है, जबकि ठंडे प्रदेशों में काफी अधिक।

वैसे खुले महासागरों में, विशेष रूप से उनके मध्य भागों और भूमध्यरेखा के निकट के इलाकों में, पानी का रंग अपेक्षाकृत अधिक नीला होता है। हरे रंग का पानी तटों के निकट के सागर में ही देखा जाता है। भूरे और लाल रंग के पानी तो केवल तटीय सागरों में ही पाए जाते हैं। ऐसे सूक्ष्म जीव या कण जो पानी में छितराए रहते हैं (घुलते नहीं) पानी को उपस्थिति के फलस्वरूप भी, भूरे या लाल दिखाई देने लगते हैं। ये सूक्ष्मजीव आमतौर से कुछ विशेष

प्रजातियों के शैवाल या डाइफ्लेजलेट होते हैं। जब पानी में इनकी संख्या दस लाख जीव प्रति लीटर से अधिक हो जाती है तो पानी का रंग भूरा या लाल हो जाता है। लाल सागर के पानी के लाल रंग का कारण 'ट्रीकोडेस्मीयम एरीथ्रेयम' प्रजाति के शैवाल हैं। कैलीफोर्निया के तट के निकट सिंदूरी सागर (वरमिलियन सी) का रंग भी शैवालों की प्रचुरता के फलस्वरूप ही है।

सागर के पानी में छितराए रेत आदि के कणों का प्रभाव पानी के रंग और पारदर्शिता पर भी पड़ता है। यदि पानी बिलकुल साफ होता है, तब उसकी एक मीटर मोटी परत में से नीले रंग की किरणों का 97.5 प्रतिशत भाग गुजर जाता है परंतु गंदले पानी की उतनी ही मोटी परत में से उन किरणों का केवल 63.5 प्रतिशत भाग ही गुजर पाता है।

समुद्र चाहे गरम प्रदेश में हो या सर्द इलाके में, जैसे-जैसे वह गहरा होता जाता है, उसके पानी का रंग भी गहरा होता जाता है। गहराई के साथ-साथ पानी तक पहुंचनेवाले सूर्य के प्रकाश की मात्रा भी कम होती जाती है। महासागरों के मध्य भाग के प्रदूषणरहित, एकदम पारदर्शी, पानी में सूर्य का प्रकाश लगभग 300 मीटर गहराई तक प्रवेश कर पाता है परंतु तटीय सागरों में अथवा उन सागरों में जिनके पानी की पारदर्शिता रेत, प्लांक्टन आदि के कारण कम हो जाती है, सूर्य का प्रकाश केवल 180 मीटर तक ही प्रविष्ट हो पाता है। उससे गहरे पानी में हमेशा ही अंधकार छाया रहता है। पृथ्वी के आधे से भी अधिक भाग में इतना गहरा पानी है। इसीलिए यह कहावत मशहूर है कि 'आधी दुनिया में हमेशा अंधकार रहता है।'

यद्यपि पृथ्वी के आधे से अधिक भाग में फैले सागरों में सदैव ही अंधेरा रहता है परंतु वहां भी जीव-जंतु पाए जाते हैं। समझा जाता है कि अंधेरे में रहनेवाले जीव या तो अंधे होते हैं अथवा उनके शरीर में प्रकाश पैदा करनेवाले अंग होते हैं।

वास्तव में सूर्य का प्रकाश सागर के सबसे ऊपरी स्तर तक ही, जो कुल सागर का मात्र 2 प्रतिशत भाग होता है, सीमित रहता है। साथ ही सागर के जीव-जंतु उस पर पड़नेवाले सौर प्रकाश के 0.001 भाग को ही उपयोग कर पाते हैं।

पर सूर्य का वह प्रकाश जो सागर में प्रविष्ट कर जाता है, बहुत महत्त्वपूर्ण होता है। उसके कारण ही सागर में वनस्पतियां प्रकाशसंश्लेषण क्रियाकर अपना भोजन बना पाती हैं। इन वनस्पतियों की मात्रा इतनी अधिक है कि वह सागरों के सब जीवों के लिए, चाहे वे कितने ही गहरे भागों में रहते हों, प्रत्यक्ष अथवा परोक्ष रूप से पर्याप्त होती है।

पानी का ताप

समुद्री पानी का ताप आमतौर से —1° सें० से लेकर 80° सें० तक होता है। समुद्री पानी, उसमें बड़ी मात्रा में लवणों के घुले रहने से, 0° सें० पर नहीं जमता बल्कि —1° सें० पर बर्फ में परिवर्तित होता है। आर्कटिक और अंटार्कटिक सागरों के पानी का ताप साल-भर ही लगभग —1° सें० बना रहता है, जबकि गरम प्रदेशों के समुद्र का पानी 28° सें० जैसा गरम हो जाता है। लेकिन कुछ सागरों, विशेष रूप से लाल सागर और ईरान की खाड़ी के पानी का ताप 35° सें० से भी अधिक हो जाता है।

बेदीथर्मोग्राफ तथा अन्य उपकरणों से पता चला है कि सागर के पानी का ताप सतह पर सबसे अधिक होता है। जैसे-जैसे हम गहराई में जाते हैं, ताप कम होता है, पर तली के पानी का ताप आमतौर से —1° सें० तक ही होता है, चाहे सागर की सतह पर कितनी ही बर्फ जमी हो। आप पढ़ चुके हैं कि भौतिकशास्त्र के प्रसिद्ध नियम के विपरीत, सागर की तली के पानी का ताप —1° सें० जैसा नीचा भी हो सकता है। भूमध्यरेखा पर स्थित सागरों की तली के पानी का ताप 4° सें० के लगभग ही रहता है।

समझा जाता है कि आज लगभग 1,19,000 वर्ष पूर्व सागरों के पानी के ताप में तेजी से गिरावट आई थी। उसके लगभग 40 हजार वर्ष बाद समशीतोष्ण जलवायु का आगमन हुआ। पर उसके कुछ हजार वर्ष बाद फिर से हिमयुग आ गया। यह हिमयुग स्थायी नहीं था और सागर बार-बार गरम और ठंडे होते रहे। अब लगभग नौ हजार वर्ष से सागर के पानी का ताप लगभग वैसा ही है जैसा अब है।

एक नया सागर

सागर में नहाने के शौकीन जब पानी में गोता लगाते हैं तो उन्हें अनेक बार गरम पानी के नीचे एकदम ठंडा पानी मिल जाता है। दूसरे शब्दों में एक खास गहराई पर पानी का ताप एकदम काफी कम हो जाता है। इस गहराई को वैज्ञानिक 'थर्मोक्लाइन' कहते हैं। लगता है जैसे यहां से एक नया समुद्र शुरू हो रहा हो। मछली पकड़नेवालों के लिए यह बहुत महत्त्वपूर्ण है क्योंकि अनेक प्रजातियों की मछलियां थर्मोक्लाइन के ऊपर गरम पानी में ही पाई जाती हैं।

ऐसा प्रतीत होता है कि विभिन्न स्थानों के थर्मोक्लाइनों को जोड़नेवाली कल्पित रेखा के नीचे सागर इस प्रकार व्यवहार करता है मानो वह एक 'स्वतंत्र' सागर हो और ऊपर के सागर से उसका कोई संबंध न हो। इस 'निचले' सागर में भी लहरें उठती हैं जो गति में सतही लहरों से धीमी होती हैं। फिर भी वे काफी दूर तक असर करती हैं। ये लहरें समुद्र के अधस्तल में धाराओं के बीच बाधा

आ जाने से, ठंडे और गरम जलों के मिलने से और शायद तेज हवाओं के चलने से भी उत्पन्न होती हैं।

समुद्र का खारा पानी जब बर्फ में बदलता है तो उसमें घुले लवण उससे अलग हो जाते हैं। केवल पानी ही जमता है। इसीलिए बर्फ पिघलने पर ताजा पानी मिलता है। आजकल वैज्ञानिक खारे पानी को जमाकर (बर्फ बनाकर) शुद्ध करने की विधि अधिक पसंद करते हैं। यह विधि समुद्री पानी को भाप बना-कर फिर से पानी में बदलने के तरीके से सस्ती है।

चंचल सागर

कवि और लेखक सच्चे वीर पुरुष की तुलना सागर से करते हैं। जिस प्रकार सागर अपनी 'मर्यादा' का कभी उल्लंघन नहीं करता, उसी प्रकार सच्चे वीर को भी अपनी मर्यादा का उल्लंघन नहीं करना चाहिए। पर क्या वास्तव में सागर कभी भी अपनी मर्यादा (सीमा) का उल्लंघन नहीं करता ? वास्तविकता ऐसी नहीं है। भूगर्भीय प्रमाणों से सिद्ध हो चुका है कि सागरों की सीमाएं अकसर ही बदलती रहती हैं। साथ ही उनमें भरे पानी की मात्रा भी घटती-बढ़ती रहती है। समझा जाता है कि अपने जीवन काल में सागरों में पानी की सतह अनेक बार 120 से लेकर 150 मीटर तक नीचे चली गई थी और वह फिर, कुछ हजार या लाख वर्षों बाद, पुनः उतनी ही हो गई। जब सतह नीचे गिरती है, तब महाद्वीपीय शैल्फ सूखे थल में परिवर्तित हो जाते हैं।

यह प्रश्न स्वाभाविक है कि आखिर इतना पानी (सागरों के कुल पानी का लगभग 5 प्रतिशत) कहां चला जाता है ? पृथ्वी की जलवायु के ताप में एकाएक गिरावट आ जाने से यह पानी बर्फ में बदल जाता है। उससे पृथ्वी के बड़े भूभाग, विशेष रूप से ध्रुवों के निकटतर भाग, अत्यंत विशाल हिमनदों—ऐसे हिमनदों जैसे आजकल अंटार्कटिक महाद्वीप और ग्रीनलैंड में पाए जाते हैं—से आच्छादित हो जाते हैं। हिमयुगों के बीत जाने के बाद ये हिमनद पिघलकर पुनः पानी बन जाते हैं। निश्चय ही पृथ्वी पर अनेक बार हिमयुग आए हैं और भविष्य में भी आते रहेंगे।

यहां यह बता देना भी उपयुक्त होगा कि नदियों—बड़ी-बड़ी नदियों—के मिलने से अथवा अत्यधिक वाष्पीकरण से भी सागरों में पानी की मात्रा और उसके गुण प्रभावित हो जाते हैं। उन सागरों का, जिनमें बड़ी-बड़ी नदियां गिरती हैं या जिन पर भारी मात्रा में वर्षा होती है (उदाहरणार्थ बंगाल की खाड़ी), जलस्तर वर्षा ऋतु में ऊंचा उठ जाता है—यद्यपि यह उठान कुछ सेंटीमीटर तक ही सीमित रहती है। साथ ही उस समय इन सागरों के पानी की लवणता भी कम हो जाती है। इसके विपरीत अत्यधिक वाष्पीकरण से समुद्री जल की

लवणता बढ़ जाती है और स्तर घट जाता है। लाल सागर में ऐसा ही होता है।

समझा जाता है कि प्रतिवर्ष जितना पानी वाष्प बनता है, उससे सागर की सतह औसतन 0.97 मीटर नीचे चली जाती है। हर वर्ष लगभग 360×10^{18} घन सेंटीमीटर पानी वाष्पित होता है। पर इसकी पूरी मात्रा वर्षा और नदियों के रूप में पुनः सागरों में आ मिलती है।

वैज्ञानिकों ने यह पाया है कि हमारे वायुमंडल से प्रति सैकेंड एक किलोग्राम हाइड्रोजन सुदूर अंतरिक्ष में मुक्त हो जाती है। यह पुनः हमारे वायुमंडल में नहीं आती। यह हाइड्रोजन पानी से मुक्त होती है जो अंततः सागरों से आता है (एक किलोग्राम हाइड्रोजन नौ किलोग्राम पानी के विघटन से प्राप्त होती है।)।

इस बारे में यह शंका हो सकती है कि जब पिछले लगभग 3.5 अरब वर्षों से इतनी 'तेजी' (एक सैकेंड में नौ किलोग्राम) से सागरों का पानी निरंतर विलीन हो रहा है, तब तो सागर जल्दी ही सूख जाएंगे। पर यह शंका निर्मूल है क्योंकि सागरों में जितना पानी है, उसको विलीन होने में 1.5×10^{20} सैकेंड लगेंगे। यह समय की बहुत बड़ी अवधि है। वर्षों में परिवर्तित करने पर यह 5,000 अरब वर्षों के बराबर आती है। इसकी तुलना में हमारी पृथ्वी की आयु अत्यंत कम है—मात्र 4.7 अरब वर्ष।

प्रसंगवश यह मालूम करना भी युक्तिसंगत होगा कि वायुमंडल में 30 से 50 किलोमीटर की ऊंचाई पर होनेवाले इस जल-विघटन से उत्पन्न होनेवाली ऑक्सीजन कहां जाती है? (जल के विघटन से हाइड्रोजन के साथ ऑक्सीजन भी मुक्त होती है; 9 किलोग्राम जल के विघटन से 8 किलोग्राम ऑक्सीजन भी मुक्त होती है।) यह ऑक्सीजन भारी होने के कारण वायुमंडल में ही रह जाती है। यह पाया गया कि हमारे वायुमंडल में 10^{18} किलोग्राम ऑक्सीजन मौजूद है और यह लगभग उतनी ही है जितनी लगभग 4 अरब वर्षों में जल-विघटन से प्राप्त होती।

पर वनस्पतियों द्वारा की जानेवाली प्रकाशसंश्लेषण क्रिया से भी तो ऑक्सीजन प्राप्त होती है। उस ऑक्सीजन की मात्रा 3×10^{6} किलोग्राम प्रति सैकेंड अथवा 10^{14} किलोग्राम प्रति वर्ष है। पृथ्वी पर इतने जंतु हैं। वे सांस लेते हैं। मृत जीव निरंतर विघटित होते रहते हैं, ज्वालामुखी की गैस ऑक्सीकृत होती रहती है, वस्तुएं जलती रहती हैं तथा अन्य अनेक ऐसी क्रियाएं होती रहती हैं जिनमें ऑक्सीजन की जरूरत होती है। प्रकाशसंश्लेषण क्रिया में बननेवाली ऑक्सीजन इनमें खर्च हो जाती है।

पानी में घुले लवण और गैसें

हर आदमी सागर के पानी के एक गुण के बारे में अवश्य जानता है। वह है

उसका खारीपन। सागर का पानी इतना खारी है कि हम उसे पी नहीं सकते। यदि किसी तरह से उसे पीने की कोशिश भी करें तो हमें उलटियां होने लगती हैं और अनेक बीमारियां हो जाती हैं। अधिक मात्रा में पी जाने से मृत्यु तक हो जाती है। इसीलिए कहा जाता है कि 'भरे सागर में आदमी प्यासा मर जाता है।' इसी कारण जहाज अपनी यात्रा आरंभ करने से पहले पीने के पानी का प्रबंध अवश्य कर लेते हैं।

सागर का पानी अनेक लवणों का घोल होता है। उसमें घुले लवणों की मात्रा बहुत अधिक होती है। एक अत्यंत प्रसिद्ध नियम के अनुसार (जिसकी खोज चैलेंजर अभियान के दौरान हुई थी) सागर के पानी में (बाइकार्बोनेटों के अतिरिक्त) प्रमुख तत्त्वों का आपेक्षिक अनुपात हमेशा बराबर रहता है, चाहे पानी किसी भी सागर में से किसी भी स्थल से लिया जाए। रसायनशास्त्रियों के अनुसार पानी में लगभग 96.6 प्रतिशत शुद्ध पानी होता है और 3.4 प्रतिशत घुले हुए लवण (आजकल सागर के पानी में घुले लवणों की औसत मात्रा को 3.5 प्रतिशत माना जाता है)। यद्यपि उसमें लगभग 60 रासायनिक प्राकृतिक तत्त्वों के लवण मौजूद होते हैं, पर इनमें से 99 प्रतिशत लवण छह तत्त्वों—क्लोरीन, सोडियम, मैग्नीशियम, गंधक (सल्फेट के रूप में), कैल्शियम और पोटैशियम के ही होते हैं। देखिए निम्न सारणी—

सागर के पानी में उपस्थित छह प्रमुख तत्त्वों की औसत मात्रा

तत्त्व	प्रतिशत
क्लोरीन	55.02
सोडियम	30.60
गंधक (सल्फेट के रूप में)	7.71
मैग्नीशियम	3.68
कैल्शियम	1.17
पोटैशियम	1.13

जनसाधारण की भाषा में कहें तो (4.2 घन किलोमीटर) समुद्री पानी में 15.1 करोड़ टन लवण घुले हुए हैं। पूरे विश्व सागर के पानी में इतने लवण घुले हुए हैं कि अगर उन्हें पानी से निकालकर सब महाद्वीपों पर फैला दिया जाए तो उनकी 150 मीटर से भी मोटी तह बन जाएगी।

सागर के पानी में घुले पदार्थों में क्लोरीन और सोडियम के लवणों की मात्रा सबसे अधिक लगभग 80 प्रतिशत है और उनमें भी सबसे अधिक सोडियम क्लोराइड (साधारण नमक) की।

सागर के पानी में अनेक गैसें यथा कार्बन डाइऑक्साइड, नाइट्रोजन,

ऑक्सीजन तथा दुर्लभ (रेयर) गैसें घुली होती हैं। उसे 'वायुमंडलीय गैसों का संतृप्त घोल' कहा जा सकता है—यद्यपि पानी में इन गैसों की घुलनशीलता काफी कम है। इनमें सबसे अधिक मात्रा कार्बन डाइऑक्साइड की है।

वायुमंडल में और सागर के पानी में घुली प्रमुख गैसों का अनुपात

गैस	वायुमंडल में मात्रा (प्रतिशत)	समुद्री पानी में घुली मात्रा (प्रति दस लाख)	समुद्री पानी में उपस्थित कुल मात्रा और वायुमंडल में उपस्थित कुल मात्रा के बीच अनुपात
नाइट्रोजन	78.0	12.0	0.004
ऑक्सीजन	21.0	7.0	0.01
कार्बन डाइ-ऑक्साइड	0.03	90.0	62.01

अनुमान लगाया गया है कि वायुमंडल में 2.41×10^{18} ग्राम कार्बन डाइ-ऑक्साइड है। इसकी तुलना में सागर के पानी में कार्बोनेट, बाइकार्बोनेट और मैग्नीशियम बाइकार्बोनेट (जिसके विघटन से कार्बन डाइऑक्साइड मुक्त होती है) की मात्रा 130×10^{18} ग्राम है। वास्तव में सागर के पानी में कार्बन डाइऑक्साइड की इतनी अधिक सांद्रता के फलस्वरूप ही उसमें इतनी बड़ी संख्या में जीव पनप पाते हैं।

जब कभी वायुमंडल में कार्बन डाइऑक्साइड का संतुलन बिगड़ जाता है, तब सागर ही उसकी 'मदद' करता है। भू-वैज्ञानिकों ने यह पाया है कि पिछले 6,20,000 वर्षों से सागर लगभग दस बार वायुमंडल की कार्बन डाइऑक्साइड की पूर्ति कर चुका है।

सागर में घुली नाइट्रोजन जटिल प्रोटीनों के, जो सब जीवों के शारीरिक विकास और वंशवृद्धि के लिए अनिवार्य है, संश्लेषण के लिए भी आवश्यक है।

सागर के पानी में घुले तत्त्वों में कदाचित् सबसे महत्त्वपूर्ण है ऑक्सीजन। अधिकांश जातियों के सागरीय जीव पानी में घुली हुई ऑक्सीजन ही ग्रहण करते हैं। ह्वेल या डालफिन जैसे जीव ही पानी की सतह पर आकर हवा में सांस लेते हैं। इसके अतिरिक्त समुद्री वनस्पति भी ऑक्सीजन का उपयोग करती है। सागर के पानी में घुली ऑक्सीजन की आवश्यकता वनस्पति और जंतुओं के अवशेषों के विघटन के लिए भी होती है। इसलिए वैज्ञानिक किसी भी सागर के पानी में घुली ऑक्सीजन की मात्रा का परिमापन अवश्य करते हैं। उसकी मात्रा जितनी अधिक होगी, पानी में उतने ही अधिक जीव पनप सकेंगे। सागरों के पानी में ऑक्सीजन की इतनी अधिक मात्रा घुली हुई है कि उससे वायुमंडल को निरंतर बहुत बड़ी मात्रा में ऑक्सीजन मिलती रहती है।

लवणता

वैज्ञानिक पानी में घुले लवणों की मात्रा को 'लवणता' के रूप में नापते हैं। लवणता प्रति एक हजार भाग पानी में घुले लवणों की मात्रा है बशर्ते पानी में उपस्थित कुल कार्बोनेटों को ऑक्साइडों में, कुल ब्रोमाइडों और आयोडाइडों को क्लोराइडों में परिवर्तित तथा सब कार्बनिक पदार्थों को ऑक्सीकृत कर लिया गया हो। पर वह साधारण प्रयोगशाला विधियों द्वारा ज्ञात नहीं की जाती क्योंकि सागर के जल को वाष्प बनाकर उड़ा देने के बाद बच रहनेवाले शुष्क अवशेषों में क्लोराइड शुष्कन की आखिरी अवस्था में खो जाते हैं। इसलिए लवणता ज्ञात करने से पहले जल में घुले सब कार्बोनेटों को ऑक्साइडों में परिवर्तित कर लिया जाता है; ब्रोमीन और आयोडीन को क्लोरीन द्वारा प्रतिस्थापित कर दिया जाता है तथा सब कार्बनिक पदार्थ पूर्णतया ऑक्सीकृत कर दिए जाते हैं। पर लवणता ज्ञात करने में भी काफी समय लगता है। इसलिए सागर वैज्ञानिकों ने लवणता मालूम करने की एक परोक्ष विधि खोज ली है। इस विधि में सागर के पानी में घुले एक ऐसे पदार्थ (आयनों) की मात्रा ज्ञात कर ली जाती है जो काफी अधिक मात्रा में मौजूद होता है। ऐसा पदार्थ है क्लोरीन। सागर के पानी में घुले ठोस पदार्थों में क्लोरीन आयनों की मात्रा लगभग 55 प्रतिशत होती है। साथ ही क्लोरीन की मात्रा आसानी से ज्ञात की जा सकती है। परंतु क्लोरीन का परिमापन करते समय पानी के नमूने में मौजूद ब्रोमीन और आयोडीन के आयनों को पहले क्लोरीन आयनों से प्रतिस्थापित कर लिया जाता है। इस प्रकार क्लोरीन का परिमापन करने से पानी की 'क्लोरीनता' ज्ञात हो जाती है। आमतौर पर किसी पानी के नमूने की क्लोरीनता यह दर्शाती है कि उसके एक किलोग्राम में कितने ग्राम क्लोरीन, ब्रोमीन और आयोडीन मौजूद है।

प्रयोगों में पानी की लवणता और क्लोरीनता में सीधा संबंध पाया गया है। वह है—

लवणता $= 0.03 + 1.805 \times$ क्लोरीनता

क्लोरीनता और लवणता दोनों ही एक किलोग्राम मात्रा में ज्ञात किए जाते हैं तथा दोनों ही ग्रामों में दर्शाए जाते हैं। इसलिए वैज्ञानिकों ने उनको व्यक्त करने का एक आसान तरीका ढूंढ़ निकाला है। उन्हें ‰ के रूप में लिखा जाता है और इसका अर्थ है 'प्रति सहस्त्रांश' या 'प्रति मिल्ले' (Mille)।

सामान्य समुद्री जल

सागर के पानी की क्लोरीनता और उसके आधार पर लवणता ज्ञात करने के लिए 'सामान्य (आदर्श) समुद्री जल' की आवश्यकता होती है। सबसे पहले यह जल कोपेन हेगन (डेनमार्क) स्थित जल सर्वेक्षण प्रयोगशाला में तैयार किया

गया था। बाद में उसके आधार पर विश्व की अन्य सागर वैज्ञानिक प्रयोगशालाओं में भी (मानक) सामान्य समुद्री जल के नमूने तैयार किए गए। इस बारे में संयुक्त राज्य अमेरिका की वुड्सहोल ओशेनोग्राफी इंस्टीट्यूशन, मेसाचुसेट्स ने बहुत महत्त्वपूर्ण कार्य किया है।

तत्त्वों के परमाणु भारों के अधिक सही मान ज्ञात हो जाने पर इस परिभाषा में कुछ संशोधन करना पड़ा। इससे क्लोरीन, ब्रोमीन, आयोडीन, चांदी आदि के परमाणु भारों पर क्लोरीनता की निर्भरता समाप्त हो गई। आजकल समुद्री जल की क्लोरीनता 19.4°/₀₀ मानी जाती है। पर व्यवहार में आमतौर से 19.00°/₀₀ का ही उपयोग किया जाता है।

आजकल जल की क्लोरीनता और विद्युत्चालकता के बीच स्पष्ट संबंध खोज लिया गया है। इसलिए जल (समुद्री जल) की लवणता ज्ञात करने के लिए उसकी विद्युत्चालकता ज्ञात की जाती है। विद्युत्चालकता ज्ञात करना अपेक्षाकृत आसान होता है और वह जहाजों पर भी ज्ञात की जा सकती है।

निश्चय ही सब सागरों के पानी की लवणता एकसमान नहीं है। वह स्थानीय परिस्थितियों के अनुसार बदलती रहती है। इन परिस्थितियों में सागर विशेष में नदियों द्वारा लाए जानेवाले पानी की मात्रा; उस पर होनेवाली वर्षा, वाष्पीकरण की दर; बर्फ की उपस्थिति; उस स्थल की जहां से नमूना लिया गया है, गहराई आदि शामिल हैं। साधारणतया वह 33°/₀₀ और 37°/₀₀ के बीच होती है। पर बोथनिया की खाड़ी जैसे सागरों में पानी की लवणता लगभग शून्य है, जबकि लाल सागर जैसे सागरों की, जहां वाष्पन क्रिया बहुत अधिक होती है और जिसमें कोई बड़ी नदी नहीं मिलती और जिस पर वर्षा बहुत कम होती है वह 40°/₀₀ जैसी उच्च है। आमतौर पर उच्च अक्षांशोंवाले क्षेत्रों में महासागरों के पानी की लवणता अपेक्षाकृत कम होती है और भूमध्यरेखा के निकटवर्ती भागों में अधिक।

सामान्यतः महासागरों की लवणता का औसत मान 35°/₀₀ लिया जाता है।

यद्यपि पानी के ताप और दाब के भी लवणता पर प्रभाव पड़ते हैं, पर गहरे सागर के पानी की लवणता सामान्यतः 34.6°/₀₀ और 35°/₀₀ के बीच रहती है। इस बारे में भी लाल सागर अपवाद है। उसमें काफी गहराई पर भी बहुत गरम और उच्च लवणता का पानी पाया जाता है।

लवण घुले रहने के फलस्वरूप सागर के पानी का घनत्व सामान्य पानी से थोड़ा अधिक होता है। मध्यम लवणता के पानी का घनत्व 0° सें० पर 1.028 और 15° सें० पर 1.026 ग्राम प्रति घन सेंटीमीटर होता है। पानी के घनत्व पर गहराई का बहुत कम प्रभाव पड़ता है। पांच किलोमीटर गहराई पर भी 0° सें० पर पानी का घनत्व 1.0511 ग्राम प्रति घन सेंटीमीटर ही पाया गया है,

यद्यपि उतनी गहराई पर पानी का दाब वायुमंडल के दाब से 500 गुना अधिक होता है।

यह एक महत्त्वपूर्ण तथ्य है कि सागर की गहराई जितनी कम होगी उसके पानी का घनत्व उतना ही कम होगा। जब कभी इस व्यवस्था में व्यवधान उपस्थित हो जाता है तो जलधाराएं उत्पन्न हो जाती हैं। ऐसा बहुधा उन स्थानों पर हो जाता है जहां गरम सूखी पवनें सागर के पानी को तेजी से वाष्पित करती हैं। इससे सागर के पानी की लवणता बढ़ जाती है और 'थर्मोहेलाइन जलधारा' उत्पन्न हो जाती है।

इस प्रकार की थर्मोहेलाइन जलधारा का एक बढ़िया उदाहरण भूमध्यसागर में मिलता है (इस जलधारा के बारे में आप 'सागर विज्ञान का विकास' अध्याय में पढ़ चुके हैं।)। यह जलधारा अंध महासागर से, जिब्राल्टर की जलसंधि में से होकर भूमध्यसागर में आती है। इसके पानी की लवणता 36°/.. है। जैसे-जैसे यह धारा पूर्व की ओर बढ़ती जाती है, भूमध्यसागर के पानी की लवणता बढ़ती जाती है और तुर्की के तट पर वह 39 से 40°/.. हो जाती है। बाद में इस धारा का पानी 'डूबने' लगता है (तली की ओर जाने लगता है)। इससे भूमध्यसागर की तली का ताप बढ़कर लगभग 12° सें० हो जाता है। यह ताप इतनी गहराई पर पाए जानेवाले पानी के ताप से 9-10° सें० अधिक है। भूमध्यसागर की तली में पहुंचकर यह पानी विपरीत दिशा में बहने लगता है और जिब्राल्टर जलसंधि में से होता हुआ पुन: अंध महासागर में जा मिलता है।

ध्रुवों के निकटवर्ती क्षेत्रों में सागर सर्दियों में जम जाता है। पानी के बर्फ़ में परिवर्तित होते समय उसमें घुले लवण नीचे ही रह जाते हैं। इसीलिए गरमी आने पर जब बर्फ पिघलती है, तब सागर की लवणता कम हो जाती है। बर्फ के पिघलने से बननेवाले पानी के ताप के कम होने से संपूर्ण सागर के पानी का ही ताप घट जाता है। इसीलिए उसका घनत्व बढ़ जाना चाहिए। परंतु वलवणीकरण से (लवणता में कमी आने से) घनत्व में बहुत कमी आ जाती है। इसीलिए अंटार्कटिक और ग्रीनलेंड की हिमनदियों से आनेवाले विशाल हिमखंड लगभग ताजे, कम घनत्व के पानी पर तिरते रहते हैं। यह पानी अपने आसपास के अधिक खारी (अधिक लवणतावाले) पानी से धीरे-धीरे मिलता रहता है।

आमतौर से यह अनुमान लगाया जाता है कि अंटार्कटिक और आर्कटिक सागरों से कम लवणतावाले हलके पानी को ऊपर उठकर, सतह पर से, भूमध्यरेखा के निकटवर्ती क्षेत्रों की ओर बहना चाहिए। परंतु वास्तव में ऐसा नहीं होता, क्योंकि पश्चिमी पवनें इस पानी को नीचे से अधिक लवणतावाले पानी से मिला देती हैं। ऐसा दक्षिणी गोलार्ध में विशेष रूप से होता है। वहां 'चिल्लाती चालीसा' पवनें पानी में बहुत उथल-पुथल पैदा कर देती हैं (40° और 50°

दक्षिण अक्षांशों के बीच पश्चिमी पवनें बहुत शोर करती हुई बहती हैं, इसलिए उन्हें 'चिल्लाती चालीसा' कहा जाता है।) । इसके फलस्वरूप अंटार्कटिक सागर का ठंडा पानी, उष्ण कटिबंधीय अधस्तली धारा के रूप में पहुंचता है। इसीलिए अकसर ही महासागरों में, लगभग 1,000 मीटर गहराई पर, पानी की लवणता न्यूनतम होती है।

पानी की उथल-पुथल

उष्ण कटिबंधीय क्षेत्रों में गरम, बहुत खारी, पानी के साथ अंटार्कटिक सागर से आनेवाले ठंडे, अपेक्षाकृत कम खारी, पानी के धीरे-धीरे मिलने की क्रिया काफी विलक्षण होती है। इस बारे में एक विचित्र बात यह है कि गरम और ठंडे पानी के मिलने से उनका ताप बहुत जल्दी समान हो जाता है, पर उनकी लवणता को समान होने में बहुत अधिक समय लगता है—लगभग सौ गुना अधिक। इसीलिए ठंडे, कम खारी पानी पर, गरम और अधिक खारी पानी की धारा बहने लगती है। फलस्वरूप पानी में 'हलचल' उत्पन्न हो जाती है। अधिक खारी पानी नीचे की ओर जाने लगता है और वहां जाकर आसपास के पानी से मिलता है। इस क्रिया की प्रतिक्रियास्वरूप तली का पानी ऊपर आने लगता है।

सागरों के विभिन्न क्षेत्रों में होनेवाली इस उथल-पुथल में पवनें भी बहुत योग देती हैं। पवनें जब तेज बहती हैं, तब अपने साथ सागर की सतह के पानी को भी बहा ले जाती हैं। इससे उन क्षेत्रों में, जहां तेज पवन बहती है, सतह पर पानी की कमी आ जाती है। इसी कमी को पूरा करने के लिए अगर आसपास के क्षेत्रों से पानी बहकर नहीं आ पाता, तो तली का पानी ही ऊपर आ जाता है। ऐसा बीच सागर में भी होता है और तटवर्ती सागरों में भी।

महाद्वीपों के पश्चिमी तटों पर, जहां अकसर पवन की गति अपेक्षाकृत तेज होती है, सागर के पानी में उथल-पुथल अधिक होती है। वहां पवन तट के निकट के पानी को खुले सागर की ओर बहा ले जाती है। इससे तटवर्ती सागर में पानी की कमी आ जाती है, जिसकी पूर्ति तली के पानी से होती है। ऐसा दक्षिण अमेरिका के पेरू के पश्चिमी तट के निकट पेरू जलधारा (हमबोल्ट जलधारा) के कारण आमतौर पर होता है।

'हमबोल्ट' जलधारा एक विचित्र जलधारा है जो पेरू के पश्चिमी तट के निवासियों की जीवनधारा भी है और उनके लिए अकाल और भुखमरी का कारण भी।

हमबोल्ट जलधारा अंटार्कटिक सागर का ठंडा और पोषक पानी पेरू के पश्चिमी तट पर लाती है। सामान्यतः अपतटीय पवनें, कोरिओलिस प्रभाव के अंतर्गत, इस जलधारा को तट से परे ले जाने का प्रयत्न करती हैं। इसके

फलस्वरूप तट के निकट के सागर—50 से 300 मीटर गहरे सागर—से पानी सतह पर आ जाता है। इस पानी का ताप हमबोल्ट जलधारा के पानी के ताप से भी 2-3° सें० कम होता है। साथ ही इसमें पोषक पदार्थों, विशेष रूप से फॉस्फेटों की मात्रा काफी होती है। इससे यह क्षेत्र सागरों का कदाचित् सबसे अधिक 'उर्वरा' क्षेत्र बन जाता है। प्लांक्टनों का उत्पादन बहुत अधिक होने लगता है। उससे उनका भक्षण करनेवाले जीव और मछलियां भी, विशेष रूप से एंकोवी मछलियां, बहुत बड़ी संख्या में पैदा हो जाती हैं। साथ ही इन मछलियों को खाने-वाले समुद्री पक्षी भी बड़ी संख्या में आ जाते हैं।

पेरू का पश्चिमी तट एकदम मरुस्थल है। इसलिए वहां के लोगों का प्रमुख धंधा ही मछलियां पकड़ना और मछलियों को खानेवाले समुद्री पक्षियों की बीट (जिसे 'गुआनो' कहते हैं) इकट्ठा करना है। गुआनो में नाइट्रोजन की मात्रा काफी होती है और इसलिए खाद के रूप में इसका बहुत महत्त्व है। इस प्रकार हमबोल्ट जलधारा के कारण पेरू के पश्चिमी तट पर होनेवाली उथल-पुथल (उत्स्रवण) लोगों की खुशहाली का प्रमुख कारण है।

यह उत्स्रवण पूरे तट पर एक-सी तीव्रता से नहीं होता। सामान्यत: 7-8° और 15-16° दक्षिण अक्षांशों के आसपास के क्षेत्रों में इसकी तीव्रता सबसे अधिक होती है और 22-23° दक्षिण अक्षांशों और 30° दक्षिण अक्षांश के आसपास के क्षेत्र में अपेक्षाकृत कम।

इन अक्षांशों के बीच के क्षेत्रों में तटों से आनेवाली पवनों के कारण गरम पानी की धाराएं भी आ जाती हैं। इससे उत्स्रवण की गति धीमी पड़ जाती है। तेज थल और जल समीरें भी उत्स्रवण में बाधा डालती हैं। पर उत्स्रवण में सबसे अधिक बाधा हर कुछ वर्षों बाद आती है, जब दक्षिण से आनेवाली पवनें कुछ समय के लिए अपनी दिशा बदल देती हैं। इससे हमबोल्ट जलधारा तट के निकट आ जाती है। साथ ही लगभग 6° दक्षिण अक्षांश के पास से एक गरम जलधारा पेरू के तट के निकट, दक्षिण की ओर बहने लगती है। इसके पानी का ताप 6-7° सें० अधिक होता है। इससे उत्स्रवण रुक जाता है। फलस्वरूप प्लांक्टन, मछलियां तथा उन्हें खानेवाले समुद्री पक्षी पोषक तत्त्वों की कमी के कारण बड़ी संख्या में मर जाते हैं। इस घटना का प्रभाव पेरू के तट के निवासियों पर भी पड़ता है और उनमें भुखमरी फैल जाती है।

ऐसी घटना इस शताब्दी में छ: बार हो चुकी है।

पानी की उथल-पुथल किसी स्थान पर जल्दी-जल्दी होती है और किसी पर धीरे-धीरे। हमारे देश के पश्चिमी तट के निकट, पूर्वी तट के कुछ हिस्सों में ब्रह्मा, थाईलैंड के तटीय क्षेत्रों में तथा अफ्रीका के सोमाली तट के पास के सागरों में उथल-पुथल अपेक्षाकृत अधिक होती है।

पानी की यह उथल-पुथल सागर के जीवधारियों के लिए बहुत उपयोगी होती है। सागर के अधिकांश जीव उसकी सतह और लगभग 150 मीटर तक गहरे भागों में रहते हैं। इसलिए वे सतह के पानी में उपस्थित ऑक्सीजन, कार्बन डाइऑक्साइड, नाइट्रोजन तथा अन्य पोषक तत्त्वों का तेजी से उपयोग करते हैं। फलस्वरूप सतह तथा उथले भागों के पानी में इनकी जल्दी ही कमी आ जाती है। इसके विपरीत तली के ठंडे पानी में पोषक पदार्थों की मात्रा, विशेष रूप से फॉस्फेटों की मात्रा, अधिक होती है। वहां जीवधारियों की संख्या भी कम होती है। इसलिए पोषक पदार्थों की उपयोग-दर भी कम होती है। तली के पानी के ऊपर आते रहने से जीवधारियों के लिए पोषक तत्त्वों की पूर्ति होती रहती है।

निश्चय ही सागर के जिस क्षेत्र में पानी की उथल-पुथल तेजी से होती है, वहां जीव-जंतुओं की संख्या अधिक होती है।

दबाव

पानी में भार होता है और वह दाब डालता है। जैसे-जैसे समुद्र गहरा होता जाता है, पानी की मात्रा बढ़ती जाती है। साथ ही दबाव भी बढ़ता जाता है। मोती ढूंढ़नेवाले गोताखोर हमें बताते हैं कि उस स्थान पर, जहां मोती मिलते हैं, दाब इतना अधिक हो जाता है कि यदि वे विशेष पोशाक न पहनें तो उनका शरीर चूर-चूर हो जाए। पानी का दाब बहुत तेजी से बढ़ता है—हर 10 मीटर पर एक बार (एक वायुमंडल के सामान्य दाब के समतुल्य)।

आमतौर से आदमी विशेष पोशाक पहने बिना 100 फुट (लगभग 30 मीटर) से नीचे नहीं जा सकता। उस गहराई पर पानी का दाब वायुमंडल के सामान्य दाव से तीन गुना हो जाता है। इस दाब पर मनुष्य के शरीर के अंदर की वायु की मात्रा घटकर मात्र 1.5 लीटर रह जाती है।

सागर की गहराई, उसके पानी के दबाव, ताप और पी-एच० मान पर प्रभाव

गहराई (मीटर)	दबाव (वायुमंडल)	औसत ताप (सें०)	पी-एच० मान
सतह	1	20	8.2
500	50	13	7.8
1,000	100	6	7.6
2,000	200	5	7.6
3,000	300	4	7.6
5,000	500	3	7.6

लहरें

सागर की सतह पर हमेशा ही लहरें उठती रहती हैं। सागर को पहली बार देखनेवाला व्यक्ति भी लहरों को देखे बिना नहीं रह सकता। सागर में अनेक प्रकार की लहरें उठती हैं और वे सब दृष्टिगोचर नहीं होतीं। लंबी तरंग-दैर्ध्य की लहरें, यथा महोर्मि, ज्वार-लहरें और सतह के नीचे उठनेवाली आंतरिक लहरें दर्शक की दृष्टि से ओझल रहती हैं।

लहरों के पैदा होने के अनेक कारण हैं। इनमें सबसे प्रधान है पवन। एक ही दिशा में बहनेवाली पवनें जलधाराएं बनाती हैं और थोड़ी-थोड़ी देर में दिशा बदलनेवाली पवनें लहरें। जब पवन पानी की सतह के ऊपर से बहती है, तब पवन और पानी के बीच का घर्षण एक कर्षण को जन्म देता है। यह कर्षण सतह को इस प्रकार फैला देता है मानो वह लचीली झिल्ली हो। पवन सतह को विकृत करती और तानती है। सतह का लचीलापन उस विकृति को दूर कर देता है। इससे जल ऊपर-नीचे हरकत करने लगता है और छोटी-छोटी लहरें उत्पन्न हो जाती हैं। गुरुत्वाकर्षण बल इन्हें आकार में बढ़ाता है और पवन इन्हें आगे बढ़ने में मदद देती है। अंत में ये पवन से भी अधिक गति प्राप्त कर लेती हैं। उस समय इन्हें आगे बढ़ने के लिए पवन की जरूरत नहीं होती। पर कुछ दूर यात्रा करने के बाद ये स्वयं समाप्त हो जाती हैं। यदि लहरें तट की ओर बढ़ रही होती हैं, तब तट से टकराकर समाप्त हो जाती हैं।

ज्वार-भाटे भी विशाल लहरें हैं, पर वे कभी भी अपने उत्पादक बल से मुक्त होकर स्वतंत्र रूप धारण कर नहीं सकते। उनके उत्पादक बल—सूर्य और चंद्रमा के गुरुत्वाकर्षण बल— उन्हें ऊपर की ओर उठने के लिए मजबूर करते हैं, पर आगे नहीं बढ़ने देते। फिर भी ज्वार-भाटे पवन-लहरों के समान ही हैं और उनके अनेक गुण लहरों के सदृश ही होते हैं।

सागर में विभिन्न लंबाइयों, अवधियों, आयामों और दिशाओं की लहरें हमेशा ही आपस में मिलती रहती हैं। भौतिकशास्त्र की दृष्टि में सागर की लहरें अनुप्रस्थ (ट्रांसवर्स) तरंगें हैं। उनमें सागर की सतह का जल उस दिशा के, जिसमें लहर आगे बढ़ती है, समकोण पर दोलन करता है। इसलिए लहरों के साथ स्वयं जल आगे नहीं बढ़ता। वैसे लहरों में ऊर्जा की विशाल मात्रा निहित होती है। जैसे ही सागर के जल में उर्मिकाएं (रिपल) उठना शुरू होती हैं, वे सतह को रूक्ष बना देती हैं। इससे पवन की ऊर्जा जल में स्थानांतरित हो जाती है। इस ऊर्जा से लहरों की लंबाई और ऊंचाई बढ़ने लगती है। इस प्रकार उस स्थान पर भी, जहां लहरें उत्पन्न होती हैं, अनेक लंबाइयों, ऊंचाइयों और अवधियों की लहरें मौजूद होती हैं। गुरुत्वाकर्षण बल की मदद मिल जाने पर लहरें फैलने लगती हैं।

सागर वैज्ञानिकों ने अपने अध्ययनों में पाया है कि गहरे सागर में जो लहरें

उठती हैं, उनकी लंबाई अकसर कम होती है (सागर की गहराई की तुलना में वह आमतौर से कम होती है, इसलिए वे 'लघु तरंग' कहलाती हैं। इसके विपरीत उथले पानी में उठनेवाली लहरों की लंबाई सागर की गहराई की तुलना में अधिक होती है, इसलिए वे 'लंबी लहरें' कहलाती हैं। पर गहरे, खुले सागर में भी अनेक बार ऐसी लहरें उठती हैं जो लंबी होती हैं। वायुमंडलीय-दाब-विक्षोभ द्वारा उत्पन्न होनेवाली लहरें और सुनामी लहरें ऐसी ही लंबी लहरें हैं। उनकी तरंग लंबाई 80 किलोमीटर से भी अधिक होती है।

लहरें हर सागर में उठती हैं, पर उन सागरों में, जिन पर पवन तेज गति से बहती है, अधिक ऊंची लहरें उठती हैं। आमतौर से भयानक समझी जानेवाली लहरें भी 7 से 9 मीटर ऊंची होती हैं, लेकिन प्रसिद्ध सागर वैज्ञानिक जॉन मॉरे ने 15 से 18 मीटर ऊंची और 170 मीटर लंबी लहरों का वर्णन किया है। जब सागर में 8-9 मीटर ऊंची लहरें उठती हैं तो कुशल नाविक भी घबराने लगते हैं। अब उस कप्तान की हालत के बारे में सोचिए जिसने 34 मीटर ऊंची लहर का सामना किया हो। रंपी के कप्तान ने बीच प्रशांत महासागर में 7 फरवरी, 1938 को ऐसी ही एक लहर देखी थी।

जैसाकि आप पढ़ चुके हैं, दक्षिणी गोलार्ध में जल अधिक है और थल कम। इसलिए वहां, विशेष रूप से 40° से 60° अक्षांशों के बीच पवनें बहुत तेज बहती हैं और फलस्वरूप लहरों की ऊंचाई भी बहुत अधिक हो जाती है। अफ्रीका महाद्वीप का दक्षिणतम भाग, आशा अंतरीप (केप ऑफ गुड होप) तो ऊंची लहरों के कारण ही पहले 'तूफानी अंतरीप' कहलाता था। दक्षिण अमेरिका की दक्षिणीतम नोक—हार्न अंतरीप—के तट पर उठनेवाली लहरों से नाविक हमेशा ही भय खाते रहे हैं। अंटार्कटिक महाद्वीप 'तूफानी पवनों का महाद्वीप' कहलाता है। उसके निकटवर्ती सागर भी ऊंची लहरों के कारण भयंकर रूप धारण कर लेते हैं। वहां 12 मीटर से भी ऊंची लहरें उठती हैं।

पर इसका यह अर्थ नहीं है कि अन्य क्षेत्रों के सागरों में ऊंची लहरें उठती ही नहीं। उत्तरी अंध महासागर तथा बंगाल की खाड़ी भी ऊंची लहरों के लिए विख्यात हैं।

सागर की सामान्य लहरों में बहुत शक्ति होती है। चार मीटर ऊंची लहरें 100 टन प्रति फुट की शक्ति से टकराती हैं। वे काफी ऊंचाई तक चढ़ जाती हैं। अपने पीछे के समुद्र के जोर से वे किसी ढलवां किनारे पर दौड़ती चली जाती हैं और कभी-कभी तो 100 मीटर या उससे भी ज्यादा ऊंचाई पर चढ़ जाती हैं। स्कॉटलैंड के उत्तर में फोरा नामक द्वीप में लहरों ने एक बार चालीस टन वजन की चट्टान को पचास मीटर की ऊंचाई पर दे पटका था।

पवन चक्रवात (साइक्लोन) का रूप धारण कर लेती है तो लहरें

अत्यंत विकराल हो जाती हैं। चक्रवात के बीच में उसकी 'आंख' होती है। वहां पवन बहुत तेजी से घूमती है। जब यह आंख समुद्र पर से गुजरती है तो पानी ऊपर उठ जाता है। कभी-कभी तो पानी तीस मीटर से भी ऊपर उठकर बादलों से मिल जाता है। उस समय ऐसा प्रतीत होता है कि बादल से पानी की धारा सीधे समुद्र में आ मिली हो। यद्यपि देखने में यह बहुत भयंकर होती है, पर इससे इतनी हानि नहीं होती।

चक्रवात के फलस्वरूप सागर की लहरें थल पर बहुत अंदर तक आ जाती हैं। वे वहां बहुत अधिक तबाही मचा देती हैं। मई, 1990 में बंगाल की खाड़ी में आए चक्रवात ने सागर की लहरों को आंध्र के तट पर कई किलोमीटर अंदर भेज दिया था।

त्सुनामी—सागर की सबसे भयंकर लहरें होती हैं त्सुनामी। ये ज्वारीय लहरें हैं यद्यपि ज्वार-भाटा से इनका कोई संबंध नहीं है। ये समुद्रगर्भी भूकंपों के फलस्वरूप उत्पन्न होती हैं। भूकंप के कारण सागर की तली के फटने और पिचकने से उत्पन्न खाई में पानी तीव्र गति से प्रविष्ट होता है और सागर में अत्यधिक विनाशकारी लहरें उत्पन्न हो जाती हैं। इनकी गति बहुत अधिक होती है—800 किलोमीटर प्रति घंटे से भी अधिक। साथ ही वे काफी दूर तक—हजारों किलोमीटर दूर तक—चली जाती हैं। विचित्र बात यह है कि जब त्सुनामी लहरें एक स्थान से दूसरे स्थान पर जा रही होती हैं, उस समय सागर पर यात्रा कर रहे जहाजों पर इनका असर बहुत कम होता है। 15 जून, 1896 को आई त्सुनामी लहर ने जापान के हांशू द्वीप के उत्तरी तट पर 27,000 व्यक्तियों को काल के गाल में पहुंचा दिया था, पर सागर में मछलियां पकड़ते हुए मछुआरों को इन लहरों का पता भी नहीं चला था।

वर्ष 1946 में एल्युशियन द्वीपसमूह के यूनीमाक द्वीप के निकट आरंभ होनेवाली त्सुनामी के सही आंकड़े अब उपलब्ध हैं। प्रशांत महासागर के अनेक प्रेक्षण केंद्रों के भूकंपलेखी यंत्रों ने एल्युशियन के निकट सागर-तल में आए भूकंप को अंकित किया था। इसके बावजूद सागर की सतह पर पैदा होनेवाली त्सुनामियों को संभवतः उस क्षेत्र में मौजूद किसी भी जहाज ने अनुभव नहीं किया। खुले सागर में से गुजरते समय उन्होंने पानी को असामान्य रूप से नहीं उछाला, पर तट का स्पर्श करते ही बहुत ऊंची-ऊंची लहरें उठने लगीं।

सागर को पार करते समय त्सुनामी लहरों ने पांच घंटे से भी कम समय में लगभग 3,700 किलोमीटर की दूरी तय कर ली थी और हवाई द्वीप जा पहुंची थीं। पर उनके आने के कुछ समय पहले तट के निकट का जलस्तर एकाएक नीचा हो गया था। अकसर ही जलमग्न रहनेवाले तट के क्षेत्र अकस्मात् ही अनावृत हो गए थे। इस घटना की ओर कुछ लोगों ने ध्यान नहीं दिया। पर

कुछ ही समय बाद गर्जन करती हुई त्सुनामी लहरें वहां आ पहुंचीं और उन्होंने वहां तबाही मचा दी। वे तटों पर बहुत दूर तक अंदर चली गईं। कुछ ही क्षणों में उन्होंने पक्के मकानों को गिरा दिया, बड़े-बड़े पेड़ों को जमीन पर लिटा दिया और कंक्रीट के बड़े-बड़े खंडों को नींव से उखाड़कर चट्टानी तट पर ला फेंका।

इतनी तबाही करने के बाद भी त्सुनामी लहरों का 'गुस्सा' ठंडा नहीं हुआ। वे हवाई द्वीप पर ही न रुककर दक्षिण की ओर बढ़ती ही गईं और सैकड़ों किलोमीटर की यात्रा करके बालपेरसो (चिली) के तट पर जा पहुंचीं। वहां भी इन्होंने तबाही मचाई, पर तब तक ये काफी शांत हो चुकी थीं। इसलिए अधिक हानि नहीं हो पाई।

इन त्सुनामियों ने कुल मिलाकर लगभग 13,000 किलोमीटर की यात्रा की और वह भी मात्र 18 घंटों में।

यूनीमाक भूकंप के बाद एक चेतावनी व्यवस्था स्थापित की गई। इस व्यवस्था के अंतर्गत समुद्रगर्भीय भूकंप आते ही उसकी चेतावनी भूकंप-तरंगों के संभावित मार्गों में आनेवाले सब क्षेत्रों को दे दी जाती है।

इसके बावजूद अब भी त्सुनामी लहरें कहर ढाती रहती हैं क्योंकि अनेक लोग भूकंपलेखी केंद्रों की तथा सागर के धरातल के एकाएक नीचे हो जाने की चेतावनियों को अनसुनी और अनदेखी कर जाते हैं, फलस्वरूप भारी हानि उठाते हैं।

अन्य प्रकार की लहरें—लहरें सागर में केवल सतह पर ही नहीं बीच में भी उठती हैं। ये सागर के पानी के विभिन्न स्तरों के घनत्वों में अंतर के फलस्वरूप उत्पन्न होती हैं। यद्यपि ये (आंतरिक) लहरें भी उसी भांति आगे बढ़ती हैं, जैसे सतह की लहरें, पर इनकी गति अपेक्षाकृत काफी कम होती है और लंबाई अधिक।

सागर की सतह पर इन लहरों से कोई असामान्य हलचल नहीं होती। इसलिए सामान्य दर्शक को इनके बारे में कोई संकेत नहीं मिलता।

वायुमंडल के दाब में परिवर्तन होने से भी सागर में लहरें उठने लगती हैं। दाब के अधिक हो जाने से सागर-सतह पर अवनमन (डिप्रेशन) बन जाते हैं जबकि दाब के कम हो जाने पर उसमें उभार आ जाते हैं और इस प्रकार की अनियमितताएं भी लहरों को जन्म देती हैं।

इनके अतिरिक्त एक अन्य प्रकार की लहरें भी होती हैं—'सेश'। ये स्थान-बद्ध लहरें हैं जो आगे नहीं बढ़तीं। ये विशेष परिस्थितियों में पैदा होती हैं। उदाहरणार्थ पवनें सागर के पानी को किनारे पर धकेलकर इकट्ठा कर देती हैं, पर जब वे बहना बंद हो जाती हैं, तब वह पानी अपनी मूल स्थिति में आने के लिए दोलन करने लगता है। उस दोलन के फलस्वरूप सेश उत्पन्न होती हैं।

झीलों में अकसर ही सेश पैदा होती हैं।

लहरों में बहुत बड़ी मात्रा में ऊर्जा निहित होती है। यह गतिज और स्थितिज दोनों प्रकार की होती है (इस ऊर्जा के उपयोग के बारे में 'ऊर्जा का विशाल स्रोत : सागर' अध्याय में पढ़िए)।

समुद्र की 'सांसें' : ज्वार-भाटे

अंग्रेजी में एक कहावत है—'टाइम एंड टाइड वेट फॉर नोबॉडी' (समय और ज्वार किसी का भी इंतजार नहीं करते)। यह कहावत एकदम सटीक है। न तो समय किसी का इंतजार करता है और न ही ज्वार। वे अपने तरीके से, अपने नियमों के अनुसार कार्य करते हैं। ज्वार-भाटे हर दिन पूर्व नियत समय पर अवश्य आते हैं। यह सागर का एक ऐसा कार्य है जो निश्चित समय पर अवश्य होता है।

सागर के तट पर बसनेवाले लोग ज्वार-भाटों से प्राचीन काल में ही परिचित हो गए थे। वे जानते थे कि दिन में एक बार सागर के पानी की सतह काफी ऊंची उठ जाती है और एक बार काफी नीचे चली जाती है (कुछ सागरों में ऐसा दिन में दो बार होता है)। वे इन्हें सागर की सांसें समझते थे। प्राचीन चीन के निवासियों का यह विश्वास था कि 'ज्वार-भाटे सागर में छिपे दैत्य के सांस लेने से उत्पन्न होते हैं', जबकि स्कैंडेनेविदनों के अनुसार 'ज्वार-भाटे वायुदेव के फूंकने से पैदा होते हैं।'

वैसे ज्वार-भाटों के उत्पन्न होने के कारणों के बारे में लोगों को काफी पहले ही ज्ञान हो गया था। उन्हें यह ज्ञात हो गया था कि सागर के पानी की सतह का दैनिक उत्थान-पतन चंद्रमा और सूर्य के गुरुत्वाकर्षण बलों के फलस्वरूप होता है।

चंद्रमा और सूर्य दोनों ही पूरी पृथ्वी को अपनी ओर आकर्षित करने का प्रयत्न करते हैं। वे केवल जल को ही आकर्षित करने का काम नहीं करते वरन् थल को भी आकर्षित करते हैं। पर थल पर गुरुत्वाकर्षण के प्रभाव लगभग नगन्य होते हैं, जबकि जल पर बहुत स्पष्ट। साथ ही सूर्य के पृथ्वी से लगभग 14,88,00,000 किलोमीटर दूर होने के कारण पृथ्वी पर उसके गुरुत्वाकर्षण का प्रभाव काफी कम होता है। उसकी तुलना में चंद्रमा पृथ्वी से केवल 3,80,800 किलोमीटर ही दूर है। यद्यपि सूर्य चंद्रमा की तुलना में कई हजार गुना बड़ा है, तब भी पृथ्वी पर पड़नेवाला उसका गुरुत्वाकर्षण बल चंद्रमा की तुलना में आधे से भी कम (केवल 0.46 गुना) ही होता है। इसीलिए मुख्य रूप से चंद्रमा के गुरुत्वाकर्षण के फलस्वरूप ही सागर में ज्वार-भाटे उत्पन्न होते हैं।

पृथ्वी अपनी धुरी पर घूमती है और चंद्रमा पृथ्वी की परिक्रमा करता है।

इसलिए चंद्रमा के दो लगातार उदयों में 24 घंटे का अंतर न होकर 24 घंटे 50 मिनट का अंतर होता है। यह अवधि 'चंद्र दिवस' कहलाती है। पृथ्वी सूर्य की परिक्रमा भी करती है, इसलिए वह एक ही स्थान पर स्थित नहीं रहती। फलस्वरूप चंद्र दिवस के दौरान चंद्रमा पृथ्वी पर अलग-अलग क्षेत्रों में भिन्न-भिन्न समयों पर उदय और अस्त होता है। इसलिए विभिन्न सागरों में ज्वार भी अलग-अलग समय पर आते हैं।

अमावस्या और पूर्णिमा के दिन सूर्य, पृथ्वी और चंद्रमा लगभग सीधी रेखा में आ जाते हैं, इसलिए उन दोनों दिन चंद्रमा और सूर्य के गुरुत्वाकर्षण बल एक-दूसरे का समर्थन करते हैं, जिससे उन दिनों सबसे ऊंचे ज्वार आते हैं। हर सप्तमी या अष्टमी को सूर्य और चंद्रमा के गुरुत्वाकर्षण बल एक-दूसरे को काटते हैं। इससे उन दिनों सबसे नीचे ज्वार आते हैं।

चंद्रमा की पृथ्वी के इर्द-गिर्द परिक्रमा करने की कक्षा वृत्ताकार नहीं वरन् दीर्घवृत्ताकार है। इसलिए कभी चंद्रमा पृथ्वी के अपेक्षाकृत पास आ जाता है और कभी दूर चला जाता है। जब चंद्रमा पृथ्वी के निकटतम होता है, तब उसका गुरुत्वाकर्षण बल चालीस प्रतिशत अधिक होता है—यानी ज्वार चालीस प्रतिशत अधिक ऊंचे होते हैं। इसी प्रकार पृथ्वी सूर्य के निकटतम होती है, तब सूर्य के गुरुत्वाकर्षण बल का प्रभाव बढ़ जाता है और फलस्वरूप ज्वार भी अधिक शक्तिशाली हो जाते हैं।

ज्वारों पर अनेक कारकों के प्रभाव पड़ते हैं। इनमें सागर के पानी का प्राकृतिक दोलन, जलराशि की गहराई और लंबाई, वायुमंडलीय दाब, तटों के निकट बहनेवाली पवनें, तट की बनावट आदि प्रमुख हैं।

सागर की हर बेसिन में पानी के प्राकृतिक दोलन की अवधि अलग-अलग होती है। जिन बेसिनों में यह अवधि चंद्रमा और सूर्य के गुरुत्वाकर्षण बलों के फलस्वरूप उत्पन्न पानी की दोलन-अवधि के बराबर हो जाती है, वहां वे एक-दूसरे को प्रतिबलित कर देती हैं। इससे ऊंचाई बढ़ जाती है। उदाहरणार्थ फंडी की खाड़ी में, जो एक विशाल दोलनशील सागर बेसिन के एक सिरे पर स्थित है, पानी की प्राकृतिक दोलन-अवधि लगभग बारह घंटे है। और लगभग यही ज्वारों के आने की अवधि है। इसलिए यहां ज्वार के दौरान पानी की सतह बहुत ऊंची उठ जाती है। इसको ऊंची उठाने में फंडी की खाड़ी का उथला और संकरापन भी मदद देते हैं। फलस्वरूप फंडी की खाड़ी में ज्वार के दौरान पानी बीस मीटर तक ऊंचा उठ जाता है। साथ ही उसके उठने की गति भी बहुत तेज होती है। संसार में और किसी भी स्थान पर ज्वार के दौरान सागर की सतह इतनी ऊंची नहीं उठती। उथले सागर में ज्वार अधिक ऊंचे आते हैं। इसी प्रकार संकरी जलराशियों में भी ज्वारों की ऊंचाई अधिक हो जाती है।

ज्वार अनेक कारकों द्वारा प्रभावित होते हैं, इसलिए विभिन्न सागरों में भिन्न-भिन्न प्रकार के ज्वार आते हैं। मोटे तौर पर उन्हें तीन वर्गों में बांटा जा सकता है—(i) दिन में दो बार आनेवाले सम ज्वार, (ii) दिन में दो बार आनेवाले असमान ज्वार, और (iii) दिन में केवल एक बार आनेवाले ज्वार।

अंध महासागर में दिन में दो बार उच्च ज्वार आते हैं यानी दिन में दो बार सागर की सतह ऊंची उठती है और दो बार नीचे जाती है। पर दोनों बार उसका चढ़ाव या उतार बराबर होता है।

प्रशांत और हिंद महासागरों में पानी की सतह दो बार ऊपर उठती और दो बार नीचे गिरती अवश्य है, पर दोनों बार उसके नीचे आने का स्तर बराबर नहीं होता। एक बार सतह अधिक नीचे आ जाती है और दूसरी बार कम। ऐसा भी हो सकता है कि ऊपर उठते समय भी दोनों बार पानी एक-सी ऊंचाई तक न उठे।

प्रशांत महासागर के मध्य में स्थित कुछ द्वीपों में ज्वार के दौरान पानी केवल एक-दो डेसीमीटर ही ऊंचा उठता है।

मेक्सिको की खाड़ी, चीन सागर तथा अन्य अनेक सागरों में पानी दिन में एक ही बार चढ़ता और उतरता है।

यह पाया गया है कि उच्च ज्वार और चंद्रमा की आकाश के मध्य में होने की घटनाओं में समय का कुछ अंतराल होता है। यह अंतराल अलग-अलग क्षेत्रों में अलग-अलग होता है।

आमतौर से ज्वार-भाटे चंद्र दिवस (24 घंटे 50 मिनट) के अनुरूप ही आते हैं। जहां दिन में दो बार ज्वार-भाटे आते हैं, वहां उच्च और निम्न ज्वारों के बीच 6 घंटे 12.5 मिनट का अंतर होता है। जहां दिन में एक बार ज्वार आते हैं, वहां यह अंतराल 12 घंटे 25 मिनट होता है।

पृथ्वी पर कुछ ऐसे क्षेत्र भी हैं जहां उक्त अंतराल 12 घंटे का होता है। ताहिती के निकट का सागर ऐसा ही क्षेत्र है। वहां पानी का प्राकृतिक दोलन भी चंद्रमा द्वारा प्रभावित होता है और उसकी अवधि 12 घंटे है। वहां उच्च ज्वार दोपहर और मध्य रात्रि को आते हैं तथा निम्न ज्वार सुबह छः बजे और शाम को छः बजे आते हैं।

अनेक स्थानों पर उच्च ज्वार के दौरान, नदियों में, मुख से अंदर की ओर, पानी की काफी ऊंची दीवार (पच्चीस फुट जैसी ऊंची) चलती जाती है। ज्वारीय भित्ति (टाइडल बोर) कहलानेवाली पानी की यह दीवार नौकाओं के लिए बहुत खतरनाक हो सकती है। दक्षिण अमेरिका की अमेजन, इंग्लैंड की सेवर्न और चीन की त्सानतांग नदियों में ऐसा ही होता है।

संसार के ऐसे अनेक बंदरगाह हैं जिनमें उच्च ज्वार के दौरान ही जहाज

अंदर जा सकते हैं, अन्यथा नहीं। हमारा कलकत्ता बंदरगाह भी ऐसा ही है।

जैसाकि आप पीछे पढ़ चुके हैं, हर क्षेत्र में, हर सागर में उच्च और निम्न ज्वार के समयों की गणना आसानी से की जा सकती है। इसलिए हर बंदरगाह और हर सागर की ज्वार संबंधी सारणियां तैयार कर ली गई हैं। प्रत्येक जहाज अपनी यात्रा आरंभ करने से पहले अपने मार्ग और गंतव्य बंदरगाह से संबंधित ज्वार-सारणी अवश्य हासिल कर लेता है।

जलधाराएं

पृथ्वी सूर्य की परिक्रमा करते समय अपनी धुरी पर भी घूमती है। उसके घूमने का तरीका इस प्रकार है कि भूमध्यरेखा के आसपास का क्षेत्र ध्रुवों की तुलना में अधिक ऊष्मा प्राप्त करता है। इससे उस क्षेत्र के सागर भी अपेक्षाकृत अधिक गरम हो जाते हैं। उनका पानी अधिक फैलता है और वहां (भूमध्य रैखिक क्षेत्र में) पानी की सतह कुछ सेंटीमीटर ऊंची हो जाती है। इससे वहां का पानी 'ढाल की ओर' (ध्रुवों की ओर) बहने लगता है। एक ही दिशा में बहनेवाली स्थायी पवनें पानी को बहने में मदद देती हैं। इस कमी को पूरा करने के लिए और ध्रुव प्रदेशों का अपेक्षाकृत ठंडा और भारी पानी जलधाराओं के रूप में भूमध्यरेखा की ओर बहने लगता है। इस पानी को बहाने में पवनें भी सहायता देती हैं।

भूमध्यरेखा से ध्रुवों की ओर बहनेवाली धाराएं गरम जलधाराएं होती हैं, जबकि ध्रुव प्रदेशों (ठंडे प्रदेशों) से भूमध्यरेखा की ओर बहनेवाली धाराएं ठंडी जलधाराएं। अनेक कारणों से न तो गरम जलधाराएं ध्रुवों तक पहुंच पाती हैं और न ही ठंडी जलधाराएं भूमध्यरेखा तक।

गल्फ स्ट्रीम—जलधाराओं का वैज्ञानिक अध्ययन करनेवाले प्रथम व्यक्ति थे बेंजामिन फ्रेंकलिन। उन्होंने यह पाया कि अमेरिकी जहाजों को यूरोप पहुंचने में ब्रिटिश जहाजों के अमेरिका पहुंचने की तुलना में दो सप्ताह कम समय लगता है। इसका कारण खोजने पर उन्हें पता चला कि यूरोप जाते समय अमेरिकी जहाज एक ऐसी जलधारा का फायदा उठाते हैं जो अंध महासागर में से पश्चिम से पूर्व की ओर, लगभग तीन मील (4·8 किलोमीटर) प्रति घंटे की दर से बहती है।

यूरोप से अमेरिका आते समय अकसर ही जहाज इस जलधारा से बचते हुए जाते हैं। बाद में फ्रेंकलिन ने इस जलधारा (गल्फ स्ट्रीम) के विस्तृत मानचित्र तैयार किए और जहाजों के आने-जाने के लिए ऐसे मार्ग सुझाए जिनमें कम से कम समय लगता था।

गल्फ स्ट्रीम एक ऐसी जलधारा है जिसका सबसे अधिक अध्ययन किया गया

है। आज हमें ज्ञात है कि गल्फ स्ट्रीम एक ऐसी विशाल भंवर का एक अंग है जो संपूर्ण उत्तरी अंध महासागर को घेरे हुए है। यह भंवर उत्तरी अंध महासागरीय भूमध्यरेखिक जलधारा के रूप में आरंभ होती है। व्यापारी पवनों के प्रभाव-स्वरूप यह पश्चिम की ओर बहती है और अपने साथ पानी की बहुत बड़ी मात्रा को वैस्ट इंडीज की ओर ले जाती है। इस जलधारा का एक भाग, प्रतिकूल धारा के रूप में, नीचे की ओर—भूमध्यरेखा की ओर—मुड़ जाता है, जबकि दूसरा भाग वैस्ट इंडीज के बहामा द्वीपसमूह की ओर चला जाता है। पर अधिकांश पानी वैस्ट इंडीज की ओर इस प्रकार बहते हुए बढ़ता है, जैसे टूटे पुल के नीचे से नदी बह रही हो। व्यापारी पवनें पानी को पीछे से लगातार धकेलती रहती हैं। इससे वह क्यूबा और यूटीकन प्रायःद्वीप के बीच इकट्ठा होने लगता है और वहां उसका धरातल आसपास के सागर से 18 सेंटीमीटर तक ऊंचा हो जाता है। अब व्यापारी पवनों के निरंतर ठेले जाते रहने से और आगे का मार्ग अवरुद्ध हो जाने की प्रतिक्रिया के फलस्वरूप वह मेक्सिको की खाड़ी में से उत्तर की दिशा में बहने लगता है। खाड़ी (गल्फ) से आरंभ होने के कारण यह जलधारा 'गल्फ स्ट्रीम' (खाड़ी की धारा) कहलाने लगी है।

आरंभ में मियामी के तट के निकट इस धारा की गति लगभग 8 किलोमीटर प्रति घंटे होती है। 80 किलोमीटर चौड़ी और लगभग 450 मीटर गहरी इस धारा में एक मिनट में लगभग चार अरब टन पानी बहता है। हटेरास के पास पहुंचकर यह उत्तर-पश्चिम की ओर मुड़ जाती है।

न्यूफाउंडलैंड के निकट, ग्रैंड बैंक्स में, गल्फ स्ट्रीम के नीले, कोष्ण, पानी में आर्कटिक प्रदेश से आनेवाली लेब्रेडोर जलधारा का ठंडा, हरा, पानी जिसमें बड़े-बड़े हिमखंड तिरते रहते हैं, मिलता है। इस 'मिलन' के फलस्वरूप लेब्रेडोर जलधारा के हिमखंड तेजी से पिघलने लगते हैं—उनके पिघलने की गति 13,500 टन प्रतिदिन होती है। इस इलाके में हमेशा कोहरा छाया रहता है। लेब्रेडोर जलधारा के पानी में पोषक पदार्थों की मात्रा बहुत अधिक होती है। परिणामस्वरूप ग्रैंड बैंक्स क्षेत्र में मछलियों का उत्पादन बहुत अधिक होता है।

आधे से अधिक अंध महासागर पार कर लेने के बाद गल्फ स्ट्रीम दो भागों में विभक्त हो जाती है। उत्तरी भाग ब्रिटिश द्वीपसमूह की ओर चला जाता है और दक्षिणी भाग भूमध्यरेखा की ओर। उत्तरी भाग ब्रिटिश द्वीपसमूह और उत्तरी सागरी (नॉर्थ सी) को गरम करता हुआ अंत में उत्तरीअंध महासागरीय जलधारा का भाग बन जाता है और दक्षिणी भाग उत्तरी भूमध्यरेखिक जलधारा का।

उत्तरी अंध महासागर की भांति दक्षिणी अंध महासागर और प्रशांत महासागर में भी अत्यंत विशाल. भंवरों से बड़ी-बड़ी जलधाराएं बनती हैं। इनमें गरम जलधाराएं भूमध्यरेखा के निकट के क्षेत्र में ध्रुवों की ओर बहती हैं और

ठंडी जलधाराएं ध्रुव प्रदेशों से भूमध्यरेखा की ओर।

प्रशांत महासागर की जलधाराओं में क्यूरोसिवो (काले पानी की धारा) सबसे प्रसिद्ध है। यह जापान के इर्द-गिर्द के सागरों को उसी प्रकार गरम रखती है, जैसे गल्फ स्ट्रीम ब्रिटिश द्वीपसमूह के निकट के सागरों को।

हिंद महासागर में भी बड़ी भंवरों के कारण जलधाराएं उत्पन्न होती हैं पर उन पर मानसून पवनों के बहुत प्रभाव पड़ते हैं। ये जलधाराएं हमारे देश के संदर्भ में महत्त्वपूर्ण हैं, इसलिए इनकी चर्चा कुछ विस्तार से कर लें।

हिंद महासागर की जलधाराएं—हिंद महासागर में भूमध्यरेखा के निकटवर्ती क्षेत्रों से उत्पन्न होनेवाली जलधारा, दक्षिण भूमध्यरेखिक धारा, पश्चिम की ओर बहती है। मेडागास्कर द्वीप के निकट वह दो भागों में बंट जाती है। एक धारा सोमाली धारा के नाम से उत्तर की ओर और दूसरी 'मोंजाबिक धारा' के नाम से दक्षिण की ओर बहने लगती है। ये गरम जलधाराएं हैं।

इनके बहने से इस क्षेत्र के पानी में कमी आ जाती है। इसलिए दक्षिण से एक जलधारा अफ्रीका के दक्षिण-पूर्वी तट के सहारे उत्तर की ओर आती है। इसे एगुलहास जलधारा का नाम दिया गया है। यह ठंडी जलधारा है। इसी प्रकार की एक ठंडी जलधारा ऑस्ट्रेलिया के पश्चिमी तट के निकट से उत्तर की ओर जाती है।

दक्षिणी गोलार्ध में लगभग 10° अक्षांश के नीचे के क्षेत्र में जलधाराओं पर मानसून पवनों के स्थानों पर व्यापारी पवनों के प्रभाव पड़ते हैं और 40° दक्षिण अक्षांश से नीचे पश्चिमी पवनों के।

हिंद महासागर की शायद सबसे विचित्र धारा है—अफ्रीका के उत्तर-पूर्वी तट के निकट से बहनेवाली सोमाली धारा। केन्या और सोमाली के तटों के साथ-साथ उत्तर की ओर बहनेवाली यह जलधारा संसार की सबसे तेज बहनेवाली धारा है। इसकी गति है 6 से 7 नॉट (नॉटिकल मील=नॉट=1.85 किलोमीटर)। इसमें पानी का बहाव भी बहुत अधिक है। इससे पानी की मात्रा में जो कमी आती है, उसको पूरा करने के लिए तली का ठंडा पानी हमेशा ऊपर उठता रहता है।

सोमाली जलधारा मौसम वैज्ञानिकों के लिए अत्यंत महत्त्वपूर्ण है। सरदी में इसके बहने की दिशा बदल जाती है। उस समय यह उत्तर की बजाय दक्षिण की ओर बहने लगती है। इसके अरब सागर में मिलने से उसके पानी के ताप में भी कमी आ जाती है। वह 28° सें० से घटकर 25° सें० हो जाता है। इस घटना के लगभग एक महीने बाद अरब सागर में मानसून पवनें आरंभ हो जाती हैं।

धारा के नीचे धारा—हर जलधारा के नीचे एक अधस्तल धारा होती है, जो मूल धारा की विपरीत दिशा में बहती है। इसमें भी लगभग उतना ही पानी होता है, जितना मूल धारा में।

प्रतिकूल जलधारा की खोज अकस्मात् ही वर्ष 1951 में हो गई थी। उस वर्ष अमेरिका के मत्स्य और वन्य जीवन विभाग का एक अनुसंधान पोत मध्य प्रशांत महासागर में ट्यूना मछली पकड़ने की जापानी तकनीक का अध्ययन कर रहा था। इसके लिए पोत के नीचे मीलों लंबे केबल लटके हुए थे। इनमें मछली पकड़ने के जाल बंधे थे। अध्ययनों के दौरान नाविकों को यह जानकर अत्यंत आश्चर्य हुआ कि केबल पोत की दिशा के विपरीत बह रहे थे। इससे यह अंदेशा हुआ कि गहरे सागर में ऐसा 'कुछ' है जो केबलों को विपरीत दिशा में बहाने की कोशिश कर रहा था।

इस घटना के लगभग एक वर्ष बाद टाउंसलैंड क्रॉमवैल ने इस बारे में काफी खोजबीन की। इसमें उन्हें एक ऐसी जलधारा का पता चला जो दक्षिण भूमध्य-रेखिक जलधारा के ठीक नीचे, गहरे सागर में, विपरीत दिशा में बहती है। यह जलमग्न धारा लगभग 5,600 किलोमीटर लंबी है और इसमें भी लगभग उतना ही पानी है जितना दक्षिणी भूमध्यरेखिक जलधारा में। कालांतर में इस धारा का नामकरण 'क्रॉमवैल जलधारा' किया गया।

बाद में अंतरराष्ट्रीय भू-भौतिक वर्ष के दौरान एक संयुक्त ब्रिटिश-अमेरिकी अभियान ने गल्फ स्ट्रीम के नीचे भी एक ऐसी ही जलधारा का पता लगाया। यह सतह से 2,000 से 3,000 मीटर नीचे स्थित है और विपरीत दिशा में बहती है।

तली के पानी की हलचल— गहरे सागर में पानी की हलचल दो मुख्य कारणों —ताप और लवणता—से होती है। यद्यपि विभिन्न प्रदेशों के समुद्री जलों के तापों में काफी अंतर होता है— ईरान की खाड़ी जैसे गरम प्रदेश में वह 30° सें० जैसा ऊंचा हो सकता है और आर्कटिक सागर में 0° सें० जैसा नीचा, परंतु 100 फुट से 3,000 फुट (30 से 914 मीटर) तक के गहरे जलों के ताप उन्हें गति प्रदान करते हैं। गरम प्रदेशों में भी 100 से 3,000 फुट तक के गहरे क्षेत्र के पानी का ताप धीरे-धीरे कम होने लगता है। इससे अधिक गहराई पर हर सागर के पानी का ताप वर्ष-भर लगभग एकसमान रहता है।

आप पढ़ चुके हैं कि जब पानी जमता है, तब वह घुले लवणों को त्याग देता है—केवल शुद्ध पानी ही बर्फ बनता है। इसके फलस्वरूप बर्फ के आसपास के पानी में लवणों की वह मात्रा भी मिल जाती है जो बर्फ बनने से पहले पानी में घुली हुई थी। इससे आसपास का पानी और भारी हो जाता है और वह तली की ओर चला जाता है। इस प्रकार अत्यधिक ठंडे और खारी पानी पर अंटार्कटिक के हिमखंड तिरते रहते हैं। यह पानी धीरे-धीरे भूमध्यरेखा की ओर चलता है।

वास्तव में सागर के पानी का हर कण चलता ही रहता है। वह कभी भी स्थिर नहीं रहता। वह हर जगह और हर गहराई पर चलता है। अंटार्कटिक

सागर की तली का अत्यधिक ठंडा पानी भूमध्यरेखा की ओर बढ़ता है और भूमध्यरेखा से पानी चारों ओर फैलता है।

तली के पानी के चलने की गति बहुत धीमी होती है। उसे अंटार्कटिक सागर से भूमध्यरेखा तक पहुंचने में 300 से 1,500 वर्ष तक लग सकते हैं।

आप भूमध्यसागर में जिब्राल्टर जलसंधि से आनेवाली जलधारा और उसके नीचे, विपरीत दिशा में बहनेवाली जलधारा के बारे में पढ़ चुके हैं। द्वितीय विश्वयुद्ध में जर्मन और इतालवी पनडुब्बियों ने इन जलधाराओं का उपयोग करने के प्रयास किए थे। वे अपने इंजन बंद करके, आवश्यकतानुसार अपने-आप को, ऊपरी या निचली धारा में डाल देती थीं। इससे वे जिब्राल्टर जलसंधि पर पहरे देनेवाले ब्रिटिश पोतों को धोखा देकर निकल जाती थीं।

6
जलवायु पर प्रभाव

सौरमंडल के अन्य ग्रहों तथा खगोलीय पिंडों की तुलना में पृथ्वी की जलवायु बहुत सम है। उनकी अपेक्षा पृथ्वी बहुत कम गरम होती है और बहुत कम ठंडी। उसके वायुमंडल के उच्चतम और न्यूनतम तापों में बहुत अधिक अंतर नहीं होता। इसीलिए पृथ्वी में जल और थल, दोनों पर, जीवन की इतनी विविधता है।

जलवायु के अपेक्षाकृत सम होने का सबसे बड़ा कारण है सागर। सागर में भरी अपार जलराशि के कारण ही पृथ्वी का वायुमंडल न तो अत्यधिक गरम हो पाता है और न अत्यधिक ठंडा।

पानी की ऊष्माधारिता अपेक्षाकृत काफी अधिक है। इसका यह अर्थ हुआ कि पानी और किसी अन्य वस्तु, उदाहरणार्थ रेत, पत्थर आदि की समान मात्राएं लेकर उन्हें एकसमान ताप तक गरम करें तो पानी को अधिक ऊष्मा की जरूरत होगी। इसका यह अर्थ भी हुआ कि पानी अपेक्षाकृत अधिक 'ऊष्मा' धारण कर सकता है। इसीलिए सागर की बड़ी-बड़ी जलधाराएं बहुत बड़ी मात्रा में ऊष्मा का विनिमय करती हैं। वे ऊष्मा की विशाल मात्राओं को दूर-दूर तक ले जाती हैं। उदाहरण के तौर पर गल्फ स्ट्रीम को ही लीजिए। वह ऊष्ण कटिबंध से ऊष्मा की विशाल मात्रा ब्रिटेन और उत्तरी सागर तक ले जाती है। इसीलिए सरदी के दिनों में उत्तरी सागर नहीं जमता और ब्रिटेन की जलवायु भी काफी सुखद रहती है, जबकि उन्हीं अक्षांशों में स्थित बाल्टिक सागर जम जाता है और जर्मनी में कड़ाके की ठंड पड़ती है।

आप पढ़ चुके हैं कि सब सागरों के जल आपस में निरंतर मिलते रहते हैं। इससे ऊष्मा का निरंतर विनिमय होता रहता है।

पानी की उच्च ऊष्माधारिता के कारण ही वह थल की अपेक्षा देर में गरम और देर में ठंडा होता है। इस घटना में पानी का एक और गुण भी सहायक होता है। पानी पर पड़नेवाली सौर ऊर्जा उसकी ऊपर की सतह में सांद्रित न रहकर काफी दूर तक वितरित हो जाती है। इसके विपरीत थल पर पड़नेवाली

सौर ऊर्जा उसकी ऊपरी कुछ सेंटीमीटर मोटी तह में ही रह जाती है।

मुख्यत: पानी के इन गुणों के फलस्वरूप जल और थल समीरों का जन्म होता है तथा तट के निकट के स्थानों के रात और दिन के तापों में अधिक अंतर नहीं हो पाता। दिन के समय थल सागर की अपेक्षा अधिक गरम हो जाता है। उसके ऊपर की वायु भी जल्दी गरम होकर ऊपर उठने लगती है। इससे वहां वायु का दबाव कम हो जाता है। उस समय सागर के ताप के अपेक्षाकृत कम होने के कारण वहां वायु का दबाव अपेक्षाकृत अधिक होता है। और वायु के अधिक दबाववाले क्षेत्र से कम दबाववाले क्षेत्र की ओर बहने के गुण के फलस्वरूप वह सागर से थल की ओर बहने लगती है। वह ठंडे जल पर से आती है, इसलिए उसका ताप भी कम होता है। इससे थल का ताप भी कम होने लगता है। यह जल समीर होती है।

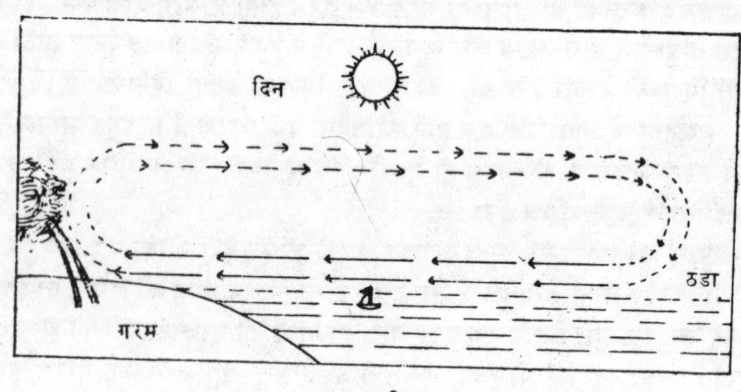

जल समीर

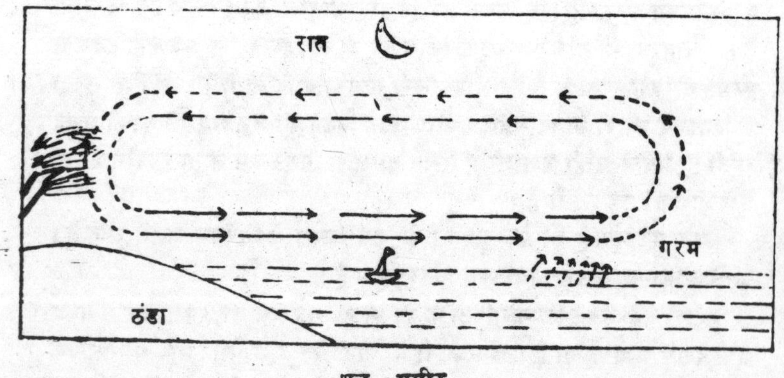

थल समीर

रात में यह क्रिया विपरीत दिशा में होती है। उस समय सागर की अपेक्षा

थल अधिक ठंडा होता है। इसलिए वायु थल से सागर की ओर बहती है। इससे थल का ताप इतना कम नहीं हो पाता, जितना अन्यथा हो जाता है।

गरमी और ठंड की ऋतुओं में भी ये क्रियाएं होती हैं। इसीलिए तट के निकट स्थित शहरों की जलवायु रात और दिन में ही नहीं, गरमी और सरदी में भी सम रहती है। किसी भी स्थान की जलवायु का अनुमान लगाने से पहले सागर से उसकी दूरी को अवश्य ध्यान में रखा जाता है।

वर्षा का जन्मदाता

कहा जाता है कि अगर पृथ्वी पर सागर न होते, तब उस पर वर्षा बिलकुल नहीं होती। यह कथन एकदम सत्य है क्योंकि पृथ्वी के कुल पानी के 97 प्रतिशत से भी अधिक भाग को अपने में समाए सागर ही वर्षा के लिए जलवाष्प उपलब्ध कराता है। उसी पर से पानी वाष्प बनकर उड़ता है; बादलों में परिवर्तित होता है और वर्षा के रूप में बरसता है। वैज्ञानिकों ने यह अनुमान लगाया है कि थल पर सागर की अपेक्षा अधिक वर्षा होती है। यदि थल पर 17 भाग वर्षा होती है, तब सागर पर होनेवाली वर्षा 7 भाग होती है। थल की अपेक्षा सागर का क्षेत्र लगभग ढाई गुना अधिक होने से थल और सागरों पर होनेवाली वर्षा की कुल मात्राएं बराबर होती हैं। वैसे थल पर बरसनेवाले पानी की अधिकांश मात्रा अंततः सागर में पहुंच जाती है।

हमारे देश के संदर्भ में मानसून पवनें बहुत अधिक महत्त्वपूर्ण हैं। इसलिए उनकी चर्चा विस्तार से कर ली जाए।

मानसून

'मानसून' कब आ रहा है?

जून के महीने में, उत्तर भारत में हर आदमी की जबान पर यही चर्चा रहती है। गरमी से बेचैन, परेशान हर व्यक्ति बार-बार आकाश की ओर देखकर यही कहता है। किसान मानसून के आगमन का जितनी बेचैनी से इंतजार करते हैं उतना किसी अन्य का नहीं।

आमतौर से 'मानसून' का अर्थ 'वर्षा' समझा जाता है। यह सही नहीं है। वस्तुतः मानसून पवनें ही हमारे लिए वर्षा करनेवाले मेघ लाती हैं। इसीलिए आम बोल-चाल की भाषा में 'मानसून' और 'वर्षा' पर्यायवाची हो गए हैं। 'मानसून' का अर्थ तो 'वे हवाएं हैं जो एक विशेष मौसम (ऋतु) में ही एक दिशा में बहती हैं—वर्ष-भर नहीं।' दूसरे मौसम में उनके बहने की दिशा बदल जाती है।

सिद्धांततः मानसून भी उसी प्रकार की परिस्थितियों में उत्पन्न होता है जो

थल और जल समीरों को जन्म देती हैं। इन परिस्थितियों में प्रमुख है थल और जल (सागर) का असमान रूप से गरम होना।

हमारे देश के पश्चिमी भाग में एक मरुस्थल है—थार का मरुस्थल। यह पाकिस्तान के सिंधु और बिलोचिस्तान राज्यों तक फैला हुआ है। यह गरम मरुस्थल है। ऐसा ही एक गरम मरुस्थल मध्य एशिया में भी है—गोबी का मरुस्थल। ग्रीष्म ऋतु में यहां बहुत गरमी पड़ती है। इससे वायु का ताप बहुत बढ़ जाता है। वह गरम होकर हलकी हो जाती है। वह ऊपर उठती है। इससे वहां वायु का दबाव कम हो जाता है। भौतिकशास्त्र का नियम है कि वायु उस स्थान से, जहां उसका दबाव अधिक होता है, कम दबाववाले क्षेत्र की ओर बहती है। यह बहनेवाली वायु ही पवन कहलाती है। अब देखें गरमी की ऋतु में अधिक दबाव-वाला क्षेत्र कहां होता है ?

गरमी में हिंद महासागर का पानी निकटवर्ती थल, विशेष रूप से गरम मरुस्थलीय प्रदेशों, से अपेक्षाकृत ठंडा होता है। इससे उसके ऊपर की वायु भी अपेक्षाकृत ठंडी और अधिक दबाववाली होती है। यह, विशेष रूप से 10° दक्षिण अक्षांश से ऊपरवाले क्षेत्र से, गरम मरुस्थलों की ओर बहने लगती है। यही पवन गरमी की मानसून कहलाती है। अरब सागर से आनेवाली पवन आमतौर से दक्षिण-पश्चिम दिशा से आती है, जबकि बंगाल की खाड़ी में पैदा होनेवाली पवन दक्षिण दिशा से। उन पर कॉरिआलिस प्रभाव पड़ते हैं। गरमी का मानसून आमतौर से अप्रैल से अक्तूबर तक ही चलती है। असम, बंगाल तथा उत्तर-पूर्वी

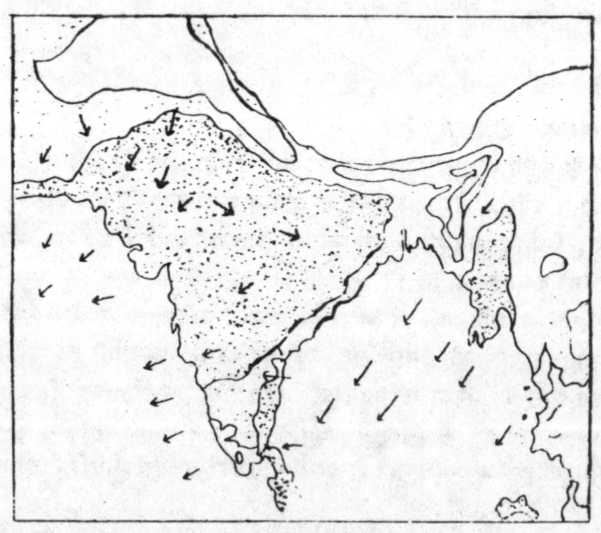

गरमी का मानसून

भारत में वह अप्रैल में ही पहुंच जाती है और उत्तर-पश्चिम भारत में आमतौर से जुलाई के पहले या दूसरे सप्ताह में।

गरमी का मानसून समुद्र पर से आती है। इसलिए अपने साथ पानी की भाप भी लाती है और समुचित अवसर पाकर वर्षा करती है। हमारे देश में लगभग संपूर्ण वर्षा इसी मानसून से होती है। इसमें भी अधिकांश वर्षा अरब सागर से आनेवाली मानसून से होती है। असम, बंगाल और पूर्वी भारत, बंगाल की खाड़ी से आनेवाली मानसून से वर्षा पाते हैं। असम के चेरापूंजी क्षेत्र में मानसून के पहाड़ियों के बीच 'घिर' जाने के कारण ही सबसे अधिक वर्षा होती है।

चक्र 'उलट' जाता है—सरदी आते ही थल ठंडा हो जाता है, पर सागर अपेक्षाकृत गरम रहता है। दक्षिणी-पूर्वी एशियाई भूभाग ठंडा हो जाता है, पर हिंद महासागर अपेक्षाकृत गरम रहता है। इस समय थल पर वायु का दबाव अधिक होता है पर हिंद महासागर पर कम। अब पवन थल से जल की ओर बहने लगती है। यह पवन थल से चलती है, इसलिए उसमें पानी की भाप नहीं होती। पर यदि उसको पानी (समुद्र) पर से गुजरने का मौका मिल जाता है, तब वह भी पानी की भाप ले लेती है और अनुकूल परिस्थितियों में वर्षा भी करती है। हमारे देश में तमिलनाडु के कुछ भागों में इसी प्रकार वर्षा होती है।

आमतौर से ठंड की मानसून पवन उत्तर-पूर्व दिशा से आती है। इसलिए

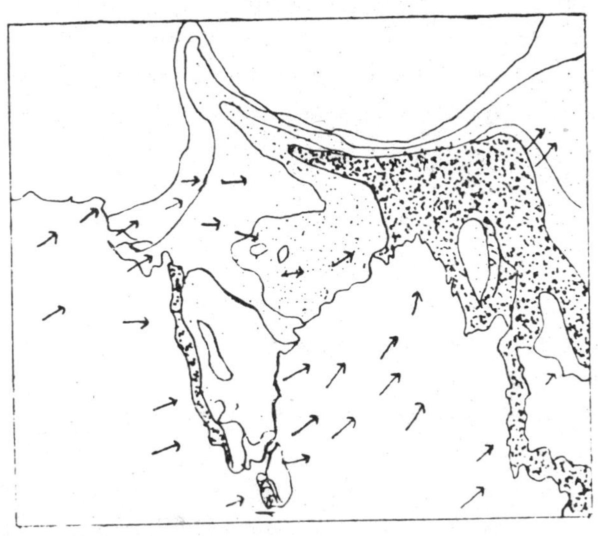

ठंड की मानसून

इसे 'उत्तर-पूर्वी मानसून' अथवा 'ठंड की मानसून' कहते हैं। यह साधारणतया नवंबर से मार्च तक बहती है।

दक्षिणी गोलार्द्ध में (भूमध्यरेखा के दक्षिण में) ऋतुएं बदल जाती हैं। जब हमारे देश में (उत्तरी गोलार्द्ध में) गरमी की ऋतु होती है, तब ऑस्ट्रेलिया में कड़ाके की ठंड पड़ रही होती है और जब हम ठंड के मारे सिकुड़ जाते हैं, तब ऑस्ट्रेलिया के निवासी मजे से गरमी के कपड़े पहने घूमते हैं। इसलिए हमारी ठंड की मानसून ऑस्ट्रेलिया में गरमी की मानसून बन जाती है। उससे ही ऑस्ट्रेलिया के उत्तरी तट पर वर्षा होती है।

अद्वितीय प्रयोग : मोनेक्स—मानसूनों के उत्पन्न होने और विभिन्न प्रदेशों में उनके वर्षा करने की जटिल प्रक्रियाओं को समझने के लिए विश्व मौसम विज्ञान संगठन और अंतरराष्ट्रीय वैज्ञानिक यूनियन परिषद् (इंटरनेशनल कौंसिल ऑफ साइंटिफिक यूनियंस) ने वर्ष 1979 में एक अंतरराष्ट्रीय कार्यक्रम आयोजित किया था। इसका नाम था अंतरराष्ट्रीय मानसून प्रयोग (मानसून एक्सपेरीमेंट—संक्षिप्त में 'मोनेक्स')। यह विश्व मौसम प्रयोग (ग्लोबल वैदर एक्सपेरीमेंट) का ही अंग था। वास्तव में यह ऐसा प्रयोग था जो केवल एक ही बार किया गया था और जिसका मुख्य उद्देश्य गरमी के मानसून से संबंधित तथ्यों को अधिक सुचारु रूप से समझना था। इसका संबंध अरब सागर, बंगाल की खाड़ी तथा आसपास के सागरों से था। इसीलिए यह हमारे लिए विशेष रूप से महत्त्वपूर्ण था। इसमें पचास देशों ने, जिनमें हमारा देश भी था, भाग लिया था। यह प्रयोग तीन चरणों में संपन्न हुआ था।

मोनेक्स कार्यक्रम के दौरान किए गए प्रयोगों से मानसूनों के बहने और उनके वर्षा करने के तरीके के बारे में अनेक नए और सनसनीखेज तथ्य प्रकाश में आए। इनसे पता चला कि संसार के अनेक इलाकों में लगभग वैसी ही परिस्थितियां हैं, जैसी दक्षिण-पूर्व एशिया में। फिर भी मानसून केवल इसी क्षेत्र में ही इतनी प्रबल होती है। इसके दो कारण हैं। मानसून उत्पादन के लिए थल और सागर के काफी बड़े क्षेत्रों के तापों में बहुत अंतर होना चाहिए तथा यह अंतर काफी लंबे समय तक बना रहना चाहिए। ऐसा आमतौर से केवल उष्ण कटिबंध में ही हो पाता है। ऐसी परिस्थितियां केवल दक्षिण-पूर्वी एशिया में होती हैं। इसलिए वहीं मानसून प्रवल होती है।

मोनेक्स के दौरान किए गए अध्ययनों से यह भी पता चला है कि सौर विकिरणों और पृथ्वी द्वारा परिवर्तित की जानेवाली विकिरणों का अनुपात, पर्वतों की दिशा, गर्तों (ट्रफ) और अवनमन (डिप्रेशन) का निर्माण आदि मानसून पवनों के बहाव और उनसे होनेवाली वर्षा को बहुत प्रभावित करते हैं।

जब सूर्य से आनेवाली लघु तरंगों की विकिरणें और धरती से परावर्तित

होनेवाली दीर्घ तरंगों की विकिरणें वायुमंडल में से गुजरती हैं, तब जलवाष्प, कार्बन डाइऑक्साइड और ओजोन उन्हें अवशोषित करने का प्रयास करती हैं। इस अवशोषण-क्षमता पर बादलों के वितरण तथा वायुमंडल में उपस्थित नमी, एयरोसोल और धूलकणों आदि का भी असर पड़ता है। बादल सौर विकिरणों को केवल परावर्तित ही नहीं करते वरन् स्वयं भी दीर्घ तरंगोंवाली विकिरण उत्सर्जित करते हैं। उत्तर भारत के वायुमंडल में आमतौर से बड़ी मात्रा में (लगभग 5.5 टन प्रति वर्गमील) धूलकण मौजूद होते हैं और वे उपरोक्त अनुपात को गंभीर रूप से प्रभावित करते हैं।

सूर्य से आनेवाली विकिरणों को परावर्तित करने की पृथ्वी की क्षमता हर स्थान पर अलग-अलग होती है। रेतीले मरुस्थलों और हिमाच्छादित पर्वतों की परावर्तन-क्षमता गीली जमीन या सागर से अधिक होती है।

पहले हमें पृथ्वी द्वारा प्राप्त होनेवाली और त्यागे जानेवाली विकिरणों के संतुलन के बारे में पर्याप्त ज्ञान नहीं था। मोनेक्स के दौरान इस बारे में नए तथ्यों का पता चला।

हमारे देश में, विशेष रूप से गंगा के कछार में, पूरी बरसात-भर एक-सी गति से वर्षा नहीं होती। वहां कुछ दिनों तक भारी वर्षा होती है। फिर वह हलकी पड़ जाती है। कभी-कभी वह कुछ दिनों के लिए एकदम रुक भी जाती है। पर शीघ्र ही वह फिर से आरंभ हो जाती है। भारी और हलकी वर्षा का यह क्रम, उस कम दाबवाले क्षेत्र से, घनिष्ठ रूप से संबंधित होता है, जो हिमालय की दक्षिणी सीमा के समानांतर स्थित होता है। इस प्रकार के क्षेत्र को 'मानसून गर्त' कहते हैं। जुलाई के महीने में यह गर्त सामान्यतः उत्तर-पश्चिमी भारत और पाकिस्तान-अफगानिस्तान क्षेत्र में स्थित होता है। इसके उत्तर की ओर सरक जाने से उत्तर और मध्य भारत में वर्षा समाप्त हो जाती है। जब वर्षा गंगा के कछार में रुक जाती है, तब देश के उत्तर-पूर्वी भाग में अधिक वर्षा होने लगती है।

चक्रवात

हमारे देशवासी मई, 1990 में आंध्र-तट पर आए अत्यंत भयंकर और विनाशकारी समुद्री तूफान को कभी नहीं भूलेंगे। समुद्री तूफान के रूप में वह एक कयामत थी। उसमें सागर का पानी तट पर काफी दूर तक घुस आया था। इस पानी ने, तेज आंधी और भारी वर्षा के साथ मिलकर, हजारों वर्ग किलोमीटर के क्षेत्र में तबाही मचा दी थी। इस समुद्री तूफान में सैकड़ों लोगों की मृत्यु हो गई, लाखों व्यक्ति बेघरबार हो गए और अरबों रुपयों की संपत्ति नष्ट हो गई। इसके पहले भी आंध्र-तट पर चक्रवात आ चुके हैं। उन्होंने भी खुलकर 'विनाश का तांडव नृत्य' किया था। नवंबर, 1977 का चक्रवात कदाचित् सबसे विनाशकारी था।

सन् 1971 में बंगला देश में आए बवंडर ने भी हजारों घरों को बिलकुल तहस-नहस कर दिया था। इस बवंडर में 10 हजार से भी अधिक लोगों की जानें गई थीं।

बंगाल, उड़ीसा, आंध्र और तमिलनाडु के तटीय भागों में ऐसे समुद्री तूफान अकसर आते ही रहते हैं। क्या ऐसे विनाशकारी तूफानों को रोका नहीं जा सकता ? वैज्ञानिकों का कहना है कि ऐसा करना असंभव है क्योंकि ये उन प्राकृतिक कारणों के फलस्वरूप उत्पन्न होते हैं, जिन पर मनुष्य का कोई नियंत्रण नहीं है। पर निश्चय ही लोगों को उनके आगमन की पूर्वसूचना दी जा सकती है, जिससे वे समय रहते अपनी रक्षा कर सकें।

ये समुद्री तूफान वास्तव में 'चक्रवात' हैं जो समुद्रों पर उत्पन्न होते हैं। जब पवन चारों ओर से किसी कम दबाववाले स्थल की ओर बहुत तेजी से आती है तो वह एक चक्र में घूमने लगती है और चक्रवात का रूप धारण कर लेती है। यद्यपि थल और सागर दोनों पर, कम दबाववाले क्षेत्र बन सकते हैं और चक्रवात उत्पन्न हो सकते हैं, पर उन्हें अधिक देर तक जीवित रहने के लिए ऊर्जा चाहिए। यह ऊर्जा जलवाष्प के द्रवीकरण के दौरान मुक्त होनेवाली गुप्त ऊष्मा से ही प्राप्त होती है। इसीलिए सागर पर बननेवाले चक्रवात अपेक्षाकृत अधिक भयंकर होते हैं और अधिक समय तक जीवित रहते हैं। थल पर आने के बाद उनकी गति और विकरालता कम होने लगती है और वे शीघ्र ही समाप्त हो जाते हैं।

उष्ण कटिबंधीय चक्रवातों के केंद्र में बहुत कम दबाव होता है। इसलिए चारों ओर के अधिक दबाव वाले क्षेत्रों से वायु बहुत तेजी से केंद्र की ओर आती है। केंद्र में वायु की गति सबसे अधिक होती है और वहां बहुत अधिक वर्षा होती है। केंद्र से बाहर की ओर वायु ऊपर की ओर उठने लगती है। अतएव वहां वर्षा अपेक्षाकृत कम होती है।

कुछ लोगों का भ्रम है कि चक्रवात बहुत अधिक संख्या में आते हैं, पर तथ्य ऐसा नहीं है। वर्ष-भर में पूरी पृथ्वी पर लगभग पचास चक्रवात ही बन पाते हैं। पृथ्वी पर अनेक स्थानों पर चक्रवात बनने के लिए परिस्थितियां विद्यमान रहते हुए भी वे बन नहीं पाते, क्योंकि इनके निर्माण के लिए अनेक कारकों का एक साथ उपस्थित होना और कार्य करना आवश्यक है। इसलिए भयंकर चक्रवात कभी-कभी ही पैदा हो पाते हैं। इनके लिए कुछ आवश्यक परिस्थितियां हैं : काफी बड़ा सागर-क्षेत्र जिसकी सतह के पानी का क्षेत्र काफी ऊंचा हो। इस सतह के संपर्क में आनेवाली वायु को इतना गरम हो जाना चाहिए कि उस समय भी, जब उसमें मौजूद जलवाष्प द्रवीभूत हो जाए, तब भी वह अपने आसपास के, कम से कम लगभग 12 वर्ग किलोमीटर क्षेत्र के, शांत वायुमंडल की तुलना में काफी गरम रहे। जलवाष्प के द्रवीकरण से मुक्त होनेवाली ऊष्मा को बाहर नहीं जाना

चाहिए। यदि यह ऊष्मा आसपास के क्षेत्र में वितरित हो जाती है तो चक्रवात नहीं बन पाता। साथ ही कॉरिओलिस बल का मान काफी ऊंचा होना चाहिए। इस कारण भूमध्यरेखा के 5° उत्तर से 5° दक्षिण तक के क्षेत्र में चक्रवात नहीं बन पाते।

जब अधिक दबाववाले क्षेत्र से पवन कम दबाववाले क्षेत्र की ओर बहनी आरंभ हो, तब वह क्षेत्र वायु से भर जाए। चक्रवात के आगे बढ़ने के लिए यह जरूरी है कि उसमें निचले स्तर पर वायु अंदर की ओर बहे और ऊपरी भागों में बाहर की ओर।

यह पाया गया है कि चक्रवात बनने के लिए सागर की सतह का ताप कम से कम 26° सें० होना चाहिए। इस प्रकार भयंकर चक्रवात केवल गरम प्रदेशों में ही बन पाते हैं। उष्ण कटिबंधीय चक्रवात उसी समय तक शक्तिशाली रहते हैं, जब तक वे सागर पर रहते हैं। उनकी तुलना में अन्य क्षेत्रों के चक्रवात शीघ्र ही समाप्त हो जाते हैं, क्योंकि उनको आगे बढ़ाने के लिए जरूरी ऊर्जा जल्दी ही समाप्त हो जाती है।

भारत के आसपास के सागरों में मानसून पवनों के प्रभाव से वर्षा ऋतु में शक्तिशाली चक्रवात नहीं बन पाते। वे आमतौर से मई-जून और अक्तूबर-नवंबर महीनों में ही बनते हैं। पर खुले सागर के तट तक पहुंचने के लिए उन्हें अधिक दूरी तय नहीं करनी पड़ती। इसलिए चक्रवात अपनी पूरी शक्ति के साथ हमारे तटों पर पहुंच जाते हैं।

बंगाल की खाड़ी में अरब सागर की तुलना में अधिक चक्रवात बनते हैं। इस खाड़ी में वर्ष-भर में औसतन 13 चक्रवात बनते हैं जिनमें से एक-तिहाई ही आमतौर से शक्तिशाली होते हैं और उनमें से भी केवल एक-तिहाई ही भयंकर रूप धारण कर पाते हैं। इस प्रकार वर्ष-भर में शायद एक या दो ही भयंकर, विनाशकारी चक्रवात आते हैं। यद्यपि अरब सागर में बहुत कम चक्रवात उत्पन्न होते हैं परंतु आमतौर पर वे बंगाल की खाड़ी के चक्रवातों के मुकाबले में अधिक भयंकर होते हैं। अरब सागर में मई अथवा अक्तूबर-नवंबर में चक्रवात अधिक उत्पन्न होते हैं। भारत के आसपास के सागरों में चक्रवात आमतौर से 5° से 22° उत्तर अक्षांशों के बीच ही बन पाते हैं। मौसम की परिस्थितियों के अनुसार यह 'क्षेत्र' कुछ ऊपर-नीचे सरकता रहता है।

मौसम वैज्ञानिकों के अनुसार हमारे देश में आनेवाले मध्यम शक्ति के चक्रवातों में वायु की गति 34 से 47 नॉट, तीव्र चक्रवातों में 48 से 64 नॉट और अत्यंत भयंकर विनाशकारी चक्रवातों में 64 नॉट से अधिक होती है। पर नवंबर, 1977 में आंध्र प्रदेश के चिराला (मछलीपत्तनम) में आए चक्रवात में वायु की गति 95 नॉट थी।

चक्रवात की चौड़ाई काफी होती है और उसका केंद्र सरकता रहता है। इसलिए उससे होनेवाली हानि भी बहुत अधिक होती है। यदि कोई चक्रवात 10 से 25 किलोमीटर प्रति घंटे की गति से आगे बढ़ रहा है और उसके केंद्र की चौड़ाई 10 किलोमीटर है, तब उसकी तेज हवाएं कम से कम एक घंटे तक किसी स्थान पर तबाही मचाए रहेंगी।

चक्रवात का एक अन्य विनाशकारी, और कदाचित् सबसे अधिक विनाशकारी अंग है 'तूफानी तरंग' अथवा 'तूफानी मोहिर्म' जिसे आमतौर पर 'ज्वारीय तरंग' भी कहा जाता है (यद्यपि यह नाम गलत है)।

ये तरंगें केवल तटीय प्रदेशों पर ही आती हैं और सागर के जल को बड़ी मात्रा में वेग के साथ थल के अंदर काफी दूर तक ले जाती हैं। इनकी चौड़ाई भी काफी होती है—कभी-कभी 20 से 50 किलोमीटर तक। इसलिए ये काफी बड़े क्षेत्र में प्रलय ढा सकती हैं। ये ऊंचे और नीचे, दोनों ज्वारों के समय आ सकती हैं। पर ऊंचे ज्वार के दौरान ये अधिक विनाशकारी हो जाती हैं। उथले सागर अथवा बहुत कम ढलानवाले महाद्वीपीय शैल्फ पर ये विशेष रूप से विनाशकारी हो जाती हैं। विचित्र बात यह है कि जब ये लहरें थल पर काफी अंदर तक तबाही मचा रही होती हैं, तब सागर का पानी शांत रहता है और घट रहा होता है।

हमारे देश में बंगाल, उड़ीसा, गोदावरी के मुहाने से नेलोर के उत्तर तक के क्षेत्रों, पांडिचेरी के दक्षिणी भाग, खंभात की खाड़ी के आसपास के तथा कच्छ की खाड़ी के तटीय प्रदेशों में ये तूफानी तरंगें अकसर तबाही मचाती रहती हैं।

7
सागर के जीव-जंतु

सागर को 'वरुण का साम्राज्य' कहा जाता है। जिस प्रकार सागर थल की अपेक्षा कहीं विशाल, कहीं अधिक विचित्र और रहस्यमय है उसी प्रकार वरुण के साम्राज्य के जीवों की संख्या भी कहीं अधिक है और वे कहीं अधिक विचित्र हैं। वास्तव में सागर में जीवन अपनी प्रचुरता, विविधता, प्राचीनता, सुंदरता और यहां तक कि बर्बरता में भी एकदम कल्पनातीत है। वहां जीवों की संख्या इतनी अधिक है कि हमारे लिए कल्पना करना भी कठिन है। वहां बैक्टीरिया जैसे सूक्ष्म जीव से लेकर 30 मीटर लंबे और 135 टन से भी भारी नीले ह्वेल हैं। लहरों के साथ हिलोरें लेते हुए अत्यंत सूक्ष्म पौधे और जंतु हैं, तली पर खिलनेवाले फूल सदृश अनेक जीव हैं, चार विभिन्न किस्मों के जीवों से निर्मित 'पोर्तगीज-मैन-ऑफ-वार' हैं; अत्यंत सुंदर, रंग बदलनेवाली मछलियां हैं, रंग-बिरंगे कोरल हैं, लंबी-लंबी सूंड सदृश स्पर्शकोंवाले स्क्विड हैं, तारा मछलियां हैं और सदा भूखे रहनेवाले खूंखार शार्क हैं। कुछ जीव ऐसे हैं जो सदैव तली से ही चिपके रहते हैं तो कुछ ऐसे भी हैं जो सदा तैरते ही रहते हैं। कुछ कभी भी सागर से बाहर नहीं निकलते और कुछ को थोड़े-थोड़े समय के बाद सांस लेने के लिए वायु में आना पड़ता है। सागर में हर फाइलम के जीव मौजूद हैं। वहां ऐसे फाइलम के जीव भी हैं जो थल पर पाए ही नहीं जाते। वास्तव में जीवन के शरण-स्थल के रूप में सागर थल से कहीं बेहतर जगह है। वहां ताप की इतनी घट-बढ़ नहीं है जितनी थल पर है, गुरुत्वाकर्षण बल के विपरीत अधिक संबल है, रहने के लिए अधिक जगह है और जहां तक पानी का प्रश्न है वह तो इतना अधिक है कि जीव उसे सीधे ही अपने शरीर में ले सकते हैं और उससे जीवन के लिए जरूरी ऑक्सीजन, कार्बन डाइऑक्साइड, लवण और खनिज पर्याप्त मात्रा में निष्कर्षित कर सकते हैं।

सागर के 'पालने' में पहला जीव

एक समय ऐसा भी था कि इतने जीवों को पालनेवाले साम्राज्य में कोई भी जीव

न था। वह समय था आज से लगभग 3.5 अरब वर्ष पहले। वास्तव में उस समय पृथ्वी पर कहीं भी कोई भी जीवधारी न था। पर उस समय वे सब तत्त्व मौजूद थे जिनसे जीवधारी बनते हैं। ये तत्त्व हैं कार्बन, हाइड्रोजन, ऑक्सीजन, नाइट्रोजन और फॉस्फोरस। पहले कार्बन ने हाइड्रोजन के साथ संयोग किया जिससे हाइड्रोकार्बन बने। रचना में बहुत सरल होते हुए भी हाइड्रोकार्बन अत्यंत महत्त्वपूर्ण पदार्थ हैं। इनको वर्षा समुद्र में ले गई। वहां उनसे मिली पानी में घुली अमोनिया और कार्बन डाइऑक्साइड। यहां हाइड्रोकार्बन एमीनो अम्लों में बदल गए। कालांतर में प्रतिक्रिया होने के बाद वे न्यूक्लिक अम्लों में परिवर्तित हो गए। इस क्रिया में प्रकाश में उपस्थित पराबैंगनी किरणों ने भी महत्त्वपूर्ण योग दिया। न्यूक्लिक अम्ल ही वास्तव में 'जीवन की कुंजी' है। यही वह रसायन है जिसमें जीवन निहित होता है। इस अम्ल में ही पुनरोत्पादन की क्षमता होती है।

कार्बन से हाइड्रोकार्बन बनने और उनसे न्यूक्लिक अम्ल बनने तक कई करोड़ वर्ष लग गए। उससे जो सबसे पहला जीव बना, वह अत्यंत सूक्ष्म और सरल था। आज हम उसे 'वायरस' कहते हैं। इसने अपनी संख्या बहुत तेजी से बढ़ाई, उत्परिवर्तन करके एक-कोशिक जीव बनाया जिससे बाद में अन्य विविध वशों और जातियों के बहुकोशीय जीव बने। इनमें भी पहले वे बने जिनके खोल शरीर से बाहर थे। बाद में उनका विकास हुआ जिनका ढांचा शरीर के अंदर था।

आज सागर में ऐसे जीव भी हैं जिन्हें कदाचित् 'विकास प्रक्रम' अपनी प्रगति के दौरान भूल ही गया। वे उन जीवों के, जो करोड़ों वर्ष पहले ही समूल रूप से लुप्त हो गए थे, 'अवशेष' प्रतीत होते हैं। जैलीफिश, कोरल, स्पंज, तारा मछली, घोड़े की नाल सदृश केकड़ा, फेफड़ोंवाली मछली आदि ऐसे ही जीव हैं। इन्हें 'जीवन के अवशेष' कहा जा सकता है।

जीवन का पिरामिड

सागर में जीवन के दो मुख्य लक्षण हैं—अत्यधिक तेजी से वंश-वृद्धि और बड़े जीवों द्वारा छोटे जीवों का अत्यंत निर्ममता से भक्षण। वास्तव में सागर में जीवन का एक ही लक्ष्य है—'खाओ, वंशवृद्धि करो और दूसरों के शिकार बन जाओ'। विशेष रूप से सागर के छोटे जीव इतनी तेजी से और इतनी अधिक संख्या में वंशवृद्धि करते हैं कि अगर बड़े जीव उन्हें अत्यंत निर्ममता से नहीं खाएं तो कुछ वर्षों में एक ही जाति के जीवों के वंशजों से सब सागर भर जाएं। समझा जाता है कि लगभग एक करोड़ जीवों में से केवल एक ही वयस्क होकर अपना पूरा जीवन जी पाता है।

सागर विभिन्न जातियों, वंशों और कुलों के जीवों की एक पिरामिड सदृश व्यवस्था है। इस पिरामिड का आधार है अत्यंत सूक्ष्म पौधे और जंतु। उन पर आश्रित हैं उनसे बड़े जीव और इन जीवों का भक्षण करते हैं इनसे बड़े जीव। पिरामिड के शीर्ष पर केवल कुछ बड़ी मछलियां और अन्य जीव ही स्थित हैं जो बीच के स्तरों के जीवों के बिना जीवित ही नहीं रह सकते। इस पिरामिड-रूपी श्रृंखला में केवल एक जीव को जिंदा रखने के लिए लाखों-करोड़ों जीवों को अपने जीवन की आहुति देनी पड़ती है। उदाहरण के लिए एक कूबड़वाले ह्वेल को, जो निश्चय ही सागर का सबसे बड़ा जीव नहीं है, अपने एक बार के भरपेट भोजन के लिए लगभग पांच हजार (एक टन) हेरिंग मछलियां खानी पड़ती हैं। एक हेरिंग मछली एक समय में छः से सात हजार क्रस्टेशियनों का भोजन करती है और एक क्रस्टेशियन को एक बार पेट भरने के लिए लगभग डेढ़ लाख डायएटमों का भक्षण करना होता है। इस प्रकार एक मध्यम आकार के ह्वेल का एक बार पेट भरने के लिए चालीस खरब से भी अधिक डायएटमों को अपनी आहुतियां देनी पड़ती हैं। एक नीला ह्वेल, जो एक दिन में लगभग 40 किलोग्राम की दर से अपने वजन में वृद्धि करता है, हर दिन तीन टन क्रिल खा जाता है।

इस खाद्य श्रृंखला से एक बात एकदम स्पष्ट हो जाती है कि सागर में जो जीव जितना छोटा होता है उसकी वंशवृद्धि भी उतनी ही तेजी से और अधिक होती है। साथ ही जो जीव जितना बड़ा होता है वह जीवन यापन के लिए उतनी ही बड़ी संख्या में छोटे जीवों का भक्षण करता है।

सागर में कोई भी ऐसी जगह नहीं है जहां जीवन न हो। उसके सबसे गहरे और अंधेरे भागों में भी जीव रहते हैं। परंतु सब समुद्री जीवों को मोटे तौर से तीन वर्गों में बांटा जा सकता है : (1) सतह के सुप्रकाशित क्षेत्रों में रहनेवाले जीव जो आमतौर से अत्यंत सूक्ष्म होते हैं, (2) तट के निकट की उथली तली के जीव, (3) तट से दूर खुले, गहरे सागर के जीव।

प्लांक्टन

थल की ही भांति सागर के भी सब जीव प्रत्यक्ष अथवा परोक्ष रूप से पौधों पर आश्रित होते हैं। केवल पौधे ही सौर ऊर्जा का उपयोग करना जानते हैं और उसकी मदद से सरल पदार्थों से शर्करा, प्रोटीन, स्टार्च आदि जटिल पदार्थ बनाने में सक्षम होते हैं। इनको पौधे स्वयं ग्रहण करते हैं और इन्हीं का भक्षण करते हैं जंतु। पर पौधे केवल सतह के निकट के सुप्रकाशित क्षेत्र में ही जीवित रह सकते हैं।

सागर में थल की भांति सुविकसित पेड़-पौधे नहीं पाए जाते। वास्तव में 99 प्रतिशत से भी अधिक समुद्री पौधे अत्यंत सूक्ष्म जीवधारी होते हैं। वे लहरों

के साथ हिचकोले खाते हैं और जलधाराओं के साथ किसी भी दिशा में बह जाते हैं। ये सागर के ऊपरी, लगभग तीस मीटर गहरे, भाग में ही, जहां उन्हें सूर्य का प्रकाश मिल सकता है, पाए जाते हैं। इनमें से अधिकांश का व्यास 0.025 मिलीमीटर जैसा सूक्ष्म होता है। वे खाली आंख से दिखाई भी नहीं देते पर सागर में इनकी संख्या इतनी अधिक होती है कि उन्हें गिना नहीं जा सकता।

ये पौधे उस वर्ग के जीव हैं जिसे जीव वैज्ञानिक 'प्लांक्टन' कहते हैं। वैसे प्लांक्टनों में पौधे और जंतु दोनों ही शामिल होते हैं। ये एक-कोशीय जीव होते हैं और अपने से उच्च वर्ग के प्राणियों का भोजन बनते हैं। प्लांक्टन अनेक किस्मों

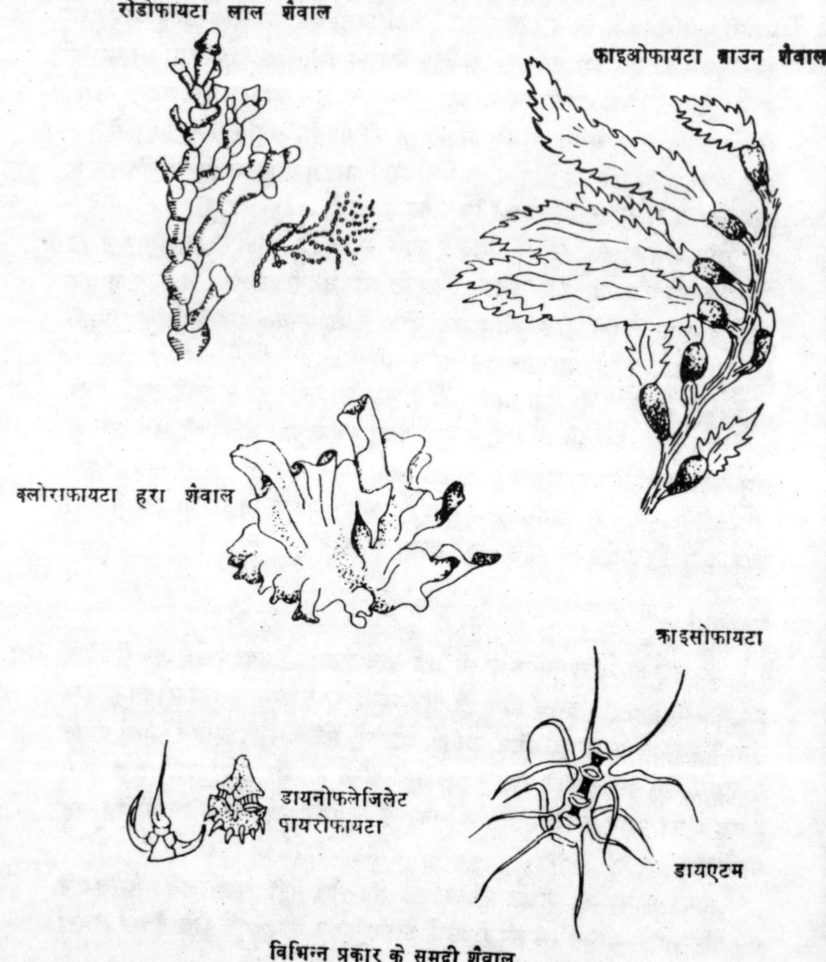

विभिन्न प्रकार के समुद्री शैवाल

के होते हैं और हर किस्म के प्लांक्टन एक विशेष ताप और लवणतावाले पानी में ही जीवित रह सकते हैं। पानी के ताप या लवणता में थोड़ा-सा भी अंतर हो जाने पर उनकी मृत्यु हो जाती है।

डायएटम—इन तिरते पादप-प्लांक्टनों में सबसे महत्त्वपूर्ण है एक-कोशीय शैवाल—डायएटम। प्लांक्टनों में इनकी संख्या सबसे अधिक, लगभग 60 प्रतिशत होती है। डायएटम विभिन्न आकारों के अत्यंत सूक्ष्म जीव हैं पर हर जीव एक पारदर्शी कवच में बंद होता है जो एक पिलबॉक्स जैसा प्रतीत होता है। डायएटम सागर के पानी में घुले खनिजों से यह कवच बनाता है। कवच की दीवारें सिलिका की होती हैं। उसी सिलिका की जो रेत का एक महत्त्वपूर्ण रचक है।

जिस प्रकार थल के पौधे अपनी वृद्धि के लिए धरती से पोषक तत्त्व ग्रहण करते हैं उसी प्रकार डायएटम सागर के पानी से पोषक तत्त्व लेते हैं। वसंत ऋतु में आमतौर पर सागर के पानी में पोषक तत्त्वों की भरमार होती है। उस समय प्रकाश के घंटों में भी वृद्धि होने लगती है। उस समय डायएटम अपनी वंशवृद्धि करते हैं। कभी-कभी उनकी संख्या में वृद्धि इस तेजी से होती है कि दो दिन में ही वह दोगुनी हो जाती है। उस समय सागर की सतह कालीन की भांति दिखाई देने लगती है। डायएटमों के हरे, पीले, ब्राउन आदि अनेक रंगों के होने के कारण यह 'कालीन' बहुत ही सुंदर और रंग-बिरंगी दिखती है। पर कुछ सप्ताह में ही, पानी का उत्स्रवण थम जाने के बाद, पोषक पदार्थों की कमी होने लगती है जिसके फलस्वरूप डायएटमों की संख्या तेजी से घटने लगती है। इसके घटने का एक और प्रमुख कारण है डायएटमों का अन्य प्राणियों द्वारा बहुत तेजी से भक्षण।

जंतु-प्लांक्टन

तिरते हुए प्लांक्टनों में हजारों वंशों के अत्यंत सूक्ष्म जंतु भी होते हैं। ये जंतु हर फायलम के होते हैं और इनमें विभिन्न जातियों की मछलियों के बच्चे भी होते हैं। ये पादप-प्लांक्टनों का ही भक्षण करते हैं। इन्हीं प्लांक्टनों में कुछ ऐसे जीव भी होते हैं जिन्हें न तो पौधे ही कहा जा सकता है और न ही जंतु। इनमें दोनों के गुण विद्यमान होते हैं। ये पादप-जंतु डाइनोफ्लोजलेट होते हैं। कुछ डाइनोफ्लोजलेट प्रकाश भी उत्सर्जित करते हैं। इसलिए गरमी में किसी रात को, जब पवन सागर के पानी को हिलोरें दे रही होती है, तब सागर पर प्रकाश की एक चमक नजर आती है। यह चमक इन सूक्ष्म जीवों के कारण ही होती है।

कॉपिपोड

उस समय जब डायएटम तेजी से अपनी संख्या बढ़ा रहे होते हैं और डाइनोफ्लोजलेट सागर की सतह को चमका रहे होते हैं तब झींगे सदृश कॉपिपोड

उन पर बड़ी संख्या में एकाएक हमला बोल देते हैं और तेजी से उनका सफाया करने लगते हैं। हालांकि कॉपिपोड क्षुद्रतम क्रस्टेशियन हैं पर वे डायएटम और डाइनोफ्लोजलेट, दोनों से बड़े होते हैं। वे बहुकोशीय जीव हैं। कहा जाता है कि विश्व में बहुकोशीय जीवों में सबसे अधिक संख्या कॉपिपोडों की ही है। शायद अन्य सब बहुकोशीय जीवों की कुल संख्या भी इतनी नहीं है जितने अकेले कॉपिपोडों की। अधिकांश कॉपिपोड आकार में पिन के सिरे जैसे ही बड़े होते हैं, पर वे अनेक बड़े जंतुओं के, छोटी सारडीन से लेकर बड़े से बड़े ह्वेल तक के, मुख्य भोजन हैं।

सागर की खाद्य शृंखला में कॉपिपोडों का अत्यधिक महत्त्व है। अनेक खाद्य मछलियां उन्हीं क्षेत्रों में अधिक पाई जाती हैं जहां कॉपियोडों की अधिकता होती है। इसलिए मछली पकड़नेवाले उन सबको अपना शत्रु समझते हैं जो कॉपिपोडों को नष्ट करते हैं। मछलियों के मुंह से कॉपिपोडों को छीननेवाले जीव दो हैं—ऐरोवर्म और कोम जैली। एकदम पारदर्शी और लगभग 2 सेंटीमीटर बड़ा ऐरोवर्म कॉपिपोडों का उसी प्रकार शिकार करता है जैसे गिरगिट कीड़ों का करता है। कोम जैली बेर के आकारवाला जीव है जिसके कंधे सदृश आठ बाल होते हैं। यह कॉपिपोडों को ही नहीं खाता वरन् स्वयं हेरिंग को भी खा जाता है।

प्लांक्टनों का भक्षण करनेवाला एक क्षुद्र जीव है 'पोर्तगीज-मैन-ऑफ-वार'। जितना विचित्र इसका नाम है उतनी ही विचित्र है इसकी संरचना। वास्तव में यह एक जीव न होकर चार विभिन्न किस्मों के जीवों का एक उपनिवेश है जिसमें हर जीव का अलग-अलग कार्य तो होता ही है, साथ ही उन्हें एक-दूसरे की सहायता भी करनी होती है। एक किस्म के जीव उपनिवेश को तैराते हैं, दूसरे के स्पर्शक शिकार करते हैं, तीसरे जीव का काम है भोजन को पचाना और चौथे का काम है प्रजनन।

वास्तव में प्लांक्टनों के क्षेत्र में जैली फिश से लेकर अनेक बड़ी-बड़ी मछलियां तक, इतनी जातियों और किस्मों के जीव रहते हैं कि उन सबका वर्णन करना बहुत कठिन है। वैसे स्वयं प्लांक्टनों के झुंड में ही असंख्य किस्मों के जीव-जंतु शामिल होते हैं। वैज्ञानिक इस बात को मानते हैं कि आज तक वे कोई ऐसा जाल अथवा युक्ति विकसित नहीं कर सके हैं जो प्लांक्टनों के झुंड के क्षुद्रतम तथा सबसे चंचल जीवों को पकड़ सके। अन्य जीव उनका भक्षण इतनी तेजी से करते हैं जिसकी कल्पना करना भी कठिन है।

तट के निकट के जीव

सागर का दूसरा क्षेत्र जहां जीवन हमेशा ही फलता-फूलता रहा है, वह है तटों के निकट का उथला भाग। यहां भी सूर्य का प्रकाश काफी मात्रा में उपलब्ध

होता है। अनेक बार तो वह तली तक पहुंच जाता है। इसलिए यहां, ठेठ तली तक, प्लांक्टनों का साम्राज्य होता है। और यहां ही सागर की तली पर भी पौधे उग जाते हैं और दूसरे जीवों के खाद्य भंडारों में वृद्धि करते हैं।

वास्तव में इन उथले सागरों की तली पर भोजन इतनी प्रचुरता से उपलब्ध होता है कि जीवों को केवल अपना मुंह-भर खोलना होता है। भोजन स्वयं उनके मुंह में गिर पड़ता है। 'भोजन के इस स्वर्ग' में वास्तविक समस्या होती है रहने के लिए स्थान ढूंढ़ने की। यहां जीवों की संख्या इतनी अधिक होती है कि अनेक जीवों को भोजन खाने के लिए खड़े होने की भी जगह नहीं मिल पाती। यहां एक वर्ग किलोमीटर क्षेत्र में एक ही प्रजाति के अरबों-खरबों जीव रहते हैं। और जहां तक जीवों की प्रजातियों का प्रश्न है उनकी संख्या भी लाखों में पहुंच जाती है। इस क्षेत्र में ऐसे जीवों की संख्या बहुत होती है जो एक बार तली पर टिकने-भर की जगह पा लेने के बाद स्थायी रूप से वहीं जम जाते हैं और भोजन प्राप्त करने के लिए अपने स्पर्शक फैला देते हैं। इन्हीं जीवों में सुंदर फूल जैसे आकृति के जीव होते हैं। फूलों पर ही उनके 'समुद्री पीच', 'समुद्री कुमुदनी' आदि नामकरण हो गए हैं। इनमें सुंदर रंग-बिरंगे सीएनीमोन भी होते हैं।

इसी क्षेत्र में सीपियां, मसल, क्लैम, तारा मछली, कीड़े, सीकुकंबर, केकड़े, झींगे, लोबस्टर, छोटी मछलियां, ऑक्टोपस आदि न जाने कितने वंशों और जातियों के जीव निवास करते हैं। इसी क्षेत्र से अब बहुत बड़ी संख्या में मछलियां पकड़ी जाती हैं। इसी क्षेत्र में कभी-कभी शार्क जैसी मछलियां भी आ जाती हैं। यहां जीवन-संग्राम पूरी तरह चलता रहता है और यहां 'सर्वोत्तम की अतिजीविता' का सिद्धांत पूर्ण रूप से लागू होता है।

खुला, गहरा सागर

जैसे-जैसे तट से दूरी बढ़ती जाती है अथवा सागर की गहराई बढ़ती जाती है जीवन की यह चहल-पहल धीमी होती जाती है। यहां सूर्य के प्रकाश की पहुंच समाप्त होने लगती है, प्लांक्टनों की पैदावार घटने लगती है, छोटे जीवों की संख्या कम होती जाती है। यद्यपि सागर की सर्वाधिक गहराइयों में भी जीव पाए जाते हैं पर उनकी संख्या बहुत कम होती है।

प्लांक्टनों से युक्त सागर की सतह के नीचे, गहरे सागर में भी, यही स्थिति होती है। वहां सतह और तली के बीच कई किलोमीटर की दूरी होती है और उसमें होता है मुक्त सागर। जीवन के विकास के आरंभिक युगों में जीव या तो सागर की सतह पर विचरण करते थे अथवा तली पर। बीच के खुले सागर में वे जीवन यापन नहीं कर सकते थे। यह परिस्थिति उस समय तक रही जब तक एक नई प्रजाति का जीव विकसित नहीं हो गया। यह जीव अपेक्षाकृत बड़ा और

मजबूत था तथा ज्वार-भाटाओं, लहरों और जलधाराओं का डटकर मुकाबला कर सकता था। और आज खुला, विस्तृत, गहरा सागर इसी जल में सांस ले सकनेवाले, रीढ़धारी, चपल जीव का है। यह जीव है मछली।

मछली—रीढ़धारी जीवों में प्रथम स्थान मछली का है। उसका विकास सागर में ही, आज से लगभग 45 करोड़ वर्ष पहले हुआ था। इस घटना के लगभग 10 करोड़ वर्ष बाद कुछ मछलियां थल की ओर आकृष्ट हुईं। उन्होंने वहां आना-जाना शुरू कर दिया और धीरे-धीरे, कुछ करोड़ वर्षों में, वे थल की ही जीव बनकर रह गईं। इन्हीं जीवों से कालांतर में और जीवों का विकास हुआ और अंत में मनुष्य की उत्पत्ति हुई। कदाचित् इसीलिए मनुष्य के रक्त में नमक की उतने प्रतिशत ही मात्रा मौजूद है जितनी उस समय, जब पहला जलचर थल पर आकर बसा था, सागर के पानी में उपस्थित थी।

कुछ वैज्ञानिकों का मत है कि प्रथम जीव सागर से थल की ओर, आज से लगभग 37.5 करोड़ वर्ष पूर्व, पुराजीवीय महाकल्प (पेलिओजोइक ईरा) के

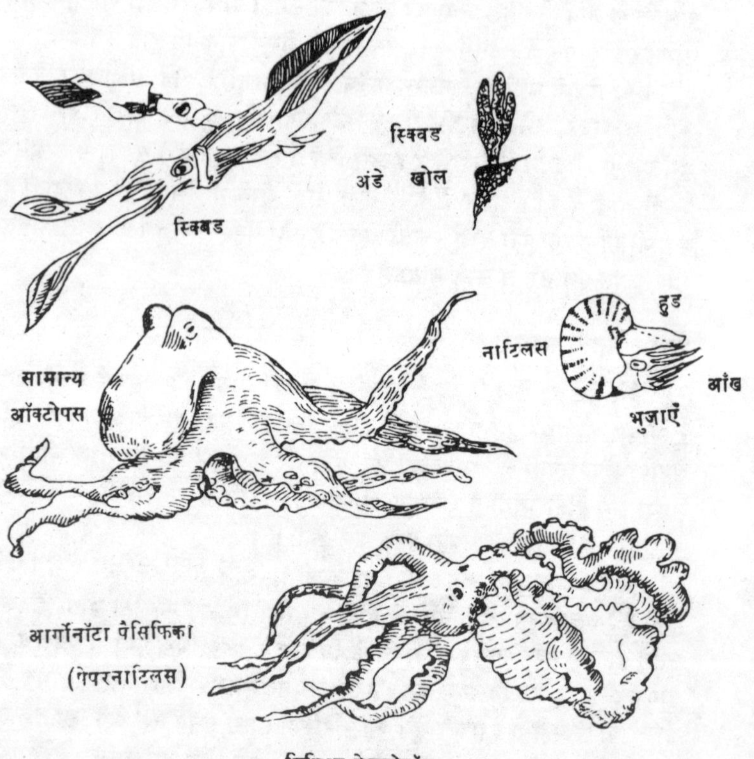

विभिन्न सेफलोपॉड

दौरान आया था। वह एक आदिम उभयचर था। इसे आजकल 'स्टेगोसेफेलिअन' (शाब्दिक अर्थ 'छत के सदृश सिरवाला') कहते थे। यद्यपि प्रथम जीव वास्तव में कभी भी सागर से अपना नाता नहीं तोड़ पाए पर उन्होंने थल पर रहने की शुरुआत अवश्य कर दी थी।

वैसे थल के जीवों में से कुछ वापस सागर में चले गए और उनसे ही विकसित हुए ह्वेल, डालफिन, सील, कछुए, समुद्री सांप आदि जो हवा में सांस लेते हैं। इन जीवों को सागर में स्क्विड, ऑक्टोपस और अन्य जीव मिले जो तैरना तो बहुत अच्छा जानते थे पर जिनकी रीढ़ की हड्डी नहीं थी।

लगभग असंख्य किस्मों के जीवों का निवासस्थल होने के बाद भी सागर वास्तव में मछलियों का ही घर है। आज भी सागर में मछलियों की संख्या उन जीवों की तुलना में बहुत अधिक है जिनके ढांचे हड्डियों के बजाय कार्टीलेज के बने हुए हैं।

यद्यपि आज सागर की तथा ताजे पानी की अस्थियुक्त मछलियों की कुल ज्ञात प्रजातियों की संख्या 20,000 से अधिक है, पर उनका शारीरिक ढांचा मूलत: वही है जो उनके विकास के समय था क्योंकि वह सागर में जीवन यापन के लिए सर्वोत्तम है। अपने शत्रुओं से रक्षा करने के लिए प्रकृति ने मछलियों को संवेदनशील इंद्रियां और अपने शरीर का रंग बदलने की क्षमता प्रदान की है। अपनी रक्षा करने के लिए आमतौर से उन्हें अपने शत्रुओं को धोखे में डालना पड़ता है क्योंकि खुले सागर में छिपने के लिए कोई जगह नहीं होती। इसीलिए खुले सागरों में रहनेवाली लगभग सब मछलियों के रंग अपने आसपास के पानी से मेल खाते हैं। ऊपर से देखने पर उनका रंग नीला या हरा दिखाई देता है—पानी का भी यही रंग होता है—और नीचे से देखने पर चांदी जैसा अथवा सफेद, क्योंकि तली से देखने पर सतह का पानी भी इसी रंग का दिखाई देता है।

पानी वायु की तुलना में लगभग 800 गुना अधिक सघन होता है। इसीलिए प्रकृति ने मछली को ऐसी आकृति प्रदान की है जो पानी को चीरने के लिए बहुत उपयुक्त है। इसके फलस्वरूप मछलियों की कुछ प्रजातियां पानी में उतनी तेज गति से और उतने अधिक समय तक तैर सकती हैं जितनी गति से और जितने समय तक थल पर भी बहुत कम प्राणी दौड़ सकते हैं। सेलफिश की तैरने की गति 80 किलोमीटर प्रति घंटा होती है; उड़नेवाली मछली (फ्लाइंग फिश) 50 किलोमीटर प्रति घंटे से भी अधिक गति से तैर सकती है और ट्यूना चाहे थोड़ी दूर के लिए ही सही, उससे भी बहुत अधिक गति से तैर लेती है। वैसे ट्यूना 15 किलोमीटर प्रति घंटे की गति से तो चाहे कितने भी समय तक तैर सकती है। समझा जाता है कि 15 वर्ष की उम्र प्राप्त करते-करते ट्यूना दस लाख मील (16 लाख किलोमीटर) की यात्रा कर चुकी होती है। क्या कोई थलीय जीव इतने कम समय में

इतनी लंबी यात्रा कर सकता है ?

कई प्रजातियों की मछलियां, यथा एक टन वजनी सन फिश या तने शरीर-वाली गहरे सागर की बॉक्स फिश आगे बढ़ने के लिए अपने पखों (फिन) पर आश्रित होती है पर सागर की सामान्य मछली अपने पखों का उपयोग मार्ग निश्चित करने और रुकने के लिए ही करती है। उसका संपूर्ण शरीर, सिर से लेकर पूंछ तक, मांसपेशियों की लंबी श्रृंखला होता है जो उसे पानी को चीरने में मदद देता है। अपने गलफड़ों में से पानी पंप करके मछली अतिरिक्त शक्ति और गति प्राप्त कर लेती है।

मछली की इंद्रियां काफी संवेदनशील होती हैं। उसका उन पर पूर्ण नियंत्रण होता है। उसके शरीर के दोनों ओर ऐसे संवेदनशील अंग होते हैं जो उसे अपने इर्द-गिर्द के पानी के दबाव और ध्वनि के बारे में आगाह करते रहते हैं। उनके अतिरिक्त मछली के शरीर में कुछ ऐसी गुहिकाएं, स्टेटोसिस्ट भी होती हैं जो उसे सागर की अतल गहराइयों में भी उलटे-सीधे का ज्ञान करा देती हैं। स्टेटोसिस्ट में नाजुक बालों के अतिरिक्त कुछ मुक्त कण भी होते हैं।

यद्यपि पानी में गुरुत्वाकर्षण बल इतना प्रभावी नहीं होता जितना थल पर तथापि मछलियों की हड्डियां और मांसपेशियां पानी से भारी होती हैं। इसलिए मछलियों को डूबने से बचने के लिए प्रयास करने पड़ते हैं। इसलिए मैंकेरल, ट्यूना और कुछ अन्य जातियों की मछलियां सदैव तैरती रहती हैं। पर अधिकांश मछलियों के शरीर के मध्य भाग में छोटी गुब्बारेनुमा थैलियां (ब्लैडर) होती हैं जो उनके रक्त में घुली ऑक्सीजन से भर जाती हैं। पर मछलियां इस गुब्बारे को स्वयं न तो तेजी से भर सकती हैं और न ही खाली कर सकती हैं। उन्हें इसमें काफी समय लग जाता है। इसलिए जब कभी भी मछलियों को तेजी से सतह की ओर आना पड़ता है तब पानी के दबाव में एकाएक कमी हो जाने से ब्लैडर फट जाता है और मछलियों की मृत्यु हो जाती है।

मछलियों की पलकें नहीं होतीं। साथ ही जिस प्रकार वायुयान को आकाश में बने रहने के लिए उड़ते ही रहना पड़ता है उसी प्रकार मछलियों को सदा तैरते ही रहना पड़ता है। इसलिए जीव वैज्ञानिक अभी तक यह नहीं समझ पाए हैं कि मछलियां कैसे और कहां सोती हैं। कुछ मछलियां तो तट के निकट अथवा तली पर लेट जाती हैं, कुछ कोरलों के उपनिवेशों में या चट्टानों की दरारों में चली जाती हैं। पर गहरे सागर की मछलियां, यथा ट्यूना, सदैव तैरती ही रहती हैं।

अभी भी मछलियों के बारे में अनेक प्रश्न अनुत्तरित हैं, यथा क्या मछलियां भी बूढ़ी होती हैं या क्या वे बोलती हैं ? अथवा वे अपने जोड़े कैसे बनाती हैं ? कुछ लोगों का विचार है कि मछलियां कभी भी बूढ़ी नहीं होतीं। उनकी शारीरिक वृद्धि होती ही रहती है। पानी की उत्पलावक्ता के कारण उन पर वृद्धावस्था के

चिह्न प्रकट नहीं होते। वैसे इस बारे में कोई ठोस प्रमाण नहीं मिले हैं क्योंकि 'खाओ, वंशवृद्धि करो और दूसरों का शिकार बन जाओ' वाले क्षेत्र में शायद ही कोई मछली बूढ़ी होने तक जीवित रह पाती हो। अगर शत्रुओं से वह बच भी जाती है तब भी बीमारियों से नहीं बच पाती।

उथले सागर की तली पर रहनेवाली अनेक मछलियां आवश्यकता पड़ने पर अपना रंग भी बदल लेती हैं। उनकी त्वचा में ऐसी कोशिकाएं होती हैं जो समयानुसार पिगमेंट छिपा लेती हैं अथवा प्रकट कर देती हैं। इससे उनका रंग उस तली के रंग जैसा ही हो जाता है, जो पृष्ठभूमि में रहती है। विचित्र बात यह है कि ये मछलियां अपनी इच्छानुसार अपना रंग नहीं बदल सकतीं। यह कार्य उनकी पियूष ग्रंथि करती है।

झूठी तली—सागर की तली का भ्रम उत्पन्न करनेवाले जीवों में लैंटर्न फिश का प्रमुख योग होता है। 2.5 से 15 सेंटीमीटर तक बड़ी ये मछलियां अपने शिकार, प्लांक्टनों, के अनुसार सागर में ऊपर-नीचे आती-जाती रहती हैं। दिन के समय, जब पानी का ताप बढ़ जाता है तब प्लांक्टन गहराई में चले जाते हैं। उनके साथ ही लैंटर्न फिश के झुंड भी चले जाते हैं। रात को वायुमंडल के ताप में कमी आने पर प्लांक्टन सतह के निकट आ जाते हैं। उस समय ये मछलियां भी सतह के पास आ जाती हैं। ये लैंटर्न फिश इकोसाउंडर की ध्वनि को उसी प्रकार परावर्तित कर देती हैं जैसे सागर की तली करती है। इस प्रकार ये मछलियां गहरी प्रकीर्णन परत (डीप स्केटरिंग लेयर) का कार्य करती हैं। इससे तली का भ्रम उत्पन्न हो जाता है।

सागर में केवल लैंटर्न फिश ही प्रवास-यात्रा नहीं करती। सामन और ईल मछलियां तो अपनी प्रवास-यात्राओं के लिए बहुत प्रसिद्ध हैं। वैसे ब्लू फिन, ट्यूना, हेरिंग, हिलसा, लेंप्रे आदि मछलियां तथा ह्वेल और सील जैसे जंतु भी लंबी-लंबी प्रवास-यात्राएं करते हैं। इनकी प्रवास-यात्राएं दैनिक न होकर वार्षिक और कभी-कभी जीवन में केवल एक बार ही होती हैं। सामन और ईल मछलियां केवल एक बार ही उस जगह वापस आती हैं जहां वे पैदा हुई थीं। सामन सागर से नदी के उद्गमस्थल पर आती है और ईल नदी से सारगोसा सागर में। इनकी प्रवास-यात्राओं का उद्देश्य प्रजनन के लिए उपयुक्त स्थल ढूंढ़ना होता है।

अंधेरे में रहनेवाली मछलियां—मछलियां उन स्थलों पर भी रहती हैं जहां सदैव अंधकार छाया रहता है। वहां भी उन्हें भोजन मिल जाता है। पर ऐसे क्षेत्र बहुत कम पैदावार के क्षेत्र होते हैं। इसलिए वहां मछलियों तथा जीव-जंतुओं की संख्या भी बहुत कम हो जाती है। सागर में ऐसे क्षेत्रों का विस्तार बहुत अधिक है जहां अंधकार ही छाया रहता है। इसलिए यद्यपि वहां जीवों का घनत्व बहुत कम होता है तथापि उनकी कुल संख्या काफी हो जाती है।

सदा अंधकारवाले क्षेत्र में रहनेवाली मछलियों का रंग चांदी जैसा चमकदार न होकर आमतौर से लाल, ब्राउन अथवा काला होता है। उनका ढांचा हलका, ऊतक भंगुर और मांसपेशियों की तह पतली होती है। इससे स्पष्ट है कि ये मछलियां बहुत अच्छी तैराक नहीं होतीं और जीवित रहने तथा शत्रुओं से अपनी रक्षा करने के लिए वे अपने अन्य गुणों का उपयोग करती हैं। अनेक मछलियों के मुंह का आकार एकदम विचित्र होता है। उसमें लंबी सूई जैसे दांत होते हैं जिन्हें वे अपने शिकार के शरीर में आसानी से घुसा देती हैं। इससे एक बार पकड़ में आ जाने पर शिकार छूट नहीं सकता। कुछ मछलियों, उदाहरणार्थ वाइपर फिश, के दांत इतने बड़े होते हैं कि मुंह बंद कर लेने पर भी बाहर रह जाते हैं। कुछ के उदर आवश्यकतानुसार फैल सकते हैं। इसलिए वे अपने से दोगुने बड़े जीवों को भी लील जाती हैं। वह शिकार इनके पेट में पड़ा रहता है और धीरे-धीरे पचता रहता है।

गंभीर प्रकीर्णन परत

गंभीर प्रकीर्णन परत (डीप स्केटरिंग लेयर) जीवों की एक परत होती है जो ध्वनि को उसी प्रकार परावर्तित कर देती है जैसे सागर की तली। समझा जाता है कि इस परत में यूफेसिड (जो 2 सेंटीमीटर से बड़े होते हैं) और लैंटर्न मछली (मिक्टोफिड) जो 7 सेंटीमीटर जैसी बड़ी हो जाती है, जैसे जीवों के समूह होते हैं। ये परभक्षी जीव हैं जो क्षुद्र प्लांक्टनों का भक्षण करते हैं। ये प्लांक्टन रात के समय सागर की सतह के निकट आ जाते हैं और दिन के समय अपेक्षाकृत गहरे सागर में चले जाते हैं।

अंधेरे सागरों में रहनेवाले जीव या तो अंधे होते हैं अथवा उनके ऐसे अंग होते हैं जो प्रकाश उत्सर्जित कर सकते हैं। लगभग 1,000 मीटर गहरे सागर में

विचरण करनेवाली एंगलर फिश के मुंह के आगे एक लंबे दंडनुमा अंग में, जिसकी लंबाई स्वयं मछली से भी दोगुनी होती है, प्रकाश उत्सर्जित करनेवाला अंग स्थित होता है। एक अन्य किस्म की एंगलर फिश में प्रकाश अंग मुंह के अंदर दांतों के पीछे स्थित होता है। प्राउलर के शरीर में न केवल आंखों के नीचे प्रकाश उत्सर्जित करनेवाले बैक्टीरिया निवास करते हैं वरन् उसकी खाल में ऐसी परतें होती हैं जिन्हें इच्छानुसार खिड़की के परदों (ब्लाइंड) की भांति गिराया-उठाया जा सकता है। इन प्रकाश उत्सर्जित करनेवाले प्राणियों के फलस्वरूप अंधेरा सागर भी जगमगाता रहता है। वहां रह-रहकर प्रकाश चमकता रहता है।

सागर के कुछ अन्य जीव

सागर में असंख्य किस्मों के जीव निवास करते हैं। इनमें से कुछ का विवरण आप पढ़ चुके हैं। बाकी सब किस्मों के जीवों की चर्चा करना हमारे लिए संभव नहीं है, पर कुछ महत्त्वपूर्ण जीवों का संक्षिप्त परिचय दे देना असंगत न होगा।

ह्वेल—सागर के जीवों में जो सबसे अधिक चर्चित जीव है वह है ह्वेल। जैसाकि आप पढ़ चुके हैं, किसी समय ह्वेल थल का जीव था पर सागर को थल से बेहतर पाने के कारण वह सागर में लौट आया और वहीं रहने लगा। ह्वेल स्तनधारी है। मादा ह्वेल बच्चे जनती है और अपने बच्चों को दूध पिलाती है। सांस लेने के लिए उसे बार-बार पानी से ऊपर निकलकर हवा में आना पड़ता है, क्योंकि वह पानी में घुली ऑक्सीजन को सांस के रूप में नहीं ले सकती।

ह्वेल विशाल जंतु है और आज तक पृथ्वी पर जितने भी प्राणी विकसित हुए हैं उनमें नीला ह्वेल सबसे बड़ा है। वह प्राचीन डायनासोरों से भी कहीं बड़ा है। थल के सबसे बड़े प्राणी, हाथी, की तुलना में नीला ह्वेल लगभग 60 गुना अधिक भारी होता है।

ह्वेल अनेक किस्मों का होता है और हर किस्म के ह्वेल नीले ह्वेल के समान विशाल और भारी नहीं होते। आमतौर से ह्वेलों को दो मोटे वर्गों में वर्गीकृत किया जाता है : बलीन ह्वेल और दांतोंवाला ह्वेल। यद्यपि भ्रूण अवस्था में दोनों वर्गों के ह्वेलों में दांत उगने शुरू होते हैं पर बलीन ह्वेल में वे विकसित नहीं हो पाते। बलीन ह्वेल के मुंह में छन्ने जैसा एक अंग होता है। इस अंग में से ह्वेल सागर के पानी को गुजारता है। इससे प्लांक्टन जैसे छोटे जीव मुंह में ही रह जाते हैं और पानी बाहर निकल जाता है। दरअसल ये जीव ही इसके भोजन हैं।

गरमी के दिनों में आर्कटिक और अंटार्कटिक प्रदेशों में दिन का प्रकाश अधिक देर तक रहता है। इसलिए वहां प्लांक्टनों की पैदावार भी ज्यादा होती है। उन्हीं दिनों अंटार्कटिक क्षेत्र में क्रिल भी बहुत पैदा होता है। इसलिए ये ह्वेल उत्तरी

गरमी में आर्कटिक क्षेत्र में और दक्षिणी गरमी में अंटार्कटिक सागर में चले जाते हैं।

बलीन ह्वेलों में कूबड़वाला ह्वेल (हंपबैक ह्वेल), ग्रे ह्वेल, नीला ह्वेल आदि शामिल हैं।

दांतोंवाला ह्वेल मछलियों, स्क्विड आदि जंतुओं को भी खा जाता है। इनमें स्पर्म ह्वेल, नार ह्वेल, किलर ह्वेल, पारपायज, डालकिन आदि शामिल हैं। पर इनमें कदाचित् स्पर्म ह्वेल और डालफिन ही अधिक प्रसिद्ध हैं। स्पर्म ह्वेल की प्रसिद्धि का कारण है उसका तेल और अंबरग्रीस नामक पदार्थ। तेल स्पर्म ह्वेल के वर्गाकार सिर में भरा रहता है। उन्नीसवीं सदी तक वह शृंगार-प्रसाधनों, दवाइयों और मोमबत्तियों के निर्माण में इस्तेमाल किया जाता था। अंबरग्रीस धूसर या काले रंग का ग्रीस जैसा, पर बहुत अधिक सुगंधित पदार्थ होता है। इसकी सुगंध कस्तूरी से भी तेज होती है। आमतौर से वह सुगंध बनाने के लिए इस्तेमाल किया जाता है।

स्पर्म ह्वेल इतना लंबा और भारी नहीं होता जितना बलीन ह्वेल। यद्यपि यह लगभग हर सागर में पाया जाता है पर गरम और समशीतोष्ण सागरों में—50° उत्तर और 50° दक्षिण अक्षांशों के बीच के सागरों में–इसकी संख्या अधिक है। इसका नर मादा से लगभग दो गुना बड़ा होता है। यह झुंडों में रहता है और प्रवास-यात्रा भी झुंडों में ही करता है।

ह्वेल-परिवार का एक विचित्र सदस्य है नार ह्वेल। यह आर्कटिक सागर में रहता है। नर नार ह्वेल का एक दांत लगभग तीन मीटर तक लंबा हो जाता है और ऊपरी जबड़े के ऊपर सीधा खड़ा रहता है।

डालफिन का नाम सुनते ही अकसर लोगों की आंखों के सामने सागर से बार-बार बाहर निकलकर उछलते हुए एक बड़े जीव की तसवीर आ जाती है। हर डालफिन ये करतब नहीं दिखा सकता यद्यपि वह जहाजों के साथ तैरता देखा जाता है। यह भी स्तनधारी है और वायु में सांस लेनेवाला प्राणी है। समझा जाता है कि इसका मस्तिष्क काफी विकसित है और इसे सिखाया भी जा सकता है। वैसे भी डालफिन आदमियों से जल्दी घुल-मिल जाता है। यह नदियों और झीलों में भी रह सकता है।

सील—सागर में रहनेवाला एक और स्तनधारी जीव है सील, जो थल पर भी आराम से रह सकता है। दरअसल मादा सील थल पर ही बच्चे जनती है। सील अनेक किस्मों का होता है—अलास्कन फर सील, ग्रे सील, हार्पसील आदि। इनमें अलास्कन फर सील सबसे बड़ा और भारी होती है। उसका नर लगभग ढाई मीटर तक लंबा और 300 किलोग्राम तक भारी होता है। मादा कद और वजन में काफी छोटी होती है।

अलास्कन फर सील प्रजनन के लिए लंबी-लंबी प्रवास-यात्राएं करके बेरिंग सागर के प्रिबीलोफ द्वीप में पहुंचती है। वहां नर, मादाओं से पहले पहुंच जाते हैं और अपने 'इलाके' घेर लेते हैं। मादाओं के वहां पहुंचने पर हर नर अधिकाधिक मादाओं को लुभाकर अपने 'हरम' में ले जाना चाहता है। वहां पहुंचकर पहले मादाएं बच्चे जनती हैं। ये बच्चे उनके गर्भ में पिछले वर्ष जोड़ा बनाने के फलस्वरूप आए थे। फिर मादा और नर जोड़ा बनाते हैं। प्रिबिलोफ द्वीप में सील सितंबर मास तक रहती है। उस समय वहां ठंडी हवा चलने लगती है। उनसे बचने के लिए सील सागर में आ जाती है और फिर तैरकर दक्षिण की ओर चली जाती है।

वालरस—वालरस भी स्तनधारी है और वह भी थल और जल दोनों पर रह सकता है। दो लंबे दांत उसके ऊपरी जबड़े से लटकते रहते हैं। ये लगभग पौन मीटर लंबे होते हैं और इनका वजन 6-7 किलोग्राम तक होता है। इन्हीं की मदद से वालरस तिरते हुए हिमखंडों में छेदकर बाहर निकल सकता है और उन्हीं की मदद से चट्टानी तटों को तोड़कर क्लैम और छिलकेवाली मछलियां निकालकर खाता है।

समुद्री सिंह—समुद्री सिंह नाम से प्रसिद्ध स्तनधारी प्राणी वास्तव में फर सील का ही वंशज है। आकार में वह सील से बड़ा होता है। वह प्रशांत महासागर के दोनों, पूर्वी और पश्चिमी तटों पर रहता है। पर प्रजनन करने के लिए कुछ विशेष द्वीपों पर ही जाता है।

सागर के जीव-जंतुओं की चर्चा करते समय हम आठ सूंड सदृश अंगोंवाले ऑक्टोपस, 15 मीटर से भी लंबे स्क्विड जैसे जंतुओं को नहीं भूल सकते। काफी भयानक दिखने के बाद भी ऑक्टोपस और स्क्विड भयानक नहीं होते—वैसे शिकार करते समय अथवा अपनी रक्षा करते समय कुछ खूंखारपन तो दिखाना ही पड़ता है। ये दोनों बिना रीढ़वाले प्राणी हैं और जीवशास्त्री इन्हें मोलास्क वर्ग में शामिल करते हैं।

सागर में सांप और कछुए भी मिलते हैं। समुद्री सांप अनेक रंगों, यथा काले, पीले, हरे आदि के होते हैं। उनकी लंबाई दो मीटर तक हो जाती है। ये काफी विषैले होते हैं। मजेदार बात यह है कि कुछ समुद्री सांप तट पर अंडे देने आते हैं और कुछ अंडे न देकर बच्चे जनते हैं।

सागर में पाया जानेवाला हरे रंग का कछुआ अपनी प्रवास-यात्राओं के लिए बहुत मशहूर है।

पक्षी—वैसे सागर में पक्षी भी रहते हैं। वे सिर्फ सोने या प्रजनन के लिए ही द्वीपों पर जाते हैं। बाकी पूरा समय सागर पर ही बिताते हैं। वे हवा में उड़ भी सकते हैं और पानी में तैर भी सकते हैं तथा उसमें गहरा गोता भी लगा सकते हैं।

जहां तक भोजन का प्रश्न है वे पूरी तरह सागर पर ही आश्रित होते हैं। इन पक्षियों में प्रमुख हैं—अल्बेट्रास, पफिन, गल, टर्न, प्लोवर, पेलिकन आदि।

सुदूर अंटार्कटिक महाद्वीप और उसके आसपास के सागरों में ऐसे पक्षी रहते हैं जो यद्यपि उड़ नहीं सकते पर शायद सबसे ज्यादा चर्चित पक्षी हैं। ये हैं पेंग्विन। पेंग्विन अनेक किस्म के होते हैं। उनमें से कुछ अंडे देने के लिए थल पर जाते हैं। वैसे सब किस्मों के पेंग्विन बहुत बढ़िया तैराक होते हैं और सागर पर लंबी-लंबी यात्राएं करते हैं। भोजन के लिए तो वे सागर पर ही निर्भर रहते हैं।

जैसा कि आप ऊपर पढ़ चुके हैं, सागर में हर प्रकार के जंतु निवास करते हैं। सुंदर और कोमल प्रकृति के तथा डरावने और खूंखार, अत्यंत उपयोगी और जहरीले भी, बहुत शक्तिशाली और अत्यंत नाजुक भी।

8
खाद्यों की कमी नहीं

जैसाकि आप पढ़ चुके हैं, विश्व की आबादी इतनी तेजी से बढ़ रही है कि अगले 35 वर्षों में वह दो गुनी हो जाएगी पर खाद्य-उत्पादन उतनी तेजी से नहीं बढ़ रहा है। इसलिए यह भविष्यवाणी करना कि आनेवाले समय में खाद्य-संकट अवश्य उत्पन्न होगा, कठिन नहीं है। विकासशील देशों में यह संकट जल्दी ही आ सकता है, क्योंकि वहां जनसंख्या-वृद्धि की दर अधिक है और उत्पादन-वृद्धि-दर काफी कम। साथ ही वहां लोगों की क्रय-क्षमता भी काफी कम है। यद्यपि थल की औसत उत्पादकता काफी अधिक है, तथापि उसकी अपनी सीमाएं हैं। आज हम संपूर्ण कृषि योग्य भूमि के 50 प्रतिशत से भी अधिक भाग पर खेती कर रहे हैं। पर धरती पर खेती करने के लिए बहुत बड़ी मात्रा में उर्वरक, पानी, कीटनाशक आदि चाहिए। इनको उपलब्ध कराना स्वयं में बहुत बड़ी समस्याएं हैं। इसलिए कितने ही प्रयत्न करने के बावजूद अनाजों की उत्पादन-वृद्धि-दर में एक हद तक ही तेजी लाई जा सकती है। अतएव हमें अपनी खाद्य-समस्या हल करने के लिए अंततः सागर की शरण में जाना पड़ेगा। आइए ! देखें सागर हमारी किस प्रकार मदद कर सकता है।

मनुष्य प्राचीन काल से सागर से खाद्य प्राप्त करता रहा है। तट पर बसे लोग अपनी आवश्यकतानुसार मछली, सीपी, झींगा, लोबस्टर, केकड़े आदि पकड़ते रहे हैं। जैसे-जैसे प्रौद्योगिकी की प्रगति होती गई और मनुष्य के पास बेहतर साधन उपलब्ध होते गए, सागर से प्राप्त होनेवाले खाद्यों के उत्पादन में भी वृद्धि होती गई। आप पढ़ चुके हैं कि उन्नीसवीं सदी के उत्तरार्द्ध में सागर के अध्ययनों का एक प्रमुख उद्देश्य भी यही था। निश्चय ही इन अध्ययनों से मछली-उत्पादन में आशातीत वृद्धि हुई, पर बढ़ती हुई आबादी ने उस वृद्धि को शीघ्र ही प्रभावहीन कर दिया। आज हमारे सामने समस्या यह है कि सागर से हर वर्ष 8 करोड़ टन से भी अधिक मछलियां तथा अन्य जीव पकड़ने के बाद भी खाद्य-समस्या पूरी तरह हल नहीं हो पा रही है और कुछ दशाब्द बाद भी खाद्य-समस्या

पूरी तरह हल नहीं हो पाएगी जब विश्व की जनसंख्या आज की तुलना में लगभग दो गुनी हो जाएगी। तब और उसके बाद भी क्या हम सागर से खाद्यों की पूर्ति कर सकेंगे ?

उर्वरता

थल की भांति सागर की उर्वरता भी सौर ऊर्जा की उपलब्धि पर निर्भर है। सागर में सौर ऊर्जा उथले क्षेत्र तक ही पहुंच पाती है। इसी प्रकार सागर में ऑक्सीजन तथा पोषक पदार्थों की उपलब्धि भी सब क्षेत्रों में एकसमान नहीं है।

वैज्ञानिक किसी क्षेत्र की उत्पादन-क्षमता को कार्बन स्वांगीकरण-क्षमता (कार्बन एसीमलेशन कैपेसिटी) के रूप में व्यक्त करते हैं। इसे ज्ञात करने के लिए कार्बन-14 (रेडियोधर्मी कार्बन) विधि अपनाई जाती है। इस विधि से ज्ञात करने पर सागर की औसत स्वांगीकरण-दर लगभग 50 ग्राम कार्बन प्रति वर्गमीटर प्रति वर्ष पाई गई है। उन क्षेत्रों में जहां पानी की उथल-पुथल जल्दी-जल्दी होती है, स्वांगीकरण-दर औसत से 5 से 6 गुनी अधिक होती है, जबकि खुले सागरों में औसत से बहुत कम। हिमाच्छादित आर्कटिक सागर में स्वांगीकरण-दर एक ग्राम कार्बन प्रति वर्गमीटर प्रति वर्ष से भी कम है क्योंकि वहां लगभग 6 मास तक सूर्य का प्रकाश नहीं मिलता।

सागर की तुलना में थल की उत्पादन-क्षमता तीन गुनी से भी अधिक है। इस प्रकार सागरों की कुल उत्पादकता थल की कुल उत्पादकता से कुछ कम ही बैठती है। अनुमान है कि थल प्रतिवर्ष 25 अरब टन कार्बन स्वांगीकृत करता है, जबकि सागर लगभग 20 अरब टन।

हम थल पर उगनेवाले पौधों के उत्पादों का सीधा भक्षण कर लेते हैं। इससे हम अधिक से अधिक ऊर्जा का उपयोग कर लेते हैं। जो लोग मांसाहारी हैं, वे उन जंतुओं को खाते हैं जो पौधों को भोजन के रूप में ग्रहण करते हैं। उन्हें पौधों में निहित ऊर्जा का केवल 10 प्रतिशत भाग ही मिलता है क्योंकि 90 प्रतिशत भाग का उपयोग जंतु स्वयं ही कर लेते हैं। दूसरे शब्दों में हम कह सकते हैं कि अगर सूर्य से 1,000 इकाई ऊर्जा पृथ्वी को मिलती है तो पौधे 880 इकाई का इस्तेमाल स्वयं करते हैं। जब हम पादप उत्पाद (अनाज, दाल वगैरह) खाते हैं, तब हमें 20 इकाई ऊर्जा प्राप्त होती है। पर जब हम किसी ऐसे जंतु का मांस खाते हैं जो पौधों पर जीवित रहता है तो हमें केवल 2 इकाई ऊर्जा ही मिलती है—18 इकाई ऊर्जा जंतु स्वयं ग्रहण कर लेता है।

सागर पर पड़नेवाली सौर ऊर्जा का हम तक पहुंचने का चक्र इससे कहीं लंबा है। इसलिए हमें अपेक्षाकृत काफी कम ऊर्जा ही प्राप्त होती है। सागर में सौर ऊर्जा का उपयोग डायएटम, जैसे पादप-प्लांक्टन करते हैं। उनका भक्षण करते हैं जंतु-प्लांक्टन। जंतु-प्लांक्टनों को खाते हैं कॉपिपोड। इन कॉपिपोडों को

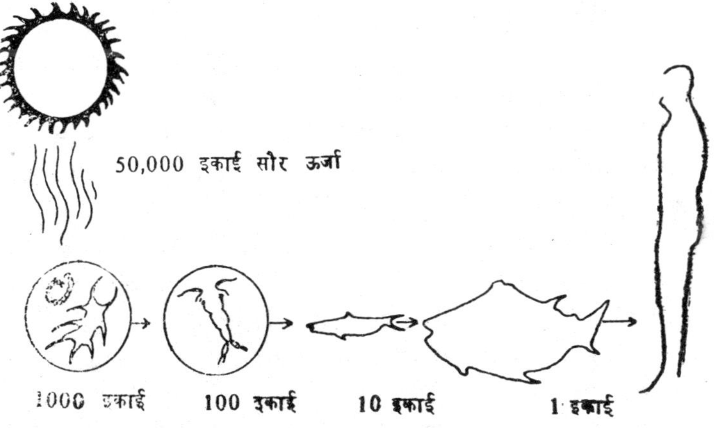

खाद्य शृंखला की दक्षता
यदि पौधा सूर्य से 50,000 इकाई ऊर्जा प्राप्त करता है तो मनुष्य तक केवल एक इकाई ऊर्जा ही पहुंचती है।

एंकोवी जैसी छोटी मछली खाती है और उसे खाती है ट्यूना जैसी कोई मछली। यह मछली ही हमारा खाद्य है। इस प्रकार सागर की खाद्य शृंखला के अनुसार सौर ऊर्जा को हम तक पहुंचने के लिए एक के बाद एक पांच 'माध्यमों' में से गुजरना होता है। इससे 1,000 इकाई सौर ऊर्जा में से हमें मात्र 0.002 इकाई ऊर्जा ही मिल पाती है। उन स्थानों पर जहां सागर में जल की उथल-पुथल अधिक होती है, वहां सौर ऊर्जा की 1,000 इकाइयों में से खाद्य मछलियों (जिन्हें हम खा सकते हैं) को 20 इकाई ऊर्जा मिल जाती है, तटीय क्षेत्रों में 2 इकाई और गहरे सागरों में मात्र 0.002 इकाई। इसीलिए यद्यपि सागर के 0.1% क्षेत्र में ही उथल-पुथल होती है, पर उससे हम सागर की कुल मछलियों का 50% भाग प्राप्त करते हैं। इसी प्रकार तटीय क्षेत्र सागर के कुल क्षेत्र के 10% ही हैं, पर वहां से हमें कुल मछलियों का 49% प्राप्त है। इनकी तुलना में गहरे सागरों से, जो सागर के कुल क्षेत्रफल के 90% भाग में फैले हैं, हमें बहुत कम मछलियां —कुल उत्पादन की एक प्रतिशत से भी कम—प्राप्त होती हैं।

मछलियां ही सबसे अधिक

आज हमें सागर से जो लगभग 8 करोड़ टन खाद्य-सामग्री प्राप्त होती है उसमें 90% पखवाली मछलियां (फिन फिश) होती हैं। बाकी मात्रा मुख्यत: सीपी (मोलास्क), झींगे, लोबस्टर, क्रेस्टेशियन आदि की होती है। मछलियों में क्लूपआयडों, यथा हेरिंग, एंकोवी, पिलकर्ड आदि की मात्रा आधे से अधिक होती है।

थल से घिरे देश सागर से खाद्य-सामग्री उपलब्ध करने में बिलकुल योग नहीं देते। ऐसे अनेक देश हैं जिनका सागर-तट यद्यपि बहुत बड़ा है, पर वे बहुत कम मात्रा में ही सागर से मछली या अन्य जंतु पकड़ते हैं। इनमें हमारा देश भी शामिल है। हमारे तट 6,100 किलोमीटर लंबे हैं और उसका विशिष्ट आर्थिक क्षेत्र लगभग 20 लाख वर्ग किलोमीटर है, पर हम केवल 25 लाख टन मछलियां ही प्रतिवर्ष पकड़ते हैं।

इसके विपरीत पेरू, जापान, रूस, चीन, नार्वे जैसे देश केवल अपने तटों अथवा विशिष्ट आर्थिक क्षेत्र से ही नहीं वरन् खुले सागरों से, यहां तक कि दूसरे देशों के विशिष्ट आर्थिक क्षेत्रों से भी मछली पकड़ लेते हैं।

इसी प्रकार हर तटवर्ती देश में एक-सी मात्रा में समुद्री खाद्य ग्रहण नहीं किया जाता। किसी देश के लोग उसे अधिक मात्रा में खाते हैं और कुछ देशों के बहुत कम मात्रा में। विकसित देशों में तो लगभग 50 प्रतिशत मछलियों का उपयोग फिशमील तैयार करने के लिए किया जाता है। इस फिशमील को मुर्गियों और पशुओं के चारों में, उन्हें अधिक पौष्टिक बनाने के लिए, मिला दिया जाता है।

बाकी मात्रा का भी केवल आधे से तिहाई भाग ही रसोईघरों तक पहुंच पाता है, क्योंकि मछलियों को पैक और संरक्षित करने में उनका काफी भाग नष्ट हो जाता है। इस प्रकार समुद्री मछलियों का बहुत थोड़ा भाग ही भोजन का वास्तविक अंग बन पाता है। अनुमान लगाया गया है कि विश्व औसत के रूप में समुद्री मछलियां भोजन का केवल एक प्रतिशत भाग ही बन पाती हैं। वैसे जापान जैसे देश के लोगों के भोजन में उनका प्रतिशत 50 तक योग होता है और संयुक्त राज्य अमेरिका में 5 प्रतिशत तक। इनके विपरीत हमारे देश के लोगों के भोजन में कदाचित् 0.1 प्रतिशत से भी कम।

बेहतर खाद्य

वैज्ञानिकों ने अपने अध्ययनों में पाया है कि समुद्री जंतुओं, विशेष रूप से मछलियों, से प्राप्त होनेवाली प्रोटीन थलीय जंतु प्रोटीन से बेहतर होती है। उसमें एमीनो अम्लों का अनुपात हमारे लिए एकदम उपयुक्त होता है। वे विटामिन बी-12 की बेहतर स्रोत होती हैं। उनमें कोलेस्ट्रॉल और संतृप्त वसाओं की मात्रा काफी कम होती है। साथ ही उनमें बहु-असंतृप्त (पॉलीअनसेचुरेटेड) वसाओं और अनिवार्य वसा अम्लों की मात्रा काफी अधिक होती है।

आप जानते हैं कि आजकल चिकित्सक निम्न कोलेस्ट्रॉल और निम्न संतृप्त वसाओंवाले भोजन पर बहुत जोर देते हैं क्योंकि ये दोनों वस्तुएं हृदय रोग का कारण हो सकती हैं। इसीलिए चिकित्सक ऐसा भोजन खाने की सिफारिश करते

हैं जिनमें असंतृप्त वसाओं की मात्रा अधिक हो। इस दृष्टि से समुद्री-जंतु प्रोटीन विशेष रूप से उपयोगी हैं।

भारत के निकटवर्ती सागर : कितने उपजाऊ

हमारे पश्चिमी और पूर्वी तटों पर लगभग 2,60,000 वर्ग किलोमीटर का जलमग्न क्षेत्र है। तट के निकट अनेक खाइयां, खाड़ियां और प्रवाल-भित्तियां आदि हैं। इन सबमें खाद्य मछलियां, झींगे, लोबस्टर आदि प्रचुर मात्रा में उपलब्ध हैं।

अरब सागर के पानी में बंगाल की खाड़ी के पानी की तुलना में उत्स्रवण (उथल-पुथल) अधिक होता है। वास्तव में यह हिंद महासागर के सबसे उपजाऊ क्षेत्रों में से एक है। मानसून पवनें, विशेष रूप से गरमी में बहनेवाली दक्षिण-पश्चिम की मानसून पवनें, अरब सागर के पानी को उथल-पुथल के लिए आवश्यक ऊर्जा प्रदान करती हैं। पश्चिमी तट के दक्षिणी भाग में, कारवर से लेकर कन्या-कुमारी तक, उथल-पुथल सबसे अधिक होती है।

इस प्रकार गरमी की ऋतु में अरब सागर में पोषक पदार्थों की मात्रा सर्वाधिक होती है और शीत ऋतु में सबसे कम।

अरब सागर के अधिक उपजाऊ होने का एक कारण सोमाली जलधारा भी है। वह संसार की सबसे उपजाऊ जलधाराओं में से है।

अरब सागर और बंगाल की खाड़ी के महाद्वीपीय शैल्फ क्षेत्र गहरे सागर की तुलना में अधिक उपजाऊ हैं। पर अरब सागर के महाद्वीपीय शैल्फ की उर्वरता बंगाल की खाड़ी के उसी क्षेत्र की उर्वरता से तीन गुनी अधिक है। बंगाल की खाड़ी के सबसे उपजाऊ क्षेत्र हैं उसके उत्तरी और पूर्वी तटीय भाग। खाड़ी की औसत उत्पादन-दर 0.63 ग्राम कार्बन प्रति वर्गमीटर प्रतिदिन आंकी गई है।

हमारे देश में खाद्य के रूप में सागर से प्राप्त होनेवाले जीवों में सबसे अधिक मात्रा मछलियों की है।

हमारे तटों पर पकड़ी जानेवाली मछलियों की मात्रा विश्व के मछली-उत्पादन के संदर्भ में काफी कम है। पर हमारे देश में कुल जितनी मछलियों की खपत होती है, उसका 56 प्रतिशत भाग तटवर्ती सागरों से ही प्राप्त किया जाता है। साथ ही हमारे पश्चिमी तट से कुल समुद्री मछली-उत्पादन का 75 प्रतिशत भाग प्राप्त होता है।

पश्चिमी तट का मलाबार क्षेत्र यद्यपि मैकेरल मछलियों के लिए मशहूर है परंतु वहां सारडीन, पांफ्रेट, सूर आदि मछलियां भी बड़ी संख्या में पाई जाती हैं। कोंकण तट पर मैकेरलों के भारी झुंड अक्तूबर से जनवरी तक निकलते हैं। महाराष्ट्र और गुजरात के तटीय क्षेत्र समुद्री मछलियों की दृष्टि से बहुत

महत्त्वपूर्ण हैं। ये ही वे क्षेत्र हैं जहां देश में सबसे अधिक मात्रा में मछलियां पकड़ी जाती हैं। यहां बंबई में डक, हारपोडान, नेहेरियस घोल, रावा तथा दारा मछलियां ही अधिक पकड़ी जाती हैं। वेरावत, कोदिनार, जफराबाद आदि मछली पकड़ने के लिए प्रमुख केंद्र हैं।

पूर्वी तट पर पकड़ी जानेवाली मछलियों में मैकेरल और सारडीन की मात्रा काफी कम होती है। उनके स्थान पर क्लुपिआयड घोड़ा, रजत उदर आदि ज्यादा पकड़ी जाती हैं।

हमारे तटों पर सबसे अधिक पकड़े जानेवाली मछली है सारडीन। वैसे मैकेरल भी इस बारे में महत्त्वपूर्ण है। समझा जाता है कि कुल जितनी मछलियां पकड़ी जाती हैं, उनमें से सारडीन की मात्रा लगभग एक-तिहाई होती है। प्राणी-वैज्ञानिकों के अनुसार हमारे तट पर नौ जातियों की सारडीन मछलियां पाई जाती हैं जिनमें से कुछ प्रमुख हैं–तेल सारडीन, इंद्रधनुषीय सारडीन आदि। व्यापारिक दृष्टि से तेल सारडीन की गणना भारत की सबसे अच्छी खाद्य मछलियों में की जाती है। उसके तेल का उपयोग जूट, चमड़ा, साबुन आदि उद्योगों में किया जाता है।

सारडीन मुख्य रूप से हमारे पश्चिमी तट पर पकड़ी जाती है। मलाबार क्षेत्र में इसके बड़े झुंड स्थित हैं। वहां यह बहुत प्राचीन काल से पकड़ी जाती रही है। पिछले कुछ वर्षों से किशोर मछलियों और अंडे देती हुई मछलियों को बड़ी संख्या में पकड़ने से इनकी मात्रा में काफी कमी आ गई है। इसलिए ऐसी सारडीनों को पकड़ने पर कानूनी रोक लगानी पड़ी है।

सारडीन का जीवनकाल तीन से चार वर्ष तक होता है। अंडे देनेवाली और अंडा दे चुकी मछलियां केवल तीन वर्ष की आयु में ही मिलती हैं।

मैकेरल भी पश्चिमी तट पर, विशेष रूप से क्यूलोन से रत्नागिरी तक के क्षेत्र में, मुख्यतः पाई जाती है। वहां रहनेवाले हजारों मछुए-परिवार अपनी जीविका अर्जन के लिए मैकेरल पर ही निर्भर हैं। वे वर्ष के छः-सात महीनों में ही मैकेरल पकड़कर वर्ष-भर की जीविका कमा लेते हैं। समझा जाता है कि हमारे तटों से प्रतिवर्ष 6,000-7,000 मीट्रिक टन मैकेरल पकड़ी जाती हैं।

अंडमान द्वीपसमूह के तटवर्ती सागरों में भी मैकेरल की भरमार है। वहां से भी बड़ी मात्रा में मैकेरल पकड़ी जाती हैं।

हमारे तटों पर निकट के काफी उथले सागर, 50 मीटर जैसे उथले सागर, से ही मछलियां पकड़ी जाती हैं। इसका कारण यदि एक ओर अब भी हमारे पास मछली पकड़ने के आधुनिक जहाजों, जालों, युक्तियों और तकनीकों की कमी है, तो दूसरी ओर एक प्राकृतिक तथ्य भी है। हमारे महाद्वीपीय जलमग्न क्षेत्र के लगभग बीच में एक ऐसी 'पट्टी' है जहां मछलियां बहुत कम हैं। वैसे इस पट्टी के

आगे, खुले सागर (तट से दूर के सागर) की ओर फिर से मछलियों की बहुतायत है। वहां तली पर रहनेवाली मछलियों की भी बहुतायत है।

झींगे और चिंगट

मछलियों के बाद हमारे तटवर्ती सागरों से पकड़े जानेवाले महत्त्वपूर्ण खाद्य जंतु हैं झींगे और चिंगट। वास्तव में हमारे देश से निर्यात किए जानेवाले समुद्री खाद्यों में झींगों और चिंगटों का स्थान प्रमुख है। इसका कारण कदाचित् यह भी है कि हम जितनी मात्रा में झींगे पकड़ते हैं, उसका अधिकांश भाग विदेशों को, विशेष रूप से अमेरिका को, भेज देते हैं।

यद्यपि झींगे और चिंगट पूरे पश्चिमी तट पर पाए जाते हैं परंतु पूर्वी तट पर उनके प्राप्तिस्थल आंध्रप्रदेश के तट के उत्तरी भाग और तूतीकोरिन के निकट तक ही सीमित हैं। पूर्वी तट पर झींगे आमतौर से खारे पानी की झीलों—चिल्का, एलोर, कोलूर आदि—में अथवा गंगा के डेल्टा से प्राप्त किए जाते हैं। पश्चिमी तट पर झींगों की प्रचुर मात्रा केरल-तट पर पकड़ी जाती है। वहां सागर से मिले ताल झींगों के लिए उत्तम नर्सरी का काम करते हैं।

भारतीय झींगे और चिंगट विश्व में सर्वोत्तम माने जाते हैं।

बेहतर व्यवस्था की आवश्यकता

आप पढ़ चुके हैं कि एक समय अधिकाधिक मछलियां पकड़ने की आवश्यकता ने सागर विज्ञान के क्षेत्र में नई तकनीकों के इस्तेमाल को और नए प्रयोगों को बहुत बढ़ावा दिया था। इन तकनीकों और युक्तियों के उपयोग से आशातीत सफलता मिली, पर एक नया खतरा उत्पन्न हो गया। वह था आवश्यकता से अधिक मछलियां पकड़े जाने के फलस्वरूप सागर के क्षेत्र विशेष का 'बंजर' हो जाना। वहां ऐसी मछलियों का अभाव हो जाना जो पर्याप्त मात्रा में प्रजनन कर सकें और आगामी वर्षों में भी उतनी ही मात्रा में मछलियां उपलब्ध करा सकें जितनी पहले कराती रही थीं। इस खतरे के फलस्वरूप भी और अध्ययन किए गए, नए प्रयोग किए गए और नई तकनीकें विकसित की गईं। मछलियों के झुंडों का पता लगाने के लिए सोनार जैसी युक्तियों का इस्तेमाल किया गया। उन युक्तियों में सुधार करके उन्हें इतना परिशुद्ध बना लिया गया जिससे यह ज्ञात हो सके कि किस जाति विशेष की मछलियां ध्वनि तरंगों को परावर्तित कर रही हैं। मछलियां पकड़ने के बड़े और बेहतर जाल बनाए गए तथा इलेक्ट्रॉनिक युक्तियों का उपयोग किया गया। साथ ही बड़े, विशेष जहाज बनाए गए, जो खुले सागरों में, तटों से दूर विचरण कर सकें। इन जहाजों में मछलियों को न केवल शीत भंडारों में भंडारित किया जा सकता है वरन् उन्हें संसाधित करके पैक भी किया

जा सकता है। वास्तव में ये जहाज ही नहीं, तिरते कारखाने भी हैं। इन उपायों के फलस्वरूप पकड़ी जानेवाली मछलियों तथा अन्य जंतुओं की मात्रा में बहुत अधिक वृद्धि हुई।

पर अब, और अधिक मात्रा में सागर से खाद्य प्राप्त करने के लिए हमें बेहतर उपाय करने पड़ेंगे। वास्तव में हमें पूरी व्यवस्था पर एक बार फिर से गौर करना पड़ेगा क्योंकि वर्तमान समुद्री खाद्य-उत्पादन पूरे विश्व के खाद्य-उत्पादन के संदर्भ में बहुत कम है—मात्र 2 प्रतिशत। अगर हमें अपनी खाद्य-समस्या हल करनी है और आगामी पीढ़ियों को भूखे नहीं मरने देना है तब हमें समुद्री खाद्य-उत्पादन को बहुत अधिक बढ़ाना होगा। इसके लिए बेहतर प्रबंध-व्यवस्था करनी होगी।

इस प्रबंध-व्यवस्था के अंतर्गत यह देखना होगा कि किसी क्षेत्र में जरूरत से ज्यादा जवान मछलियां न पकड़ ली जाएं अन्यथा मछलियों की प्रजनन-दर कम हो जाएगी। साथ ही मछलियों को उस समय पकड़ा जाए जब वे अंडे दे चुकी हों, नहीं तो आगामी पीढ़ी भी नष्ट हो जाएगी। इसी प्रकार बच्चों के स्थान पर वृद्ध (बड़ी) मछलियों को पकड़ा जाए, क्योंकि उनमें अधिक मात्रा में खाद्य-पदार्थ मिल सकता है। यद्यपि अतिमत्स्यन (आवश्यकता से अधिक मछली पकड़े जाने) कोरोक ने के लिए क्षेत्र विशेष में बच रहनेवाली मछलियों के बारे में कोई सामान्य नियम नहीं बनाया जा सकता परंतु फिर भी आमतौर से मूल मात्रा का एक-तिहाई से दो-तिहाई भाग बच रहना चाहिए।

निश्चय ही उन क्षेत्रों से अधिक मछली पकड़ने के प्रयत्न किए जाने चाहिए, जिनसे वर्तमान में पर्याप्त मात्रा में नहीं पकड़ी जा रही हैं। आजकल सागरों से कुल जितनी मछलियां पकड़ी जाती हैं, उनका 53 प्रतिशत प्रशांत महासागर से प्राप्त होता है, 40 प्रतिशत अंध महासागर से तथा शेष भाग हिंद महासागर से। यद्यपि प्रशांत महासागर सबसे बड़ा है, फिर भी हिंद महासागर से अधिक मात्रा में मछलियां पकड़ी जानी चाहिए। जहां तक हमारे देश का प्रश्न है, पूर्वी तट पर अधिक प्रयत्न किए जाने चाहिए। साथ ही हमें अपने तटों से दूर भी अपनी मत्स्य नौकाएं भेजनी चाहिए।

शिकारी नहीं, किसान—समुद्री-खाद्यों का उत्पादन बढ़ाने के लिए आजकल वैज्ञानिक एकदम नए सिरे से विचार कर रहे हैं। जहां तक सागरों का प्रश्न है, अब तक हम मुख्यत: शिकारियों की भांति व्यवहार करते रहे हैं। जिस प्रकार शिकारी का उद्देश्य अधिकाधिक संख्या में शिकार करना रहता है, न कि अपने शिकार की संख्या बढ़ाकर फिर शिकार करना, उसी प्रकार हम सागर से अधिकाधिक मात्रा में मछलियां तथा अन्य जीव पकड़ते रहे हैं। इसके लिए हम केवल उन तकनीकों को विकसित करते रहे हैं जिनसे हमें मछलियों की स्थिति का पता

चल सके। साथ ही उन क्षेत्रों का पता लगाते रहे हैं, जहां से अधिक संख्या में मछलियां पकड़ी जा सकें। अभी तक हमने उनको पालने अथवा किसान की भांति उनकी पैदावार बढ़ाने के बहुत कम प्रयत्न किए हैं।

सागर में भी मछलियों तथा अन्य खाद्य जंतुओं के बारे में वैसे ही प्रयोग किए जा सकते हैं, जैसे पशुओं की नस्ल सुधारने अथवा अनाजों की पैदावार बढ़ाने के लिए किए जाते हैं।

वैसे प्राचीन काल में भी समुद्री खाद्यों की खेती करने के कुछ प्रयत्न किए गए थे। ब्रिटेन पर रोमनों के आधिपत्य के दौरान सीप (ऑयस्टर) संभ्रांत लोगों का प्रिय भोजन था। उस समय ब्रिटेन के आसपास के सागरों में इसे पैदा करने के प्रयत्न किए गए थे। पर रोमन साम्राज्य की समाप्ति के बाद पंद्रहवीं शताब्दी तक इन 'खेतों' की परवाह नहीं की गई। फिर पूर्वी तट पर कोलचेस्टर नदी के मुख के निकट 'सीप-पालन केंद्र' स्थापित किया गया। इससे उन्नीसवीं सदी के मध्य तक सीपों की संख्या में आशातीत वृद्धि हुई और वह 'गरीब का भोजन' बन गई। इससे भी सीपों को हानि हुई और उन्हें अंधाधुंध तरीके से पकड़ा जाने लगा। फलस्वरूप एक बार फिर उन्हें संरक्षण की जरूरत पड़ी। आज विश्व के अनेक भागों में सीप-पालन केंद्र हैं जहां सीपों की 'खेती' की जाती है।

मछली-पालन केंद्र स्थापित करने के गंभीर प्रयत्न, पहली बार, उन्नीसवीं सदी में किए गए थे। जिस प्रकार जंगल में उगनेवाले बढ़िया किस्म के पौधों को बगीचों और खेतों में लगाने के प्रयत्न किए जाते हैं, उसी प्रकार सागरों के अपेक्षाकृत बंजर इलाकों से बढ़िया प्रजातियों की मछलियां पकड़कर 'उपजाऊ' इलाकों में, जहां उन्हें पर्याप्त मात्रा में पोषक तत्त्व तथा अन्य उपयुक्त परिस्थितियां मिल सकें, लाकर डाली गईं। इससे मछलियों की शारीरिक वृद्धि भी तेजी से हुई और उनका प्रजनन भी अधिक हुआ। इस संबंध में ब्रिटिश, डच, डेनिश और नॉर्वे के वैज्ञानिकों ने सराहनीय प्रयत्न किए थे। उन्होंने अपने प्रयोग प्लेस, हेरिंग आदि मछलियों पर किए थे। बाद में रूसी वैज्ञानिकों ने भी कूबड़वाली सामन, फ्लाउंडर, हेरिंग आदि पर सफल प्रयोग किए।

यद्यपि इन आरंभिक प्रयोगों में बहुत सफलता मिली थी, पर राजनीतिक तथा अन्य व्यावहारिक कारणों से इन्हें बड़े पैमाने पर नहीं दोहराया जा सका। वास्तव में कोई भी देश ऐसी स्कीम पर बड़ी धनराशि खर्च नहीं करना चाहता था, जिससे अन्य देश भी बिना कुछ खर्च किए, फायदा उठा लें। पर भविष्य में अंतरराष्ट्रीय संस्थाओं द्वारा इस प्रकार के प्रयोग किए जा सकते हैं।

वैसे मछलियों की पैदावार बढ़ाने के लिए सागर में भी उसी प्रकार पोषक पदार्थ, विशेष रूप से नाइट्रेट और फॉस्फेट डाले जा सकते हैं, जैसे खेतों में उर्वरक दिए जाते हैं। साथ ही सागर के अन्य भागों से पोषक पानी को 'बहा' कर लाया

जा सकता है। थल के अंदर धंसी हुई खाड़ियों में, जहां पानी की मात्रा अधिक नहीं होती और जहां परिस्थितियों पर बेहतर नियंत्रण किया जा सकता है, ऐसे प्रयोग करना अधिक सुविधाजनक होगा। इन खाड़ियों में बढ़िया नस्लों की मछलियां भी उसी प्रकार पाली जा सकती हैं, जैसे किसान नर्सरी में पौध तैयार करता है। बाद में उन्हें 'सुरक्षित' सागरों में, जहां इनका भक्षण करनेवाले जीव अपेक्षाकृत कम हों तथा जहां परिस्थितियां अनुकूल हों, छोड़ा जा सकता है। वहां इनकी शारीरिक वृद्धि भी अधिक होगी और प्रजनन भी तेजी से होगा।

इस प्रकार के उपाय करके हम मछलियों की पैदावार में बहुत वृद्धि कर सकते हैं। इससे हमें अपनी जरूरत के अनुसार पर्याप्त मात्रा में मछलियां प्राप्त होती रह सकती हैं।

पादप-प्लांक्टन ही क्यों नहीं ?—कुछ लोगों का यह भी मत है कि अपनी खाद्य-आदतों में परिवर्तन कर देने से सागर हमारी खाद्य-समस्या को सुलझाने में बहुत सहायक हो सकता है। उनका कहना कि मछलियों के स्थान पर अगर हम पादप-प्लांक्टनों को ही खाने लगें तो हमें अधिक ऊर्जा बहुत आसानी से और बहुत कम लागत पर प्राप्त होने लगेगी। पादप-प्लांक्टन ही सौर ऊर्जा का सीधा उपयोग करते हैं। साथ ही वे बहुत बड़ी मात्रा में उपलब्ध हो सकते हैं।

पर इस बारे में काफी अड़चनें हैं। मनुष्य अपनी खाद्य-आदतों में आसानी से परिवर्तन नहीं कर सकता। कोई नई चीज खाना आरंभ करने की बात तो दूर, वह अपने उस प्रिय खाद्य को भी खाना पसंद नहीं करता, जिसे किसी नए तरीके से पकाया गया हो। इसलिए पादप-प्लांक्टनों को एकाएक खाद्य के रूप में स्वीकार कर लेना बहुत मुश्किल है। इसके अतिरिक्त उन्हें बड़ी मात्रा में पकड़ना आसान नहीं है। साथ ही उनको बड़े पैमाने पर सागर से निकाल लेने पर सागर की पूरी श्रृंखला के ही गड़बड़ा जाने का खतरा है।

इसी संदर्भ में लोगों ने खाद्य के रूप में क्रिल सुझाने की पेशकश की है। क्रिल एक से पांच सेंटीमीटर तक बड़े क्रेस्टेशियन होते हैं। ये प्लांक्टन खाते हैं, पर स्वयं बड़े जीवों के शिकार बन जाते हैं। ठंडे सागरों, विशेष रूप से अंटार्कटिक सागर, में बहुत बड़ी संख्या में पैदा होनेवाले क्रिल ह्वेलों, विशेष रूप से नीले ह्वेलों के प्रिय भोजन हैं। अनुमान है कि एक ह्वेल एक वर्ष में 500 टन क्रिलों का भक्षण कर लेता है। अब ह्वेलों की संख्या में बहुत कमी हो जाने के कारण अंटार्कटिक सागर में बड़ी मात्रा में क्रिल पकड़े जा सकते हैं।

क्रिल प्रोटीन का बढ़िया स्रोत है और भविष्य के खाद्य के रूप में उसकी बहुत संभावनाएं हैं।

9
अपार खनिज संपदा

सागरों में बड़ी-बड़ी नदियां मिलती हैं। ये सागरों में बड़ी मात्रा में केवल पानी ही नहीं लातीं वरन् उसमें घुले तथा छितराए हुए पदार्थ भी लाती हैं। ये पदार्थ विभिन्न रासायनिक और भौतिक क्रियाओं के फलस्वरूप सागरों की तली में बैठने लगते हैं। निम्न सारणी यह दर्शाती है कि संसार की कुछ प्रमुख नदियां प्रति वर्ष कितना पानी और 'अवसाद' सागरों में मिलाती हैं।

नदी	ड्रेनेज क्षेत्र (हजार वर्ग किलोमीटर)	पानी की मात्रा (घन किलोमीटर प्रति वर्ष)	अवसाद (करोड़ टन प्रति वर्ष)
यैलो (चीन)	666	4.2	1,900
गंगा	945	367	1,450
ब्रह्मपुत्र	658	383	725
यांग्ट्सी	1,919	684	500
सिंधु	956	175	435
अमेजन	5,711	5,681	400
मिसीसिपी	3,181	558	310
इरावदी	425	425	300
मीकांग	785	346	170
कोलोरेडो	629	4.2	136

इन क्रियाओं में सागर की तली पर प्रतिवर्ष बड़ी मात्रा में, विभिन्न प्रकार के खनिज जमते रहते हैं। इनके जमने की गति अलग-अलग पर आमतौर से बहुत धीमी होती है। अनेक बार जमने से पहले इनमें अनेक रासायनिक परिवर्तन हो जाते हैं। इन पर सागर के जीव-जंतुओं के अवशेष भी गिरते रहते हैं। साथ ही जटिल जैविक और रासायनिक क्रियाओं के परिणामस्वरूप सागर के पानी में घुले लवण भी इन पर जमते रहते हैं। इस प्रकार सागर की तली पर विभिन्न

किस्मों की जमावटें पाई जाती हैं जिनमें अनेक धातुओं के अयस्क तथा अन्य महत्त्वपूर्ण पदार्थ होते हैं।

सागर की तली की जमावटों में एक अन्य कारण से भी वृद्धि होती रहती है। तली पर स्थित ज्वालामुखियों और दरारों में से समय-समय पर लावा निकलता रहता है। सागर के पानी के संपर्क में आने पर लावा में बहुत-सी रासायनिक क्रियाएं होती हैं जिनके फलस्वरूप अनेक महत्त्वपूर्ण पदार्थ बनते हैं। ये सब पदार्थ जमावटों में शामिल होते रहते हैं।

ये जमावटें सब सागरों में, उनके निर्माण काल से ही, लगभग 3.5 अरब वर्षों से, जम रही हैं। इस प्रकार अनेक स्थानों पर ये बहुत मोटी—कई किलोमीटर मोटी—हो गई हैं।

पर खनिज तली की मोटी जमावटों में ही मौजूद नहीं हैं—वे सागर की तली के नीचे भी दबे हुए हैं और पानी में घुले हुए भी हैं। तली के नीचे उन खनिजों के अत्यंत विशाल भंडार हैं जिनकी आवश्यकता हमें अधिक रहती है। ये खनिज हैं—पेट्रोलियम, प्राकृतिक गैस, कोयला, गंधक आदि।

तली के नीचे दबे खनिज भंडार

पेट्रोलियम—आज पेट्रोलियम को 'तरल सोने' की संज्ञा भी दी जाती है। इसकी बढ़ती उपयोगिता, विभिन्न देशों में इसका असमान वितरण और इसके घटते हुए भंडारों ने अनेक देशों को अपने निकटवर्ती सागरों में पेट्रोलियम ढूंढ़ने के लिए मजबूर कर दिया है। इनमें हमारा देश भी शामिल है। इसका यह अर्थ नहीं कि वर्तमान ऊर्जा संकट, जिसने पहली बार 1973 में गंभीर रूप धारण किया था, से पहले सागर से तेल निकाला ही नहीं जाता था। बाकू (रूस) के निकट, सागर से तेल निकालने के प्रयत्न तो अठारहवीं शताब्दी के पूर्वार्द्ध में ही आरंभ कर दिए गए थे। इन प्रयत्नों में कुछ हद तक सफलता भी मिली थी। उस समय से लेकर अब तक सागर से तेल निकाला जा रहा है। जिन देशों में ऐसा किया जाता है उनमें भारत भी शामिल है।

आज मेक्सिको की खाड़ी, ऑस्ट्रेलिया और तस्मानिया के बीच स्थित बास जलसंधि, जापान सागर, काला सागर, उत्तर सागर, ईरान की खाड़ी, अरब सागर आदि से बड़ी मात्रा में पेट्रोलियम निकाला जा रहा है। आज सागर से पेट्रोलियम और प्राकृतिक गैस निकालनेवाले देशों की सूची बहुत लंबी है जिसमें संयुक्त राज्य अमेरिका, ब्रिटेन, रूस और जापान जैसे विकसित देश ही नहीं हैं वरन् मध्य पूर्व के अनेक देश, वेनेजुएला तथा भारत जैसे देश भी शामिल हैं। उनकी कुल संख्या 80 से भी अधिक है। समझा जाता है कि आजकल सागर की तली से कुल पेट्रोलियम उत्पादन का लगभग 20 प्रतिशत प्राप्त हो रहा है।

यद्यपि हमारे देश के निकटवर्ती दोनों सागरों—अरब सागर और बंगाल की खाड़ी—में तेल के बड़े-बड़े भंडार हैं पर अभी तक अरब सागर, विशेष रूप से खंभात की खाड़ी और बंबई हाई, से ही तेल और प्राकृतिक गैस निकाली जा रही है। हमारे देश में तेल और प्राकृतिक गैस आयोग की 'ऑपरेशन लीप फ्रॉग' योजना के अंतर्गत अलियाकेट द्वीप के तट पर, 19 मार्च, 1970 को, पहला कुआं खोदा गया था। उसके ठीक एक वर्ष बाद उससे तेल निकलना शुरू हुआ। यद्यपि उससे इतना तेल नहीं निकला जितनी आशा की जाती थी पर देश के इतिहास में यह एक अविस्मरणीय घटना है।

बाद में तेल और प्राकृतिक गैस आयोग को बंबई के निकटवर्ती सागर में तेल और गैस के भंडारों का पता लगाने में बहुत सफलता मिली। इसके लिए 'सागर सम्राट' जैसे कुएं खोदनेवाले जल-जहाजों की मदद ली गई। बंबई के तट से लगभग 160 किलोमीटर दूर और 'बंबई हाई' के नाम से प्रसिद्ध इस समुद्री क्षेत्र में इतना तेल और गैस मिली कि हमारे वैज्ञानिक, देश को तेल के क्षेत्र में आत्मनिर्भर बनाने की दिशा में बहुत बड़ा कदम समझने लगे। बंबई हाई क्षेत्र में 1974 में कुएं-खुदाई का काम आरंभ हुआ और अप्रैल, 1976 में पहले कुएं से तेल निकाला जाने लगा। अब बंबई हाई से ही तेल और गैस की अधिकांश मात्रा प्राप्त हो रही है।

यद्यपि अभी तक देश के पूर्वी तट से पेट्रोलियम अथवा प्राकृतिक गैस नहीं निकाली जा रही पर वहां से बड़ी मात्रा में पेट्रोलियम प्राप्त होने की पूरी आशा है तथा इस बारे में गंभीर प्रयास किए जा रहे हैं।

कोयला—सागर की तली में कोयले के भी बड़े भंडार मौजूद हैं। पर अब तक आमतौर से उन्हीं भंडारों के उपयोग की कोशिश की गई है जो तट के भंडारों के विस्तार मात्र हैं। निश्चय ही ये महाद्वीपीय शैल्फ में स्थित हैं। सागर की तली से कोयला निकालने का सबसे पहला प्रयत्न स्कॉटलैंड में वर्ष 1620 में किया गया था। उसके बाद अनेक नए भंडारों का पता चला और उनसे कोयला प्राप्त करने के प्रयत्न किए गए। आज संसार के विभिन्न देशों, विशेष रूप से कनाडा, ब्रिटेन, जापान और चीन में बड़ी मात्रा में तटवर्ती सागर की तली में से कोयला निकाला जा रहा है। समझा जाता है कि संसार के कुल कोयला-उत्पादन का 2 प्रतिशत भाग सागर की तली से प्राप्त होता है। वैसे जापान में कुल कोयला-उत्पादन का 30 प्रतिशत भाग और ब्रिटेन में 10 प्रतिशत भाग सागर की तली में से निकाला जा रहा है। वहां ये भंडार तली के 250 मीटर नीचे स्थित हैं।

आजकल उन भंडारों से ही कोयला निकाला जा सकता है जो तट से 25 किलोमीटर दूर तक स्थित हों। शीघ्र ही ऐसे उपकरण बना लिए जाएंगे जिनसे तट से 50 किलोमीटर दूर तक स्थित भंडारों से भी कोयला निकालना, आर्थिक

रूप से, लाभदायक हो।

अन्य खनिज—गंधक एक अन्य खनिज है जिसके बड़े भंडार सागर की तली में हैं। संयुक्त राज्य अमेरिका में इस प्रकार के भंडारों से बड़ी मात्रा में गंधक निकाली जा रही है।

कुछ स्थानों पर सागर की तली के नीचे लोहे, टिन, निकिल और तांबे के अयस्कों आदि के बड़े भंडार भी पाए गए हैं। ये तली के नीचे 30 से 2,400 मीटर की गहराई पर स्थित हैं। जहां तक चूना-पत्थर का संबंध है अनेक सागरों की तली पर चूनामय ऊज (केलकेरियस ऊज) की मोटी-मोटी जमावटें हैं। उनसे सैकड़ों-हजारों वर्षों तक हमारी चूने की आवश्यकताओं की पूर्ति हो सकती है।

अभी तक गहरे सागरों की तली के नीचे के खनिजों के बारे में व्यापक और गहन अध्ययन करना संभव नहीं हो पाया है। जिस दिन हम ऐसा कर सकेंगे उस दिन हमें वहां भी अनेक महत्त्वपूर्ण खनिजों के अनंत भंडार मिल सकेंगे।

तली पर जमावटें

सागर विशेष रूप से, तट से दूर, गहरे सागर की तली की जमावटों में कदाचित् सबसे महत्त्वपूर्ण और बहुचर्चित जमावट है धात्विक पिंड। तली पर इनकी परतें नहीं हैं वरन् ये उस पर बिखरे पड़े हैं। इन छोटे-छोटे आलू जैसे अनियमित आकार के, पर अधिकांशतः गोलाकार, पिंडों से गहरे सागरों की तली का लगभग 4.7 करोड़ वर्ग किलोमीटर क्षेत्र ढंका हुआ है।

जैसाकि आप पढ़ चुके हैं कि इन पिंडों की खोज सबसे पहले 'चैलेंजर' अभियान के दौरान हुई थी। इनमें आमतौर से मैंगनीज की मात्रा सबसे अधिक, 25 से 50 प्रतिशत तक, होती है। इसलिए पहले इन्हें 'मैंगनीज पिंड' ही कहा जाता था। पर इनमें लोहा, तांबा, कोबाल्ट, निकिल, क्रोमियम, जस्ता आदि लवण भी मौजूद होते हैं तथा ये धातुएं मैंगनीज की तुलना में अधिक महत्त्वपूर्ण हैं और भविष्य में इन धातुओं के निष्कर्षण के लिए ही इन पिंडों को प्रयुक्त किए जाने की आशा है, इसलिए आजकल इन्हें 'बहुधात्विक पिंड' कहा जाता है। ये पिंड किसी समुद्री जंतु के अवशेष पर विभिन्न धातुओं के लवणों की परतों के जमने से बनते हैं। ये लवण सागर के पानी में से अवक्षेपित होकर जमते हैं। इनके जमने की गति काफी धीमी, 1-2 मिलीमीटर प्रति 1,000 वर्ष होती है।

अनुमान है कि विभिन्न सागरों की तली पर लगभग 1,70,000 करोड़ टन बहुधात्विक पिंड बिखरे पड़े हैं। यद्यपि प्रशांत महासागर की तली पर इनकी सांद्रता सबसे अधिक—1.45 ग्राम प्रति वर्ग सेंटीमीटर तक—है, पर हिंद महासागर में भी इनकी सांद्रता काफी अधिक है। समझा जाता है कि प्रशांत

महासागर की तली पर बहुधात्विक पिंडों की इतनी अधिक मात्रा है कि उनसे पूरे विश्व की मैंगनीज की आवश्यकता 4 लाख वर्षों तक, तांबे की 6 हजार वर्षों तक, कोबाल्ट की 2 लाख वर्षों तक और एल्यूमिनियम की 20 हजार वर्षों तक पूरी हो सकेगी। साथ ही 20,700 करोड़ टन लोहा, 11,300 करोड़ टन सीसा, 2,500 करोड़ टन मैग्नीशियम आदि भी प्राप्त हो सकता है।

ये हिंद महासागर की तली पर—सतह से 3.5 से 6 किलोमीटर नीचे—एक करोड़ पचास लाख वर्ग किलोमीटर क्षेत्र में बिखरे पड़े हैं और लगभग एक करोड़ टन प्रति वर्ष की दर से बन रहे हैं।

लगभग 9 वर्ष पहले हमारे समाचार-पत्रों में इन पिंडों के बारे में बड़े जोरदार समाचार प्रकाशित हुए थे। हमारे वैज्ञानिकों ने अपने ही देश के अनुसंधान पोत 'गवेषणी' का उपयोग करके प्रसिद्ध सागर वैज्ञानिक और राष्ट्रीय सागर विज्ञान संस्थान के तत्कालीन निदेशक डॉ० एस० जैड० कासिम के नेतृत्व में, बिना किसी विदेशी सहायता के, 26 जनवरी, 1981 को मध्य हिंद महासागर बेसिन से बहुधात्विक पिंडों के नमूने निकाले थे। यह पहला अवसर था कि किसी विकासशील देश के वैज्ञानिकों ने ऐसा करिश्मा किया था।

इससे पहले अमेरिका के वैज्ञानिकों ने प्रशांत महासागर की तली से इन पिंडों के नमूने निकालने में सफलता प्राप्त की थी। अब वहां इन पिंडों को व्यावसायिक पैमाने पर निकालने के लिए गंभीर प्रयत्न किए जा रहे हैं। वहां तत्संबंधी संयंत्रों के डिजाइन आदि भी तैयार किए गए हैं। हिंद महासागर में पाए जानेवाले बहुधात्विक पिंड काले, गहरे भूरे रंग के, औसतन 8 सेंटीमीटर तक लंबे और 200 ग्राम तक भारी हैं। ये 3.5 से 6 किलोमीटर तक की गहराई पर पड़े हैं। वहां इनकी सांद्रता 5 किलोग्राम प्रति वर्ग मीटर तक है। हमारे वैज्ञानिकों द्वारा निकाले गए बहुधात्विक पिंडों में मैंगनीज की मात्रा लगभग 15.5 प्रतिशत और लोहे की 13.7 प्रतिशत पाई गई है। उनमें सूक्ष्म मात्राओं में निकिल, तांबा, कोबाल्ट आदि धातुएं भी मौजूद हैं। हिंद महासागर के बहुधात्विक पिंड हमारे लिए अत्यंत महत्त्वपूर्ण हैं। गहरे सागर के इन स्रोतों के देश के आर्थिक विकास में महत्त्व को देखते हुए पिंडों के अन्वेषण और उपयोग के लिए हमारे देश में भी अनुसंधान-कार्यों पर जोर दिया जा रहा है। इस बारे में देश की अनेक राष्ट्रीय प्रयोगशालाओं और अनुसंधान संस्थानों ने सर्वेक्षण और शोध-कार्यों में अपनी सेवाएं अर्पित की हैं जिनके फलस्वरूप मध्य हिंद महासागर बेसिन के पैंतालीस लाख वर्ग किलोमीटर से भी अधिक क्षेत्र का गहन सर्वेक्षण संभव हुआ है।

समुद्र विधि पर संयुक्त राष्ट्र का तृतीय सम्मेलन (थर्ड यू० एन० कांफ्रेंस ऑन द लॉ ऑफ द सी—यू० एन० सी० एल० ओ० एस०) ने 30 अप्रैल, 1982 को एक प्रस्ताव पारित किया था। इसके अनुसार चार देशों नामत: भारत, फ्रांस,

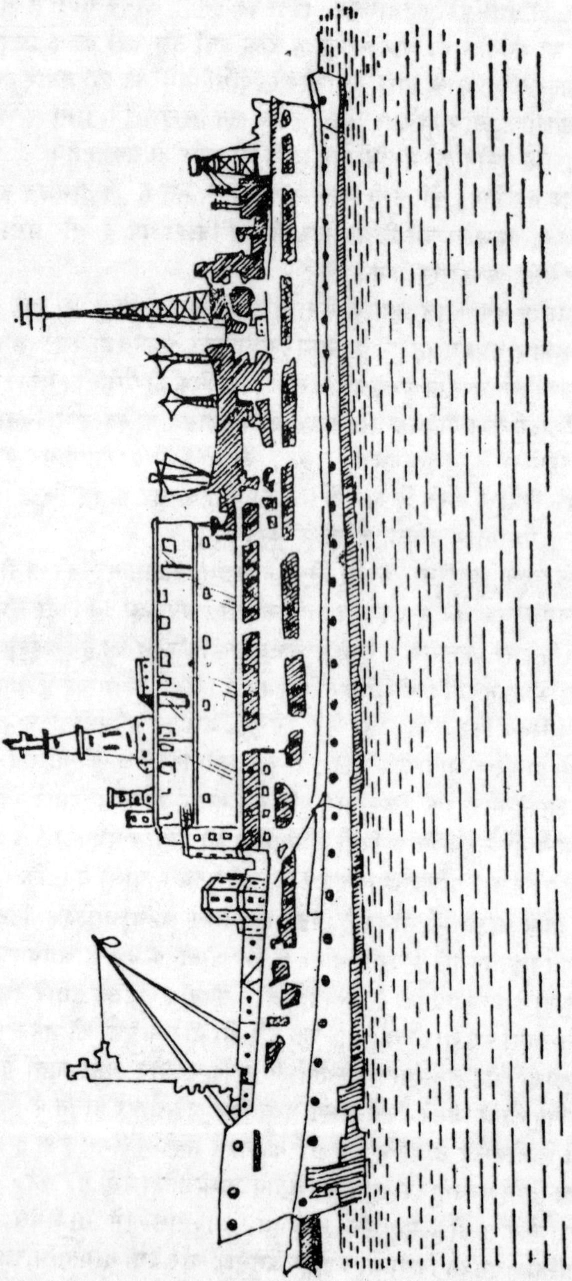

हमारा अनुसंधान पोत 'गवेषणी'

जापान और रूस तथा चार बहुराष्ट्रीय कंपनी संगठनों को गहरे सागर से बहु-धात्विक पिंड निकालने के संदर्भ में 'पायोनियर इन्वेस्टर' (अग्रणी निवेशक) के रूप में मान्यता दी गई। अपनी उक्त महत्त्वपूर्ण उपलब्धि के फलस्वरूप भारत को भी इन देशों में शामिल किया गया है। वास्तव में भारत ही एकमात्र विकास-शील देश है जिसे यह गौरव प्राप्त हुआ है। जिन चार बहुराष्ट्रीय कंपनी संगठनों को पायोनियर इन्वेस्टर (अग्रणी निवेशक) माना गया है (उन सबमें संयुक्त राज्य अमेरिका का ही बोलबाला है) वे हैं केन्नेकाट समूह (जिसमें 5 खनन कंपनियां शामिल हैं), ओशन माइनिंग एसोसिएट्स (3 खनन कंपनियों का समूह), ओशन मैनेजमेंट इंकॉरपोरेटेड (4 खनन कंपनियों का समूह) और ओशन मिनरल कंपनी (5 खनन कंपनियों का समूह)।

अन्य खनिज—थल के निकट के उथले सागरों की तली पर चूनामय जमावटें मोनोजाइट, इल्मेनाइट, रूटाइल, कैसेराइट, टिन, सोना, फॉस्फोराइट और यहां तक कि हीरे भी पाए जाते हैं। थाइलैंड और इंडोनेशिया के तटीय क्षेत्रों में टिन के विशाल भंडार हैं जबकि अलास्का के अपतटीय क्षेत्रों की जमावटों में सोने का काफी अंश है। दक्षिण अफ्रीका के तटवर्ती सागरों की तली में 1.3 करोड़ कैरेट हीरे के भंडारों का अनुमान है।

अरब सागर के उस क्षेत्र में जो हमारे पश्चिमी तट, विशेष रूप से मलाबार तट के निकट स्थित हैं, काले रेत की विशाल जमावटें हैं। इन्हें 'क्विलोन जमावटें' कहते हैं। इनमें मुख्य रूप से इल्मेनाइट, जिरकोन, मैग्नेटाइट, स्टाइल आदि खनिज हैं। पर केरल-तट की जमावटों में मोनोजाइट रेत के विशाल भंडार हैं। मोनोजाइट में ही थोरियम खनिज पाए जाते हैं। केरल की मोनोजाइट जमावटों में चेरालाइट खनिज भी पाया जाता है जिसमें थोरियम ऑक्साइड की काफी मात्रा (19 से 33 प्रतिशत तक) के अतिरिक्त यूरेनियम ऑक्साइड भी 4 से 6 प्रतिशत तक मात्रा में मौजूद है। कहा जाता है कि हमारे देश में थोरियम खनिज के भंडार संसार के सबसे बड़े भंडार हैं।

हमारे पूर्वी तटों पर भी इल्मेनाइट, जिरकोन, मैग्नेटाइट आदि के खनिजों से युक्त रेत की जमावटें हैं। ये जमावटें तमिलनाडु के तेन्नावली, रामनद और तंजौर जिलों, आंध्रप्रदेश के विशाखापतनम, वाल्तेयर और उड़ीसा के कटक और गंजाम जिलों के तटों पर भी स्थित हैं।

कच्छ की खाड़ी और केरल के तटवर्ती जिलों में चूनामय रेत, कोरल और समुद्री जीवों के खोलों की विशाल जमावटें हैं। लक्षद्वीप और अंडमान द्वीपसमूह तथा मन्नार की खाड़ी और पाक के मुहाने के उथले सागर में भी कोरल तथा अन्य चूनामय जमावटें हैं।

फॉस्फोराइट—महाद्वीपीय जलमग्न क्षेत्रों में फॉस्फोराइट की विशाल जमावटें

हैं। वैसे समझा जाता है कि गहरे सागरों की तली में भी फॉस्फोरस के इस प्रमुख औद्योगिक स्रोत तथा बढ़िया उर्वरक की मात्रा इतनी अधिक है कि वर्तमान खपत की दर से हम उसे सदियों तक बिना किसी हिचक के इस्तेमाल कर सकते हैं। अभी तक ज्ञात फॉस्फोराइट के भंडारों में सबसे बड़ा भंडार संयुक्त राज्य अमेरिका के पश्चिमी तट पर है। वहां कई करोड़ टन फॉस्फोराइट होने का अनुमान है।

लाल सागर की तली के खनिज—अंतरराष्ट्रीय हिंद महासागर अभियान के दौरान लाल सागर की तली में सतह से लगभग 2 किलोमीटर नीचे, जलमग्न पहाड़ी के साथ-साथ गर्म पानी के भंडारों का पता चला था। इन भंडारों में अत्यधिक गरम (ताप 56° सें०) और अत्यधिक लवणता (250°/₀₀) वाला पानी है। निश्चय ही इन भंडारों का संबंध पहाड़ी के साथ स्थित ऊष्मा स्रोतों से है।

इन भंडारों की तली में 20 से 100 मीटर मोटी जमावटें हैं जिनमें धातु सल्फाइडों का बाहुल्य है। जमावटों के नमूनों का विश्लेषण करने पर उनमें लोहा 20 प्रतिशत, जस्ता 3.4 प्रतिशत, तांबा 1.3 प्रतिशत, सीसा 0.1 प्रतिशत तथा निकिल, क्रोमियम, कोबाल्ट, वैनेडियम, चांदी, सोना, मैंगनीज आदि के रंच पाए गए हैं। इन जलाशयों के निकट तांबे, वैनेडियम और जस्ता के खनिजों से युक्त जमावटों का भी पता चला है।

भू-वैज्ञानिकों के अनुसार लाल सागर एक 'जवान' सागर है। इसकी उक्त जमावटों का पता लगने से वैज्ञानिक यह अनुमान लगाने लगे हैं कि संसार के अन्य 'जवान' सागरों की तली में भी कदाचित् ऐसी ही जमावटें मौजूद हो सकती हैं।

पानी में घुले खनिज

पानी सार्वभौमिक घोलक है। सागर के पानी में अधिकांश प्राकृतिक तत्त्व घुले हुए हैं। उसके एक लीटर में घुले तत्त्वों की मात्रा तथा सागरों में उनकी कुल मात्राएं पृष्ठ 137 की सारणी में दी गई हैं।

नमक—सागर के पानी में जो लवण सबसे ज्यादा घुला हुआ है वह है साधारण नमक (सोडियम क्लोराइड)। वही नमक जिसके बिना हमारा स्वादिष्ट से स्वादिष्ट भोजन भी बेकार हो जाता है। यही नमक हमारे स्वास्थ्य के लिए आवश्यक है। वास्तव में नमक हमारे लिए कितना महत्त्वपूर्ण और उपयोगी है, इसका आभास इस बात से होता है कि सदियों पहले ही हमारे समाज में 'नमक' और 'वफादारी' पर्यायवाची शब्द बन गए थे। नमक ही वह वस्तु है जिसके लिए गांधीजी को भी सत्याग्रह करना पड़ा था।

यही नमक पहली वस्तु थी जिसे मनुष्य ने सागर से प्राप्त करना सीखा था। किसी रेतीले तट पर गरमी के दिनों में सागर के पानी के उड़ जाने पर बाकी

बचे रहनेवाले नमक को देखकर ही कदाचित् हमारे किसी पूर्वज ने नमक बनाना सीखा होगा। कहा जाता है कि चीनियों ने ईसा के जन्म से 2,200 वर्ष पूर्व ही नमक बनाना सीख लिया था। उस समय से लेकर आज तक भी, कुछ संशोधनों सहित, नमक प्राप्त करने के लिए सागर के पानी को रेत की क्यारियों में भरकर सुखाने की विधि ही इस्तेमाल की जाती है।

आज भी सागर से प्राप्त किए जानेवाले पदार्थों में नमक की मात्रा ही सबसे अधिक है। वैसे आजकल नमक एक अत्यंत उपयोगी औद्योगिक कच्चा माल भी बन गया है। जो देश जितना अधिक नमक खर्च करता है वह औद्योगिक रूप से उतना ही प्रगतिशील समझा जाता है।

समुद्री जल में घुले तत्त्वों की मात्रा

तत्त्व	मात्रा मिली ग्राम/लीटर	सागर में कुल मात्रा (टनों में)
क्लोरीन	19,000.0	29.3×10^{15}
सोडियम	10,500.0	16.3×10^{15}
मैग्नीशियम	1,350.0	2.1×10^{15}
गंधक	885.0	1.4×10^{15}
कैल्शियम	400.0	0.6×10^{15}
पोटैशियम	380.0	0.6×10^{15}
ब्रोमीन	65.0	0.1×10^{15}
कार्बन	28.0	0.04×10^{15}
स्ट्रांशियम	8.0	$12{,}000 \times 10^{9}$
बोरोन	4.6	$7{,}100 \times 10^{9}$
सिलिकान	3.0	$4{,}700 \times 10^{9}$
फ्लुओरीन	1.3	$2{,}000 \times 10^{9}$
आर्गान	0.6	930×10^{9}
नाइट्रोजन	0.5	780×10^{9}
लीथियम	0.17	260×10^{9}
रूबीडियम	0.12	190×10^{9}
फॉस्फोरस	0.07	110×10^{9}
आयोडीन	0.06	93×10^{9}
बेरियम	0.03	47×10^{9}
इंडियम	0.02	31×10^{9}
जस्ता	0.01	16×10^{9}

तत्त्व	मात्रा मिली ग्राम/लीटर	सागर में कुल मात्रा (टनों में)
लोहा	0.01	16×10^9
एल्यूमिनियम	0.01	16×10^9
मोलिब्डेनम	0.01	16×10^9
सेलीनियम	0.004	6×10^9
टिन	0.003	5×10^9
तांबा	0.003	5×10^9
आर्सेनिक	0.003	5×10^9
यूरेनियम	0.003	5×10^9
निकिल	0.002	3×10^9
वैनेडियम	0.002	3×10^9
मैंगनीज	0.002	3×10^9
टाइटेनियम	0.001	1.5×10^9
एंटीमनी	0.0005	0.8×10^9
कोबाल्ट	0.0005	0.8×10^9
सीजियम	0.0005	0.8×10^9
क्यूरियम	0.0004	0.6×10^9
इट्रियम	0.0003	4×10^8
चांदी	0.0003	5×10^8
लैंथेनन	0.0003	5×10^8
क्रिप्टॉन	0.0003	5×10^8
निऑन	0.0001	150×10^6
कैडमियम	0.0001	150×10^6
टंगसटन	0.0001	150×10^6
जीनॉन	0.0001	150×10^6
जर्मेनियम	0.00007	110×10^6
क्रोमियम	0.00005	78×10^6
थोरियम	0.00005	78×10^6
स्कैंडियम	0.00004	62×10^6
सीसा	0.00003	46×10^6
पारा	0.00003	46×10^6
गेलियम	0.00003	46×10^6
बिस्मथ	0.00002	31×10^6

तत्त्व	मात्रा मिली ग्राम/लीटर	सागर में कुल मात्रा (टनों में)
नायोबियम	0.00001	15×10^6
थैलियम	0.00001	15×10^6
हीलियम	0.000005	8×10^6
सोना	0.000004	6×10^6
प्रोटैक्टीनियम	2×10^{-9}	3,000
रेडियम	1×10^{-10}	150
रेडॉन	0.6×10^{-15}	1×10^{-3}

ब्रोमीन—यद्यपि सागर के पानी में ब्रोमीन की प्रतिशत मात्रा बहुत कम, लगभग 0.0067 प्रतिशत ही है पर उसकी सांद्रता थल की जमावटों में उपस्थित सांद्रता की तुलना में बहुत अधिक है। सागर में उपस्थित पानी की कुल मात्रा को ध्यान में रखने पर सागर से सदियों तक ब्रोमीन प्राप्त की जा सकती है।

ब्रोमीन फोटोग्राफी और औषधि-निर्माण में ही इस्तेमाल नहीं की जाती वरन् पेट्रोल उद्योग में भी उसका बहुत महत्त्व है। उसका महत्त्व पेट्रोल में एंटी नाकिंग कंपाउंड के साथ मिलाए जानेवाले योजक, के रूप में बढ़ रहा है।

मैग्नीशियम—मैग्नीशियम एक हलकी और उपयोगी धातु है जिसका उपयोग वायुयान तथा अंतरिक्ष यान निर्माण उद्योगों में दिनोंदिन बढ़ रहा है। सागर के पानी में घुले मैग्नीशियम की मात्रा लगभग 0.13 प्रतिशत है। आज मैग्नीशियम की कुल मात्रा सागर के पानी से ही प्राप्त की जाती है।

यूरेनियम—सागर के पानी से सोना प्राप्त करने के प्रो० फिट्ज हेबर के प्रयत्नों के बारे में आप पढ़ चुके हैं। आप जानते हैं कि वास्तव में हेबर की 'असफलता' का मुख्य कारण सागर के पानी से सोना निकालने पर आनेवाली अत्यधिक लागत थी। जहां तक उस विधि के सही होने का प्रश्न था वह बिलकुल ठीक थी। लगभग यही बात आज सागर के पानी से यूरेनियम प्राप्त करने पर भी लागू होती है। वैज्ञानिकों को इस अत्यंत महत्त्वपूर्ण धातु को सागर से प्राप्त करने की विधियां ज्ञात हैं पर उनसे प्राप्त किया गया यूरेनियम थलीय जमावटों से प्राप्त यूरेनियम की तुलना में काफी महंगा बैठता है।

आशा है, भविष्य में वैज्ञानिक ऐसी विधियां विकसित करने में सफल हो जाएंगे जिनसे सागर से सोना और यूरेनियम ही नहीं वरन् अन्य अनेक महत्त्वपूर्ण धातुएं भी काफी कम लागत पर प्राप्त हो सकेंगी।

सागर से प्राप्त होनेवाली आयोडीन उसके पानी से नहीं, वरन् खरपतवार से प्राप्त होती है।

सर्वाधिक महत्त्वपूर्ण पदार्थ : जल

सागर में एक पदार्थ बहुत अधिक मात्रा में मौजूद है पर इसकी ओर आम आदमी पर्याप्त ध्यान नहीं देता। वह है पानी, जो हर प्राणी के लिए हवा के बाद सबसे आवश्यक है। प्रगति के साथ-साथ मनुष्य का पानी का खर्च भी बढ़ता जा रहा है। पानी की आवश्यकता हमें केवल पीने, भोजन पकाने, सिंचाई करने आदि के लिए ही नहीं वरन् उद्योगों में भी होती है। विडंबना यह है कि पृथ्वी के 71 प्रतिशत से भी अधिक भाग के पानी में डूबे रहने के बाद भी हमें पानी की कमी अकसर ही महसूस होती रहती है। इसका कारण है पृथ्वी पर मौजूद कुल पानी के 97 प्रतिशत से भी अधिक भाग का पीने, सिंचाई तथा उद्योगों के लिए (बिना उपचार के) अयोग्य होना।

सागर से बड़े पैमाने पर पीने योग्य पानी प्राप्त करने के लिए सिद्धांततः तीन विधियां इस्तेमाल की जा सकती हैं। ये हैं आसवन (डिस्टीलेशन), प्रति-लोम परासरण (रिवर्स आसमोसिस) और हिमीकरण (फ्रीजिंग)।

सागर पर लंबी यात्राएं करनेवाले जहाज अपने साथ बड़ी मात्रा में पीने का पानी ले जाते हैं अथवा समुद्री पानी को आसवित करते हैं। यह विधि काफी आसान है परंतु सबसे महंगी भी है। आसवन की तुलना में प्रतिलोम परासरण विधि सस्ती और सरल है। इस विधि में सागर के पानी को एक विशेष झिल्ली में से गुजारा जाता है। उसमें से केवल पानी ही निकल पाता है। लवण एक तरफ रह जाते हैं। इस विधि से समुद्री पानी में से लवणों के साथ-साथ अन्य हानिकारक पदार्थ तथा बैक्टीरिया भी अलग हो जाते हैं। इसका इस्तेमाल सागर के तट पर स्थित रेगिस्तानों के लोग आसानी से कर सकते हैं। यहां यह बता देना उल्लेखनीय होगा कि हमारे केंद्रीय नमक और समुद्री रसायन अनुसंधान संस्थान, भावनगर में भी सौर ऊर्जा से पानी आसवित करने के बारे में तथा प्रतिलोम परासरण झिल्ली विधि को अधिक सुचारु बनाने के बारे में महत्त्वपूर्ण कार्य किए गए हैं। इस संस्थान द्वारा विकसित प्रतिलोम परासरण विधि के अनुसार कार्य करनेवाला एक संयंत्र तमिलनाडु के पुथागरम गांव में स्थापित भी किया जा चुका है। यह संयंत्र हर दिन समुद्री पानी से 50,000 लीटर पेय जल प्राप्त कर सकता है।

मरुस्थली इलाकों के लिए ताजा पानी प्राप्त करने के लिए एक अन्य विलक्षण योजना भी सुझाई गई है यद्यपि इसमें समुद्र से पानी प्राप्त नहीं किया जाता परंतु उस पर से 'खींचकर' अवश्य लाया जाता है। इस योजना के अनुसार ध्रुव प्रदेशों पर जमे विशाल हिमखंडों को खींचकर मरुस्थलीय प्रदेशों तक लाने की बात सुझाई गई है। हास्यास्पद और अव्यावहारिक प्रतीत होते हुए भी वैज्ञानिक इस पर गंभीरता से विचार कर रहे हैं। अमेरिका की स्क्रिप्स ओशेनोग्राफिक इंस्टीट्यूशन में यह गणना की गई है कि अंटार्कटिक सागर से 16 किलोमीटर

लंबे और लगभग पौन किलोमीटर चौड़े हिमखंड को सऊदी अरब तक खींचकर लाने में लगभग दो माह लगेंगे। यहां उससे लगभग 250 अरब गैलन ताजा पानी मिल सकेगा। इस पानी को प्राप्त करने का खर्च एक सेंट प्रति 3,000 गैलन होगा जबकि आजकल ताजा पानी प्राप्त करने का खर्च इससे कहीं अधिक आता है। इसी प्रकार अंटार्कटिक सागर से हिमखंडों को सौराष्ट्र के तट तक भी लाया जा सकता है और सौराष्ट्र तथा राजस्थान की पानी की समस्या को हल किया जा सकता है।

जीव-जंतुओं में संचित खनिज

खनिज केवल सागर के नीचे, उसकी तली पर अथवा उसके पानी में ही उपस्थित नहीं होते, वे सागर के विविध जीवों के शरीर में भी संचित होते रहते हैं। सागर के पानी में उन लवणों की, जो रंचों में—एक भाग प्रति दस लाख भाग या उससे भी कम मात्रा में—मौजूद होते हैं, सांद्रता का नियंत्रण तो जीव-जंतु ही करते हैं। अनेक समुद्री जीवों में इन रंच लवणों को अपने शरीर में संचित करने की विलक्षण क्षमता होती है। कुछ 'सी स्कर्ट' जैसे जीव अपने आसपास के समुद्री जल की तुलना में 2,80,000 गुना अधिक वैनेडियम संचित कर सकते हैं। प्लांक्टन और समुद्री शैवाल भी इसी प्रकार के जीव हैं। उदाहरण के लिए शैवालों को जलाने पर उनकी राख के एक किलोग्राम में 560 मिलीग्राम वैनेडियम, 1,000 मिलीग्राम लोहा, 3,000 मिलीग्राम टाइटेनियम, 50 मिलीग्राम आयोडीन और 0·0014 मिलीग्राम सोना आदि पाए गए हैं।

अनेक समुद्री जंतुओं को अपनी शारीरिक क्रियाओं के लिए धातुओं की आवश्यकता होती है। उदाहरणार्थ लोबस्टर को अपने रक्त में तांबे की उसी प्रकार जरूरत होती है जैसे हमें लोहे की होती है।

मृत मछलियों की हड्डियों में भी धातुएं संचित होती रहती हैं। एक किलोग्राम हड्डियों में 700 मिलीग्राम सीसा, 1,000 मिलीग्राम टिन, 3,000 मिलीग्राम तांबा आदि पाए गए हैं।

10
ऊर्जा का विशाल स्रोत

सागर में ऊर्जा के भी विशाल भंडार हैं। उसमें विभिन्न रूपों में ऊर्जा भंडारित है। उसकी सबसे अधिक मात्रा सूर्य से प्राप्त होनेवाली ऊष्मा ऊर्जा के रूप में है। उसके बाद सागर के पानी की 'हलचल' में भंडारित ऊर्जा का स्थान आता है। यह हलचल लहरों, ज्वार-भाटाओं तथा सतह और गहरे सागर में बहनेवाली धाराओं में है।

अगर जूल की शब्दावली में कहें तो ऊष्मा ऊर्जा के रूप में, सागर के पानी में 3×10^{24} जूल ऊर्जा भंडारित है। इसी प्रकार सागर की लहरों में 10^{19} जूल, ज्वार-भाटाओं में 2×10^{17} जूल, सतह पर बहनेवाली धाराओं में 3×10^{8} और गहरे सागर की धाराओं में 10^{14} जूल ऊर्जा निहित है।

मनुष्य इस ऊर्जा का अत्यंत प्राचीन काल से ही इस्तेमाल करने पर विचार करता रहा है। इस बारे में उसने प्रयत्न भी किए। पर सागर से ऊर्जा प्राप्त करना इतना आसान नहीं है जितना सागर से अन्य वस्तुएं—खाद्य, खनिज आदि प्राप्त करना अथवा अन्य स्रोतों से ऊर्जा प्राप्त करना। इसलिए इस क्षेत्र में मनुष्य को आमतौर से असफलता ही हाथ लगती रही है। पर पिछले कुछ दशकों में प्रौद्योगिकी के क्षेत्र में आशातीत प्रगति हो जाने के फलस्वरूप अब ऐसी कुछ तकनीकें ज्ञात हो गई हैं जिनसे सागर से वास्तव में ऊर्जा प्राप्त की जा सकती है।

सागर में ऊर्जा की सबसे अधिक मात्रा उसके जल में ऊष्मा के रूप में भंडारित है। इसलिए पहले उसकी ही चर्चा कर लें। इसी ऊर्जा को प्राप्त करने के लिए ही सबसे गंभीर प्रयत्न किए गए हैं और उनमें ही सर्वाधिक सफलता मिली है। वैसे ज्वार-भाटाओं में निहित ऊर्जा को भी प्राप्त करने के कुछ प्रयत्न सफल रहे हैं।

ओटेक

सागरों का क्षेत्रफल अत्यंत विशाल है और वे पृथ्वी के हर भौगोलिक क्षेत्र में स्थित हैं। इसलिए उन पर पड़नेवाली सौर ऊर्जा की मात्रा भी अत्यंत विशाल

है। सौर ऊर्जा को भंडारित करने में पानी का एक गुण विशेष रूप से महत्त्वपूर्ण है। वह है उसकी अत्यंत उच्च ऊष्माधारिता। इसके फलस्वरूप ही समुद्री जल सौर ऊर्जा की इतनी विशाल मात्रा (3×10^{24} जूल) भंडारित किए हुए है।

सूर्य की किरणें पानी में बहुत दूर तक प्रवेश नहीं कर पातीं। उसमें निहित गरमी पैदा करनेवाली अवरक्त और लाल किरणों की प्रवेश-क्षमता तो अत्यंत कम है। इसलिए उनका अवशोषण पानी की ऊपरी परतों में ही हो जाता है। फलस्वरूप सागर की सतह का पानी काफी गरम हो जाता है, पर गहरे भागों का पानी ठंडा ही रहता है।

इससे सागर में जल के ऐसे विभिन्न स्तर बन जाते हैं जिनके तापों में काफी अंतर होता है। यह अंतर अनेक बार 20° सें० से भी अधिक हो जाता है। इसी तापांतर का उपयोग किया जाता है 'सागर ऊष्मा ऊर्जा रूपांतरण' (ओशन थर्मल एनर्जी कन्वर्जन) तकनीक में। (सागर ऊष्मा ऊर्जा रूपांतरण अथवा ओशन थर्मल एनर्जी कन्वर्जन नाम काफी बड़े हैं। इसलिए इस तकनीक का संक्षिप्त नाम 'ओटेक' —ओ० टी० ई० सी०—ही अधिक प्रचलित है। हम भी इसी नाम का उपयोग करेंगे।)

सिद्धांत—ओटेक तकनीक का सिद्धांत बहुत सरल है—इतना सरल कि अनेक बार आम आदमी उस पर विश्वास ही नहीं कर पाता। पर उसके अनुसार व्यवहार रूप में यंत्र बनाने और उनकी मदद से सागर से ऊर्जा प्राप्त करना काफी श्रम-साध्य कार्य है तथा यंत्रों के निर्माण और स्थापना पर काफी समय और पूंजी की जरूरत होती है।

भौतिकशास्त्र की दृष्टि में ओटेक तकनीक एक ऊष्मा इंजन है और उसका आधारभूत सिद्धांत वही है जो प्रचलित ताप बिजलीघर का। ओटेक तकनीक में सागर-सतह के गरम पानी और लगभग 1,000 मीटर गहराई से निकाले गए (ठंडे) पानी के तापों के अंतर का उपयोग करके बिजली पैदा की जाती है। उष्ण कटिबंधीय प्रदेशों में सागर की सतह के पानी का ताप 25° सें० जैसा ऊंचा होता है और 1,000 मीटर गहरे पानी का – 1° सें० जैसा नीचा। इसलिए वे ओटेक तकनीक के लिए सबसे उपयुक्त स्थल बन जाते हैं। वैसे जिस सागर में भी विभिन्न स्तरों के जलों के तापों में 20° सें० का अंतर हो वहां ओटेक तकनीक काम कर सकती है। इस प्रकार ओटेक तकनीक केवल उष्ण कटिबंधीय क्षेत्रों में ही नहीं वरन् आर्कटिक और अंटार्कटिक जैसे ठंडे सागरों में भी उपयोगी हो सकती है। उन प्रदेशों में सागर के पानी का ताप – 1° सें० जैसा कम होता है परंतु आसपास की हवा का ताप इससे कहीं अधिक नीचा होता है। इस तापांतर का उपयोग ओटेक के लिए किया जा सकता है।

ओटेक संयंत्र के गरम और ठंडे जलों के तापों में प्रचलित बिजलीघरों की अपेक्षा कम अंतर होता है। इसलिए उसकी दक्षता भी काफी कम होती है। प्रचलित ताप बिजलीघर की कार्नो दक्षता लगभग 80 प्रतिशत होती है और ओटेक तकनीक की मात्र 7 प्रतिशत। (व्यवहार में दक्षता और भी घट जाती है।) परंतु सागर में गरम और ठंडे जल इतनी अधिक मात्रा में उपलब्ध होते हैं कि अत्यंत कम दक्षता की पूर्ति हो जाती है।

विकास—ओटेक तकनीक का उपयोग करने का सर्वप्रथम प्रयत्न वर्ष 1881 में किया गया था। यह प्रयत्न करनेवाले थे फ्रांस के वैज्ञानिक आसेन द आर्सोन्वल। उसके बाद 1920 के दशक में उनके ही एक शिष्य, जॉर्ज क्लाड, ने भूमध्यसागर में भारी नौका का उपयोग कर पहली बार ओटेक की व्यावहारिक सफलता प्रदर्शित की। 1930 में उन्होंने क्यूबा की मतांजस खाड़ी में एक बिजली-घर भी बनाया था। पर दुर्भाग्यवश वह समुद्री तूफान में कुछ समय बाद ही नष्ट हो गया। द्वितीय विश्वयुद्ध के पश्चात् फ्रांसीसी सरकार ने 'एनर्जी द सी' नामक राष्ट्रीय सागर ऊष्मा ऊर्जा निगम बनाया और उसे अफ्रीका के पश्चिमी तट पर सागरीय ऊष्मा ऊर्जा रूपांतरण संयंत्र बनाने की संभावनाओं का पता लगाने का कार्य भी सौंपा था।

क्लाड के प्रयोग काफी समय तक—30 वर्ष से भी अधिक समय तक—उपेक्षित रहे। परंतु ऊर्जा की तेजी से बढ़ती खपत और उससे भी तेजी से बढ़ते ईंधनों के मूल्यों ने लोगों का ध्यान इस ओर फिर आकर्षित किया। 1960 के दशक के अंतिम चरण में दो अमेरिकी वैज्ञानिकों, जे० हिल्बर्ट एंडरसन और उनके पुत्र जेम्स एंडरसन, ने ओटेक में रुचि दिखाई और गंभीरतापूर्वक अपने प्रयोग आरंभ किए। उन्होंने पहले क्लाड के यंत्रों में अनेक संशोधन किए, उन्हें परिमार्जित किया और उनकी क्षमता में अत्यंत वृद्धि करके उन्हें इस योग्य बना दिया कि उनसे बिजली बनाकर लोगों को दिखाई जा सके।

ओटेक तकनीक के विकास और प्रगति की आगे चर्चा करने से पहले बेहतर होगा कि स्वयं तकनीक का संक्षिप्त विवरण—वह किस प्रकार कार्य करती है, उसके लिए मुख्य रूप से किन यंत्रों आदि की जरूरत होती है और उसके कार्यान्वियन में कौन-सी व्यावहारिक कठिनाइयां आती हैं, आदि—प्राप्त कर लें।

दो तरीके—ओटेक तकनीक से दो तरीके से बिजली बनाई जा सकती है। पहले तरीके में किसी द्रव को उबालकर गैस में परिवर्तित कर लिया जाता है। यह गैस टरबाइन को चलाती है, जिससे बिजली बनती है। पर इसमें गैस स्वयं ठंडी हो जाती है और द्रव में बदल जाती है। इस द्रव को पुनः गरम करके गैस में परिवर्तित कर लिया जाता है और इस प्रकार द्रव का गैस में परिवर्तित होने, गैस का टरबाइन चलाने और फिर ठंडी होकर द्रव में बदल जाने का चक्र चलता

ही रहता है। इस चक्र को वैज्ञानिक 'बंद चक्र' कहते हैं। इसमें द्रव के रूप में पानी का उपयोग नहीं किया जा सकता। उसके लिए कम क्वथनांकवाला कोई द्रव चाहिए। अमोनिया, प्रोपेन अथवा कोई रिफ्रीजरेंट द्रव इसके लिए उपयुक्त होता है।

सागर की सतह का गरम पानी इस द्रव को वाष्पित कर देता है। यह वाष्प टरबाइन चलाती है। बाद में सागर का ठंडा पानी (गहरे सागर से निकाला गया) वाष्प को पुनः द्रव में बदल देता है।

दूसरा तरीका है 'खुले चक्र' का। खुले चक्र में किसी कार्यकारी द्रव की आवश्यकता नहीं होती। उसके स्थान पर सागर के गुनगुने पानी को ही कम दाब पर भाप में परिवर्तित कर लिया जाता है। यह भाप टरबाइन चलाती है। इस कार्य में वह ठंडी हो जाती है। इस ठंडे जल को पुनः गरम नहीं किया जाता। यद्यपि खुली चक्र-व्यवस्था के अनेक लाभ हैं, यथा उससे उपजात के रूप में, बड़ी मात्रा में ताजा पानी मिल जाता है—पर आमतौर से बंद चक्र तरीके को ही अधिक पसंद किया जाता है। बंद चक्र तरीके की बिजली उत्पादन-क्षमता अधिक होती है। इसलिए इसी व्यवस्था के लिए आवश्यक यंत्रों पर विचार कर लें।

बंद चक्र तरीके के लिए मुख्य रूप से पंपिंग-व्यवस्था, गुनगुने और ठंडे जलों के लिए अत्यंत विशाल पाइप आदि तथा कार्यकारी तरल के लिए प्लंबिंग-व्यवस्था की जरूरत होती है। साथ ही बड़े-बड़े वाष्पक (एवोपरेटर) संघनित्रों (कंडेंसर), टरबाइन तथा संबद्ध यंत्रों की आवश्यकता होती है। यद्यपि इन यंत्रों को फिट करने के तरीके हर ओटेक संयंत्र में आवश्यकतानुसार अलग-अलग हो सकते हैं परंतु सामान्य व्यवस्था पृष्ठ १४६ के चित्र में दर्शाई गई है।

मोटे तौर पर ओटेक संयंत्र की स्थापना तीन प्रकार से की जा सकती है। सागर में तिरते चबूतरों पर, चबूतरे के निकट ही जहाज पर कारखाने लगाकर तथा थल पर। पहली दशा में सागर में एक विशाल चबूतरा बनाया जाता है। यह चबूतरा सागर में तिरता रहता है और इसी पर पूरा संयंत्र स्थापित किया जाता है। उसमें पैदा होनेवाली बिजली को जलमग्न तारों द्वारा थल पर ले जाया जाता है।

दूसरे किस्म के संयंत्र में वे काम (कारखाना चलाना आदि), जिनके लिए बिजली पैदा की जाती है, सागर पर ही, ओटेक संयंत्र स्थल के निकट ही, किए जाते हैं। ये कारखाने जहाजों पर स्थापित किए जा सकते हैं और इनमें ऐसी वस्तुएं, यथा अमोनिया, हाइड्रोजन, एल्यूमिनियम आदि बनाई जा सकती हैं जिनके उत्पादन में बड़ी मात्रा में बिजली की आवश्यकता होती है। यद्यपि इस प्रकार के प्रत्येक ओटेक संयंत्र की स्थापना पर ही उसका आर्थिक पक्ष निर्भर होता है, पर इनमें एक बड़ा लाभ होता है। बिजली ले जाने के लिए सैकड़ों किलोमीटर लंबे

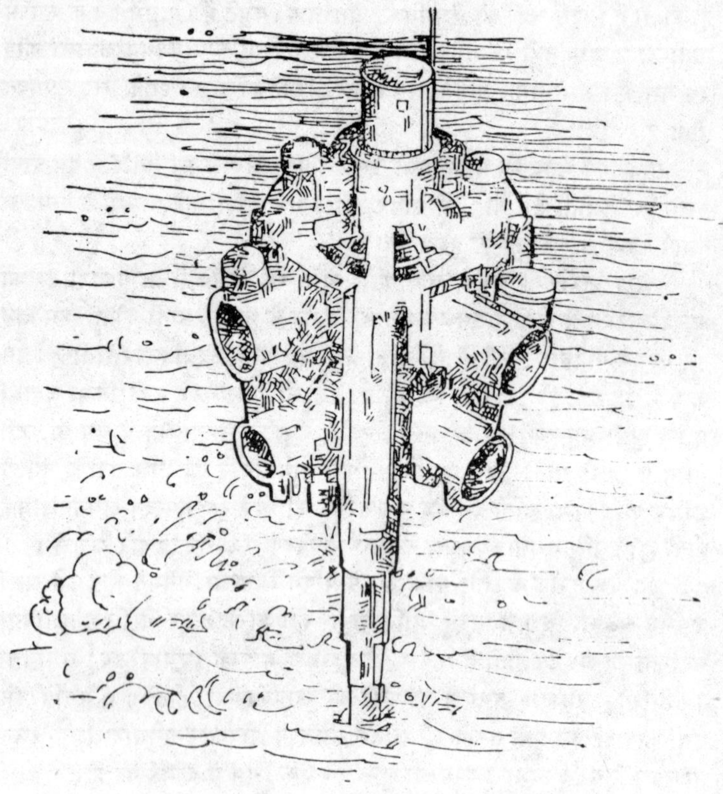

सागर ऊष्मा ऊर्जा रूपांतरण संयंत्र का एक विहंगम दृश्य (चित्रकार की दृष्टि में) इसमें टरबाइन जेनरेटर और पंप की ही नहीं वरन् कर्मचारियों के आवास की भी व्यवस्था है। इसका व्यास 75 मी०, लंबाई 485 मी० और वजन 3,00,000 टन से भी ज्यादा है। यह 16 करोड़ वॉट बिजली पैदा कर सकता है जो 10,000 आबादीवाले शहर की सब जरूरतें पूरी कर सकती है।

जलमग्न तारों की बचत। यह बचत काफी बड़ी होती है।

तीसरे प्रकार के ओटेक संयंत्र तट पर स्थापित किए जाते हैं पर इनके लिए गुनगुने और ठंडे जलों को बड़े-बड़े पाइपों द्वारा गहरे सागर से लाना पड़ता है। इस प्रकार के संयंत्र वर्तमान प्रौद्योगिक ज्ञान की मदद से आसानी से बनाए और स्थापित किए जा सकते हैं। समझा जाता है कि भविष्य में इसी प्रकार के ओटेक संयंत्रों की स्थापना अधिक होगी।

समस्याएं—ओटेक संयंत्र चाहे किसी भी प्रकार के हों, संबद्ध यंत्रों का निर्माण और उनकी स्थापना अत्यंत जटिल, श्रमसाध्य और महंगा काम है। उसके लिए ऐसे बड़े-बड़े तिरते चबूतरे बनाना, जो सागर की लहरों और भयंकर तूफानों के

थपेड़ों का मुकाबला कर सकें, आसान नहीं है। ये चबूतरे कंक्रीट या इस्पात के होते हैं और समुद्र में से तेल निकालने के लिए बनाए जानेवाले चबूतरों के सदृश होते हैं।

चबूतरे के निर्माण और स्थापना से कहीं अधिक कठिन होता है उससे 30 मीटर जैसे बड़े व्यास के और 1000 मीटर जैसे लंबे पाइपों को लटकाना। ये पाइप गहरे सागर से ठंडा पानी लाने के लिए लटकाने पड़ते हैं। इस पाइप में से एक सेकंड में 15 लाख लीटर पानी बह सकता है।

जरा सोचिए ! 30 मीटर व्यास के एक किलोमीटर लंबे पाइप में कितना पानी समा सकता है ? (400 मैगावाट के एक ओटेक संयंत्र को बिजली बनाने के लिए पानी की इतनी ही विशाल मात्रा चाहिए) पानी की इतनी मात्रा संसार की सबसे बड़ी नदी नील में बहती है।

इतने विशाल पाइप का अपना वजन ही बहुत अधिक होता है और साथ ही उस पर अनेक प्रकार के बल एक साथ काम करते हैं। उसमें से बहनेवाले पानी की तेज गति, समुद्री लहरों के थपेड़े, सागर के विभिन्न स्तरों के पानी के अलग-अलग बहाव, समुद्र के सूक्ष्मजीवों के आक्रमण आदि। अगर सच कहा जाए तो अभी तक स्वयं वैज्ञानिकों/इंजीनियरों को भी नहीं मालूम कि ठंडे पानी लानेवाले इस पाइप पर पड़नेवाले कुल बलों की मात्रा कितनी होती।

वास्तव में इस पाइप को बनाने और उसे चबूतरे से लटकाने संबंधी कठिनाइयों ने ही ओटेक संयंत्रों के निर्माण और स्थापना गति को इतना धीमा कर दिया है। इस पाइप के निर्माण के लिए अब तक प्रतिबलित कंक्रीट, स्टील, कांच, प्रतिबलित पालीमर, नायलोन, प्रतिबलित रबड़ आदि पदार्थ आजमाए जा चुके हैं।

इस संबंध में आनेवाली कठिनाइयों को ध्यान में रखते हुए कुछ वैज्ञानिकों ने यह सुझाया है कि ओटेक संयंत्रों को तट पर ही स्थापित करना चाहिए, यद्यपि ऐसा करने पर कई गुना अधिक लंबे पाइपों की जरूरत होगी, पर स्वयं पाइप सागर की तली पर लेटा रहेगा।

ठंडे पानी के पाइप के निर्माण और स्थापना के अतिरिक्त ओटेक संयंत्र में जो बड़ी कठिनाई आती है, वह ऊष्मा-विनिमयक (हीट एक्सचेंजर) से संबद्ध है। आप पढ़ चुके हैं कि प्रचलित ताप बिजलीघर की तुलना में ओटेक तकनीक की दक्षता बहुत कम होती है। पर उस दक्षता को भी बनाए रखने के लिए जरूरी है कि गुनगुने पानी की अधिकतम ऊष्मा कार्यकारी द्रव को स्थानांतरित हो जाए और इस स्थानांतरण में ऊष्मा का ह्रास कम से कम हो। इसी प्रकार बिना किसी ह्रास के, कार्यकारी द्रव से, अधिकतम ऊष्मा, ठंडे पानी को स्थानांतरित हो जाए। यद्यपि इन क्रियाओं से ऊष्मा-ह्रास को एकदम नहीं रोका जा सकता, पर उसे कम से कम अवश्य किया जा सकता है।

ऊष्मा विनिमयक वह पदार्थ है, जो ऊष्मा-ह्रास को न्यूनतम रखते हुए ऊष्मा की अधिकतम मात्रा को स्थानांतरित कर सकता है। पर बढ़िया ऊष्मा विनिमयक पदार्थ के चयन से ही समस्या हल नहीं हो जाती। उसके लिए सही आकार और सतह के वाष्पक और संघनित्र बनाना भी जरूरी है। आमतौर से ऊष्मा विनिमयक पदार्थ के रूप में जो वस्तुएं इस्तेमाल की जाती हैं वे हैं स्टेनलैस स्टील, कुप्रो-निकिल मिश्रधातुएं, एल्यूमिनियम, टाइटेनियम आदि।

ओटेक संयंत्र में जब कार्यकारी द्रव के रूप में अमोनिया का उपयोग किया जाता है तब कुप्रो-निकिल मिश्रधातुएं इस्तेमाल नहीं की जा सकतीं। यद्यपि एल्यूमिनियम का अमोनिया के साथ सही मीजान बैठ जाता है, पर समुद्र के सूक्ष्मजीव उसे जल्दी ही भेद डालते हैं। इसलिए टाइटेनियम ही ऐसा पदार्थ बच रहता है जो ऊष्मा विनिमयक के रूप में सबसे उपयुक्त है। वह मजबूत भी बहुत होता है। इसलिए उसकी बहुत पतली चादरें भी इस्तेमाल की जा सकती हैं। चादरों के पतली होने से ऊष्मा विनिमय बेहतर होता है। पर टाइटेनियम बहुत महंगी धातु है और उसका उत्पादन अब भी बहुत कम मात्रा में होता है।

ऊष्मा विनिमयक पदार्थ का चयन करने के साथ-साथ उन पात्रों के आकार और आकृति के बारे में भी काफी अध्ययन किए गए हैं जिनमें ऊष्मा विनिमय होता है। ऊष्मा विनिमय-क्षमता बढ़ाने के लिए पात्रों की सतह को अत्यंत सूक्ष्म रूप से खुरदुरी कर देना अधिक उपयुक्त पाया गया है। इसके लिए पात्र पर किसी सुचालक धातु का सरंध्र लेप चढ़ाया जाता है।

ओटेक की समस्याएं तिरते चबूतरे, ठंडे पानी के पाइप और उष्मा विनिमयकों तक ही सीमित नहीं हैं। पानी को ऊपर चढ़ानेवाले अत्यंत शक्तिशाली पंप, अत्यंत विशाल टरबाइन, बहुत लंबे, कई सौ किलोमीटर लंबे, जलमग्न केबल आदि कुछ ऐसी अन्य वस्तुएं हैं जिनका निर्माण अत्यंत जटिल और महंगा है। मजेदार बात यह है कि ओटेक संयंत्र का हर घटक बहुत बड़ा और विशाल चाहिए। उसे इतने विशाल आकार में होना चाहिए, जितना विशाल आज तक बनाया ही नहीं गया है।

इस तरह ओटेक संयंत्र की स्थापना और उससे बिजली पैदा करने में अभी बहुत अड़चनें हैं। इन अड़चनों में बहुत बड़ी मात्रा में धनराशि की आवश्यकता भी शामिल है। पर इसका यह अर्थ नहीं कि ओटेक तकनीक को एकदम त्याग ही देना चाहिए। ऐसा बिलकुल भी नहीं किया जा सकता, क्योंकि एक बार ओटेक संयंत्र के चालू हो जाने के बाद उससे इतनी अधिक मात्रा में और इतनी सस्ती बिजली मिलने लगेगी कि प्रचलित तरीके के बिजलीघरों की जरूरत ही नहीं रहेगी। ओटेक उन देशों के लिए विशेष रूप से लाभदायक है जिनके पास कोयले या पेट्रोलियम जैसे ईंधनों के पर्याप्त भंडार नहीं हैं और न ही पन-बिजली उत्पन्न करने के

संभाव्य स्रोत। पर उनके पास लंबे सागर-तट हैं। इस प्रकार विशेष रूप से सुदूर सागर में स्थित छोटे द्वीप-देशों के लिए ओटेक अत्यंत उपयोगी तकनीक है।

ओटेक तकनीक के पक्ष में एक अन्य महत्त्वपूर्ण तथ्य यह है कि वह प्रदूषण-रहित है। उससे बिजली-उत्पादन के दौरान कोई हानिकारी पदार्थ पैदा नहीं होता। साथ ही कोयले से चलनेवाले ताप बिजलीघरों की भांति उसमें बेकार बच रहनेवाली राख आदि को निपटाने की समस्या भी पैदा नहीं होती। इसलिए वह बिजली पैदा करने की नाभिकीय तकनीक की तुलना में कई गुनी बेहतर है।

इतनी जटिल, श्रमसाध्य और अत्यधिक पूंजी की मांगवाली होने के बावजूद ओटेक तकनीक में अनेक देश अत्यधिक रुचि लेते रहे हैं और अब भी ले रहे हैं। वे जानते हैं कि ओटेक तकनीक से वे लगभग अनंत काल तक बहुत सस्ती ऊर्जा पैदा कर सकते हैं। उन्हें विश्वास है कि उनकी प्रगति ओटेक पर ही निर्भर है। इसलिए वे इस तकनीक को सफल बनाने हेतु गंभीरता से अध्ययन और प्रयोग कर रहे हैं। आइए, इनकी एक झलक देखने का प्रयत्न करें।

विभिन्न देशों में प्रयोग—यद्यपि संयुक्त राज्य अमेरिका में कोयले और पेट्रोलियम के भंडारों की कमी नहीं है, पर ओटेक तकनीक संबंधी सबसे अधिक अध्ययन और प्रयोग भी इसी देश में किए गए हैं। वहां के वैज्ञानिकों ने ओटेक संयंत्र के अनेक प्रायोगिक और कार्यकारी मॉडल बनाए और वहीं पर इस मद पर सबसे अधिक धनराशि खर्च की गई है। इसके अनेक कारण हैं। इनमें से एक मुख्य कारण यह है कि संयुक्त राज्य अमेरिका में ईंधन के बहुत विशाल भंडार होने के बावजूद उसे पेट्रोलियम जैसा ईंधन बड़ी मात्रा में आयात करना पड़ता है। उसकी ऊर्जा की खपत बहुत अधिक है और देश के ईंधन भंडार उसकी पूर्ति नहीं कर पाते। पर ईंधन के आयात पर विश्व की राजनीतिक परिस्थितियों के बहुत अधिक प्रभाव पड़ते रहते हैं। इसलिए संयुक्त राज्य अमेरिका को सदैव ही ऊर्जा के नए और सस्ते स्रोतों, विशेष रूप से ऐसे स्रोतों की, जिनकी सप्लाई को अन्य देश अथवा राजनीतिक परिस्थितियां प्रभावित न कर सकें, की आवश्यकता रही है। सागर एक ऐसा ही स्रोत है और उससे ऊर्जा प्राप्त करने की एक सर्वोत्तम तकनीक है ओटेक।

इसके अतिरिक्त अमेरिका धनाढ्य देश है। वहां के वैज्ञानिक हर नई वस्तु तकनीक में रुचि लेना चाहते हैं। वे उत्साह, लगन, ज्ञान के साथ-साथ पर्याप्त मात्रा में धन भी व्यय कर सकते हैं। ओटेक तकनीक संबंधी प्रयोगों के लिए लगन और मेहनत के साथ अपार मात्रा में धन भी चाहिए।

वैसे अमेरिका के हवाई द्वीप जैसे प्रदेशों के लिए, जहां ईंधन के भंडार नहीं हैं, पर सागर का तट काफी लंबा है और उसके जल के विभिन्न स्तरों के तापों में काफी अंतर है, ओटेक तकनीक ही सर्वोत्तम है। वहां 1970 के दशक में लोगों को ओटेक में कितनी रुचि थी इसकी द्योतक है इस मद पर खर्च की जानेवाली

वार्षिक धनराशि। वर्ष 1972 में ओटेक अनुसंधान और विकास कार्यक्रम पर 85,000 डॉलर खर्च किए गए। 1976 में 85 लाख डॉलर और 1980 में 3 करोड़ 85 लाख डॉलर।

व्यावसायिक पैमाने पर बिजली बनानेवाले पहले ओटेक संयंत्र की स्थापना के लिए मैक्सिको की खाड़ी का चयन किया गया। वहां 500 मेगावाट की क्षमतावाले अनेक ओटेक संयंत्र लगाने का प्रस्ताव प्रस्तुत किया गया जिससे 30 गीगावाट बिजली पैदा हो सके। इसी प्रकार हवाई द्वीप के तटों पर ओटेक संयंत्र स्थापित करने की बात भी जोरों से उठाई गई। इस संबंध में अनेक विधेयक भी पारित किए गए और इस शताब्दी के अंत तक ओटेक तकनीक से 10,000 मेगावट बिजली प्रतिवर्ष बनाने का लक्ष्य भी निर्धारित किया गया था। इस लक्ष्य की पूर्ति के लिए काफी धनराशि की भी व्यवस्था की गई थी। पर 1980 में अमेरिका में सरकार-परिवर्तन के साथ औद्योगिक क्षेत्र में निजी उद्योगियों को ही बढ़ावा देने की नीति के फलस्वरूप अमेरिकी सरकार की ओटेक में रुचि कम हो गई। उसने ओटेक संयंत्रों की स्थापना के बारे में पहल करने की जिम्मेदारी निजी कंपनियों पर छोड़ दी। यद्यपि उस समय तक अमेरिका की दो बड़ी निजी कंपनियां, लाकहीड मिसाइल एंड स्पेस कंपनी तथा टी० आर० डब्लू० डिफेंस एंड स्पेस सिस्टम्स इंकॉर्पोरेशन, ओटेक के विकास तथा ओटेक संयंत्रों की स्थापना में बहुत रुचि ले रही थीं तथा उन्होंने जॉन हॉप्किस विश्वविद्यालय की व्यावहारिक भौतिकी प्रयोगशाला के सहयोग से संपूर्ण ओटेक सयंत्रों के डिजाइन और मॉडल आदि भी तैयार कर लिए थे, पर उन्होंने भी बाद में ढील दे दी। परिणामस्वरूप ओटेक संयंत्रों की स्थापना का काम मंद पड़ गया।

आजकल अमेरिकी सरकार का ऊर्जा विभाग हवाई द्वीपसमूह में दो ओटेक संयंत्रों का निर्माण कर रहा है। इन दोनों की क्षमता 40 मेगावाट होगी। इन में से एक तट (थल) पर बनाया जा रहा है और दूसरा सागर में तिरते चबूतरे पर। अमेरिकी कंपनियों का एक दल प्रशांत महासागर के ग्याम द्वीप में भी 48 मेगावाट क्षमता का एक ओटेक संयंत्र स्थापित कर रहा है।

यद्यपि ओटेक तकनीक में सबसे अधिक रुचि संयुक्त राज्य अमेरिका ने ली परंतु अन्य देश, विशेष रूप से जापान, फ्रांस और ब्रिटेन, भी पीछे नहीं हैं। आपको यह जानकर कदाचित् सुखद आश्चर्य होगा कि हमारे देश के सागर वैज्ञानिक भी इस विषय में अत्यधिक रुचि ले रहे हैं।

जापान ने 1970 के दशक में ही इस क्षेत्र में अनुसंधान आरंभ कर दिए थे। पहले 100 मेगावाट के तिरते हुए किस्म के ओटेक संयंत्र की स्थापना के बारे में अध्ययन किए गए। गहन अध्ययनों और प्रयोगों के बाद जापानी वैज्ञानिक 1981 में प्रशांत महासागर स्थित नारू द्वीप में 120 किलोवाट क्षमता का एक

ओटेक यंत्र स्थापित करने में सफल हो गए। तट पर स्थापित किए गए इस संयंत्र ने अगले वर्ष 31.5 किलोवाट बिजली का उत्पादन भी किया। यद्यपि बिजली की यह मात्रा काफी कम थी, पर इससे ओटेक संयंत्र की सफलता प्रमाणित हो गई। इसके बाद तोक्यो इलेक्ट्रिक एंड पावर सर्विसेज ने मारू में ही एक बड़े, 215 मेगावाट क्षमतावाले, संयंत्र की स्थापना की।

जैसाकि आप पहले पढ़ चुके हैं कि ओटेक तकनीक में पहल फ्रांस ने की थी, पर बाद में वह पिछड़ गया। वैसे आजकल फ्रांस फ्रेंच पोलीनेशिया तथा आइवरी कोस्ट में छोटे-छोटे संयंत्र स्थापित कर रहा है। फ्रांसीसी वैज्ञानिकों का मत है कि 40 मेगावाट से अधिक क्षमतावाले ओटेक संयंत्र तकनीकी रूप से दक्ष नहीं हो सकते।

ब्रिटेन की कुछ कंपनियों का एक दल कैरेबियन सागर में तिरता हुआ ओटेक संयंत्र स्थापित कर रहा है। ब्रिटेन के वैज्ञानिकों को गहरे सागर से तेल निकालने का काफी अनुभव है (ब्रिटेन पिछले अनेक वर्षों से उत्तर सागर से तेल निकाल रहा है) इसलिए वे ओटेक संयंत्रों की स्थापना में अधिक सफल हो सकते हैं क्योंकि गहरे सागर से तेल निकालने के लिए चबूतरों, यंत्रों आदि के निर्माण में जो तकनीक इस्तेमाल की जाती है, उसका उपयोग ओटेक संयंत्रों में भी भली प्रकार हो सकता है।

भारत में ओटेक—क्या भारत के तटों पर भी ओटेक संयंत्र लगाए जा सकते हैं ? हां। हमारे तटवर्ती सागर उस क्षेत्र में आते हैं जहां के विभिन्न जलस्तरों के तापों के अतर बिजली बनाने के लिए बहुत उपयुक्त पाए गए हैं। यहां सतह के पानी का ताप लगभग 29° सें० है और 1,000 मीटर गहरे पानी का लगभग 6° सें०। विशेषज्ञों का मत है कि देश के पश्चिमी और पूर्वी तटों के निचले भागों में तथा लक्षद्वीप और अंडमान द्वीपसमूहों के तटों पर छोटे-छोटे, 25 से 50 मेगावाट क्षमता के, अनेक ओटेक संयंत्र स्थापित किए जा सकते हैं। ये बिजली की स्थानीय कमी को आसानी से दूर कर सकते हैं। तमिलनाडु बिजली बोर्ड ने तो राष्ट्रीय सागर विज्ञान संस्थान के सहयोग से ओटेक संयंत्रों की स्थापना के लिए अपने तट के सर्वेक्षण भी कराए हैं। हमारे अनुसंधान पोत 'गवेषणी' द्वारा किए गए इन सर्वेक्षणों में यह पाया गया कि बंगाल की खाड़ी की सतह पर गरम पानी की 75 मीटर मोटी एक तह है। उसमें पानी का ताप 29° सें० है और सतह से लगभग 120 मीटर नीचे 6° सें०। यह ओटेक संयंत्रों की स्थापना के लिए बहुत उपयुक्त है। तमिलनाडु के तट पर 4 ऐसे स्थानों का पता लगाया जा चुका है जहां ओटेक संयंत्र स्थापित किए जा सकते हैं।

देश में पहले ओटेक संयंत्र के लिए लक्षद्वीप समूह की राजधानी कवरेती के पास एक स्थान का चयन किया गया था। इस उद्देश्य से वहां के तटीय सागर के

अध्ययन भी किए गए थे परंतु बाद में कुछ कारणों से उस स्थान को त्यागना पड़ा। अब उसी द्वीपसमूह के मिनीकाय द्वीप पर स्थल छांटा गया है। वहां भारत सरकार का गैर-परंपरागत ऊर्जा विभाग तट पर एक छोटे ओटेक संयंत्र की स्थापना कर रहा है। इसके लिए महासागर विकास विभाग आवश्यक अध्ययन कर रहा है। राष्ट्रीय सागर विज्ञान संस्थान और इंडियन इंस्टीट्यूट ऑफ टेक्नोलॉजी, मद्रास भी तकनीकी सहायता प्रदान कर रहे हैं।

ऊर्जा के अन्य स्रोत

ज्वार-भाटा—आप पढ़ चुके हैं कि सागर के ज्वार-भाटों में भी बहुत बड़ी मात्रा में, 2×10^{17} जूल जैसी विशाल मात्रा में, ऊर्जा भंडारित है। सागर के पानी के दैनिक उतार-चढ़ाव में निहित ऊर्जा का उपयोग करने के लिए मनुष्य आदिकाल से ही लालायित रहा है। प्रौद्योगिकी के विकास के साथ उसे इस बारे में कुछ सफलता भी मिली है। कुछ दशक पूर्व फ्रांस में ज्वार में निहित ऊर्जा का उपयोग करनेवाले प्रथम बिजलीघर को स्थापित किया गया। आजकल अनेक देशों में ज्वारों से छोटे पैमाने पर बिजली बनाई जा रही है।

विश्व के कुछ ज्वार बिजलीघर

परियोजना	देश	वार्षिक उत्पादन (करोड़ किलोवाट घंटों में)
रांस	फ्रांस	80
लोरियां	फ्रांस	24
चोसे	फ्रांस	1,500
आर्गना लांसिए	फ्रांस	85
ब्रैस्ट	फ्रांस	90
सोम	फ्रांस	100
पस्सामोकोडी	सं० रा० अमेरिका	60
आर० पेट्टिकोडियाक (फंडी की खाड़ी)	कनाडा	160
सेवर्न	ब्रिटेन	236.5
सानजोस की खाड़ी	अर्जेंटाइना	1,000

आरंभ में ज्वार-भाटे से बिजली बनाने के लिए उसमें निहित गतिज ऊर्जा का रूपांतरण किया जाता था। अब ज्वार-भाटा की स्थितिज ऊर्जा को भी विद्युत् में रूपांतरित करने के प्रयत्न किए जा रहे हैं। इस प्रकार के रूपांतरण हेतु टरबाइनों का उपयोग किया जाता है।

विद्युत् उत्पन्न करने के लिए पहले ज्वार-भाटे के प्रवाह को किसी खाड़ी अथवा बड़े 'जलाशय' में भर लिया जाता है। खाड़ी के द्वार पर (जहां वह खुले समुद्र से मिलती है) एक अवरोधक लगा दिया जाता है। यह अवरोधक एक प्रकार से बांध का कार्य करता है और ज्वार के पानी का आधिक्य ही इस पर से बहकर समुद्र में जा सकता है। इससे ज्वार के पानी का स्तर समुद्र के पानी के स्तर से काफी ऊंचा हो जाता है। अब ज्वार के पानी को समुद्र में गिराकर उससे अवरोधक के पास लगी टरबाइनों को चलाया जाता है। इससे ज्वार के पानी की स्थितिज ऊर्जा विद्युत् में बदल जाती है।

पर इस व्यवस्था में उस समय व्यवधान उत्पन्न हो जाता है, जब 'शीर्ष' (हैड) कम हो जाता है ('शीर्ष' समुद्र के जल का सामान्य तल व संग्रहित जल के तल के अंतर को कहते हैं)। ऐसे समय टरबाइन नहीं चल पाती और विद्युत्-उत्पादन बंद हो जाता है।

ज्वार-भाटे की गतिज ऊर्जा के रूपांतरण से प्राप्त विद्युत् ऊर्जा साधारणतः ज्वार के ऊर्ध्वाधर शीर्ष के वर्ग की समानुपाती होती है। साम्य अवस्था में बृहत् (सबसे ऊंचे) और लघु (सबसे कम) ज्वारों की ऊर्ध्वाधर परासों का अनुपात 1.46 : 9.54 होता है। बृहत् ज्वार से प्राप्त ऊर्जा का मान लघु ज्वार से प्राप्त होनेवाली ऊर्जा की तुलना में सात गुना अधिक होता है। समुद्री जल के तल में होनेवाले दैनिक परिवर्तनों का भी प्राप्य ऊर्जा पर प्रभाव पड़ता है।

अतएव ज्वार-भाटों से प्राप्त ऊर्जा के मान को निरंतर समान बनाए रखने के लिए उत्पादन-व्यवस्था में अनेक संशोधन करने पड़ते हैं। इन संशोधनों में खाड़ी में संग्रहित जल दो-तीन क्षेत्रों में विभक्त कर लिया जाता है। इन जल-क्षेत्रों का संबंध आपस में और समुद्र से टरबाइनों की मदद से किया जाता है।

तीन प्रकार के संयंत्र—इन व्यवस्थाओं के अनुसार ज्वार-भाटा से बिजली उत्पन्न करनेवाली विधियों को निम्न वर्गों में बांटा जा सकता है—

(1) एक संग्रहण क्षेत्रवाले संयंत्र (सिंगल बेसिन पावर प्लांट)

(2) दो संग्रहण क्षेत्रवाले संयंत्र (डबल बेसिन प्लांट)

(3) पंप भंडारन संयंत्र।

एक संग्रहण क्षेत्रवाले संयंत्र भी तीन प्रकार के होते हैं।

पहले प्रकार के संयंत्र से केवल उतरते ज्वार के समय विद्युत् प्राप्त की जा सकती है। इस संयंत्र से ऊर्जा उत्पादन-दक्षता केवल 22 प्रतिशत होती है। दूसरे प्रकार के संयंत्र से ज्वार के चढ़ाव के समय बिजली बनाई जाती है। इससे ऊर्जा के उत्पादन की दक्षता केवल 19 प्रतिशत ही रहती है। तीसरे प्रकार के एक संग्रहण क्षेत्र संयंत्र के ज्वार के चढ़ाव और उतार दोनों समय बिजली बनाई जा सकती है। इसका उपयोग सर्वप्रथम फ्रांस में रांस नामक स्थान पर किया गया

है। इससे ऊर्जा उत्पादन की दक्षता लगभग 34 प्रतिशत होती है।

दो संग्रहण क्षेत्रवाले संयंत्र निम्नलिखित तरीके से कार्य करते हैं : एक क्षेत्र को दूसरे की अपेक्षा कुछ ऊंचाई पर रखा जाता है जिससे उच्च क्षेत्र से निम्न क्षेत्र की ओर जल प्रवाहित हो सके। उच्च क्षेत्र के जल का तल निचले तल से ऊंचा होता है परंतु समुद्री जल की सतह से नीचा ही होता है। ज्वार के उतार के समय उच्च क्षेत्र में जल-द्वार से समुद्री जल भर जाता है। यदि दोनों क्षेत्रों की जल सतहों का अंतर काफी होता है तब उनके साथ लगी टरबाइनों से ऊर्जा-उत्पादन शुरू हो जाता है। ज्वार के उतार के आरंभिक काल व चढ़ाव के अंतिम काल में निम्न क्षेत्र का जल समुद्र की ओर के द्वार से निकल जाता है। इस प्रकार की व्यवस्था से ऊर्जा का उत्पादन सबसे अधिक व निरंतर होता रहता है। इस संयंत्र की दक्षता भी लगभग 35 प्रतिशत होती है।

पंप भंडारनवाले संयंत्र—भंडारन क्षेत्रों से जल निकालने या समुद्र संग्रहण क्षेत्रों में जल भरने का कार्य पंप की सहायता से किया जाता है। इससे किसी भी समय संग्रहण क्षेत्रों में जल की सतह को समुद्र की सतह से कम या ज्यादा किया जा सकता है और इस प्रकार एक निश्चित शीर्ष-अंतर होने पर ऊर्जा का उत्पादन टरबाइन की सहायता से कर लिया जाता है। कभी-कभी 'प्रत्यावर्ती टरबाइनों' (जो विपरीत दिशा में भी कार्य कर सकती हैं) का भी उपयोग किया जाता है। अतः टरबाइनें पंप की तरह कार्य करती हैं।

संग्रहण क्षेत्रों को दो क्षेत्रों में विभक्त किया जाता है तथा उच्च व निम्न क्षेत्रों की जल-सतह के शीर्ष में काफी अंतर होने पर स्वयं टरबाइनों की सहायता से ऊर्जा-उत्पादन होने लगता है। इस व्यवस्था में निम्न संग्रहण क्षेत्र बहुत गहरा होना चाहिए। यही सबसे अधिक दक्षतावाला और निरंतर ऊर्जा-उत्पादन करनेवाला संयंत्र है।

आजकल त्रि-संग्रहण क्षेत्र संयंत्र का भी उपयोग किया जाने लगा है।

लाभ— ज्वार-भाटा-जनित विद्युत् अन्य सभी ऊर्जा-स्रोतों की अपेक्षा अधिक मात्रा में और निरंतर मिल सकती है। वह सस्ती भी पड़ती है।

इससे हर प्राकृतिक परिस्थिति में ऊर्जा-उत्पादन संभव है। साथ ही किन्हीं बाहरी पदार्थों, यथा कोयला, गैस व तेल आदि की आवश्यकता नहीं पड़ती। उन पर बाढ़ या सूखे का भी कोई प्रभाव नहीं पड़ता।

ज्वार-भाटा से ऊर्जा-उत्पादन में प्रदूषण की समस्या उत्पन्न नहीं होती।

उत्पादन की क्षमता को आसानी से बढ़ाया जा सकता है क्योंकि यंत्रों का आकार बड़ा नहीं होता।

अन्य ऊर्जा-स्रोतों की अपेक्षा बहुत कम आवश्यक यांत्रिक अवयवों से उत्पादन हो जाता है।

असुविधाएं—ज्वार-भाटा काल व सौर दैनिक काल में थोड़ा-सा अंतर आ जाने पर भी जनित ऊर्जा का मान बदलता रहता है। यंत्र, अवरोधक, जल-कपाट आदि बहुत मजबूत होने चाहिए, क्योंकि उनको कभी-कभी बहुत तूफानी जलप्रवाह व बर्फीले प्रहार का सामना करना पड़ सकता है।

समुद्री जल व संग्रहण क्षेत्रों की जल-सतहों के अंतर बदलते रहने से प्राप्त ऊर्जा का मान प्रतिदिन व घंटे-घंटे में बदलता रहता है अतः पंप-व्यवस्था का प्रयोग करना चाहिए।

सूर्य और चंद्रमा के परिक्रमा-पथों के दीर्घाकार होने तथा चंद्रमा का सूर्य के अनुदिश न होने के कारण भी ज्वार-भाटा की परास व नियमितता बदलती रहती है जिसके फलस्वरूप प्राप्य ऊर्जा की निरंतरता प्रभावित होती रहती है। जल-संग्रहण क्षेत्रों के अंदर भी ज्वार-भाटा परास का अवशोषण हो जाता है।

ज्वार-भाटा-जनित ऊर्जा किसी निकटवर्ती नगर को ही प्रदान की जा सकती है।

ज्वार-भाटे से ऊर्जा-उत्पादन के क्षेत्र में कनाडा, अर्जेंटाइना, अमेरिका, चीन, इंग्लैंड, फ्रांस, ऑस्ट्रेलिया, रूस और जापान में काफी कार्य हुआ है। हमारे देश में भी नवलाखी, कच्छ, भावनगर, खंभात की खाड़ी और डायमंड हार्बर (कलकत्ता) में ज्वार-भाटे से बिजली बनाए जा सकने की संभावनाएं हैं।

लहरों से बिजली

यद्यपि सागर में उठती हुई ऊंची-ऊंची लहरों की ऊर्जा को बिजली में बदलने के सपने मनुष्य बहुत पुराने जमाने से देख रहा है, पर अभी तक लहरों से बड़े पैमाने पर बिजली पैदा करने में सफलता नहीं मिली है।

लहरों से हर स्थान पर बिजली नहीं बनाई जा सकती। इसके लिए लंबा तट होना चाहिए, जिसके आगे खुले सागर में तेज पवनें बहती हों पर पर्वत आदि कोई बाधा न हो। ऐसा आमतौर पर महासागरों के कगारों पर, मध्य अक्षांशों में, महाद्वीपों के पश्चिमी किनारों पर ही होता है।

लहरों से बिजली बनाने के लिए विश्व की अनेक प्रयोगशालाओं/संस्थाओं में अध्ययन और प्रयोग किए गए हैं। फलस्वरूप लहर-बिजलीघरों के अनेक मॉडल तैयार किए गए हैं। इनमें से कुछ बड़े पैमाने पर लहरों की ऊर्जा से बिजली पैदा करने में भी सक्षम हैं। पर कदाचित् सबसे अधिक सफलता मिली है 'आसिलेटिंग वाटर कॉलम डिवाइस' को। यह 0.5 मेगावाट बिजली पैदा कर सकता है।

भारत में भी लहरों से बिजली पैदा करने के प्रयत्न किए गए हैं। इनमें महासागर विकास विभाग के अतिरिक्त इंडियन इंस्टीट्यूट ऑफ टेक्नोलॉजी, मद्रास; सेंटर फॉर अर्थ साइंस स्टडीज, त्रिवेंद्रम; इंडियन इंस्टीट्यूट ऑफ टेक्नोलॉजी,

दिल्ली और किर्लोस्कर इलेक्ट्रिक कंपनी, बंगलौर आदि संस्थाओं ने भी सहयोग दिया है।

इंडियन इंस्टीट्यूट ऑफ टेक्नोलॉजी, मद्रास ने भी एक आसिलेटिंग वाटर कॉलम डिवाइस विकसित की है। इस संस्था ने दो ऐसे स्थलों का भी पता लगाया है जहां लहरों से बिजली पैदा की जा सकती है। ये स्थल मद्रास और त्रिवेंद्रम शहरों के निकट हैं। इनमें से त्रिवेंद्रम शहर के निकट, विंझिजम, स्थल इस काम के लिए बेहतर पाया गया है।

विंझिजम में 10 मीटर गहरे सागर में 17 मीटर ऊंचा, 19 मीटर लंबा और 13 मीटर चौड़ा कंक्रीट का चबूतरा बनाया गया है। इसका वजन लगभग 1,600 टन है। इस पर दो मीटर व्यास की एक वायु टरबाइन स्थापित की गई है जिसकी क्षमता 150 किलोवाट है।

विंझिजम-तट पर वर्ष-भर एक-सी ऊंचाई (शक्ति) की लहरें नहीं उठतीं। इसलिए यह टरबाइन वर्ष-भर एक-सी क्षमता से कार्य कर नहीं सकेगी। समझा जाता है कि यह अप्रैल से नवंबर तक की अवधि में 75 किलोवाट, दिसंबर से मार्च तक 25 किलोवाट और जून से सितंबर तक 120 किलोवाट बिजली का उत्पादन कर सकेगी।

जलधाराओं से बिजली

यद्यपि जलधाराओं से बिजली पैदा करना कदाचित् सबसे कठिन कार्य है, पर संयुक्त राज्य अमेरिका और जापान के कुछ वैज्ञानिकों ने इस बारे में प्रयोग किए हैं। एक सुझाव के अनुसार गल्फ स्ट्रीम में, फ्लोरिडा के तट के निकट, 60 किलोमीटर लंबे और 30 किलोमीटर चौड़े क्षेत्र में 242 बड़ी टरबाइनें लगाकर बिजली बनाई जा सकती है। इनमें से प्रत्येक टरबाइन 100 मीटर लंबी और 170 मीटर व्यास की होगी जिसमें 90 मीटर व्यास के रोटर ब्लेड लगे होंगे और वह 83 मेगावाट बिजली पैदा कर सकेगी। पर इतनी विशाल टरबाइनें बनाना और उन्हें स्थापित करना लगभग असंभव कार्य है। वैसे इस सुझाव पर अध्ययन किए जा रहे हैं।

इसी भांति जापान के वैज्ञानिक भी क्यूरोसिवो जलधारा से बिजली बनाने के प्रयत्न कर रहे हैं।

लवणता अंतर

जब ब्राइन से ताजा जल प्राप्त किया जाता है तब ऊर्जा की आवश्यकता होती है। यदि इस क्रम को उलटा कर दिया जाए तो ऊर्जा मुक्त होगी। इसी सिद्धांत पर विभिन्न लवणताओं के जलों को आपस में मिलाकर ऊर्जा प्राप्त करने के

सुझाव प्रस्तुत किए गए हैं। मिलाए जानेवाले जलों की लवणताओं में जितना अधिक अंतर होगा, प्राप्त होनेवाली ऊर्जा की मात्रा भी उतनी ही अधिक होगी। इसलिए नदियों के ताजे जलों (जिनकी लवणता बहुत कम होती है) को सागरों के जलों से मिलाने पर अधिक ऊर्जा प्राप्त हो सकती है।

इस बारे में दो तकनीकें सुझाई गई हैं और उन्हें पेटेंट भी करा लिया गया है। पहली तकनीक में भिन्न-भिन्न लवणताओं के जलों को अर्द्धपारगम्य झिल्ली से अलग किया जाता है। परासरण (ओसमोसिस) क्रिया से दोनों जलों को आपस में मिलाया जाता है। जलों के मिलने की इस क्रिया में ऊष्मा उत्पन्न होती है। इस ऊष्मा को बिजली में परिवर्तित किया जा सकता है।

दूसरी तकनीक में भिन्न-भिन्न लवणताओं वाले जलों के बीच में एक विद्युत् सुचालक झिल्ली रखी जाती है और उसे एक विद्युत् परिपथ का अंग बना दिया जाता है। जलों में आयनों के स्थानांतरण से विभव उत्पन्न होती है और विद्युत् धारा उत्पन्न हो जाती है।

पर अब तक इन तकनीकों से बड़े पैमाने पर बिजली नहीं बनाई जा सकी है।

घनत्वों में अंतर

सागर के जल के विभिन्न स्तरों के तापों में अंतर उत्पन्न हो जाने से उनके घनत्वों में भी अंतर हो जाता है। वैसे विभिन्न जलस्तरों के तापों के अंतर का उपयोग करके ओटेक विधि से भी बिजली पैदा की जा सकती है, पर कुछ वैज्ञानिकों का मत है कि घनत्वों के अंतर से अधिक मात्रा में और अधिक आसानी से बिजली प्राप्त हो सकती है। अब तक इस प्रकार बिजली पैदा करने के लिए वास्तविक संयंत्र नहीं लगाए गए हैं। वैज्ञानिक इस बात पर सहमत हैं कि सागर से ऊर्जा प्राप्त करने हेतु घनत्वों के अंतर की अपेक्षा अन्य स्रोत बेहतर हैं।

बायोमास

प्रथम दृष्टि में सागर में ईंधन उगाना और उससे बिजली पैदा करने का तरीका काफी अव्यावहारिक प्रतीत होता है, पर वास्तव में सागर से ऊर्जा प्राप्त करने का यह तरीका अन्य अनेक तरीकों से बेहतर और व्यावहारिक है। इस तकनीक में सागर की खाद्य शृंखला की उच्च दक्षता का उपयोग करके सागर के पानी में मौजूद पोषक तत्त्वों से बायोमास प्राप्त की जाती है। यह बायोमास अनेक प्रजातियों के पौधों के रूप में—सूक्ष्म शैवाल से लेकर बृहताकार केल्प जैसे बड़े समुद्री पौधों के रूप में—हो सकती है और इसे सागर में पैदा करने के अनेक लाभ हो सकते हैं।

एक बार बायोमास प्राप्त हो जाने पर उसे ईंधन में परिवर्तित किया जा

सकता है। पर बायोमास को सीधा ही ईंधन के रूप में जलाना न तो आर्थिक रूप से लाभप्रद होगा और न ही उससे पर्याप्त ऊर्जा प्राप्त हो सकेगी। इसलिए उसे रासायनिक रूप से विघटित करके कार्बनिक अम्ल और तत्पश्चात् ओलीफिनऔर हाइड्रोकार्बन—मुख्यत: मीथेन—में परिवर्तित करना उपयुक्त होगा। रसायनज्ञों को इस बारे में अनेक सरल और सस्ती विधियां ज्ञात हैं। अवायवीय पाचन (एनारोबिक डायजैशन) एक ऐसी विधि है जिससे बायोमास से मीथेन और कार्बन डाइऑक्साइड तो प्राप्त होती ही है, साथ ही अनेक पोषक पदार्थ, विशेष रूप से नाइट्रोजन, अवशिष्ट के रूप में बच रहते हैं। इस अवशिष्ट को बाद में उर्वरक के रूप में इस्तेमाल किया जा सकता है।

ब्रिजली पैदा करने हेतु बायोमास प्राप्त करने के लिए ओटेक तकनीक से परोक्ष सहायता ली जा सकती है। जैसाकि आप जानते हैं कि ओटेक तकनीक में गहरे सागर के पानी को पंपों द्वारा सतह पर लाना जरूरी होता है। गहरे सागर से आनेवाला यह पानी पोषक पदार्थों से भरपूर होता है। साथ ही वह रोग उत्पन्न करनेवाले कारकों से भी मुक्त होता है। इसलिए वह वनस्पति (बायोमास) उत्पादन के लिए सर्वोत्तम माध्यम हो सकता है।

इस प्रकार बायोमास-उत्पादन को ओटेक संयंत्र के साथ संयोजित कर देने से लागत में बहुत कमी आ सकती है।

इन सब बातों पर विचार करके 1970 के दशक में संयुक्त राज्य अमेरिका के वैज्ञानिकों ने अनेक समुद्री जीवों के विकास और वृद्धि पर गहन अध्ययन किए। जापान में तो सागरीय परियोजनाओं पर उत्स्रवित जल (गहरे सागर से ऊपर आए जल) के प्रभावों का अध्ययन करने के लिए प्रायोगिक संयंत्र भी स्थापित किया गया था। उसमें कैल्प का उपयोग किया गया था। यद्यपि इन प्रयोगों में काफी सफलता मिली, पर अभी तक बड़े पैमाने पर समुद्री बायोमास से ऊर्जा प्राप्त करने प्रयत्न नहीं किए गए हैं। इसका एक प्रमुख कारण यह है कि वैज्ञानिकों के अनुसार बायोमास छोटे पैमाने पर ही बिजली पैदा करने के लिए अधिक उपयुक्त होगा।

बायोमास को पहले उपयुक्त रसायनों में परिवर्तित करने का एक बड़ा लाभ यह है कि रसायनों को आसानी से एक जगह से दूसरी जगह ले जाया जा सकता है तथा उन्हें अन्य कामों में भी प्रयुक्त किया जा सकता है। साथ ही बायोमास से परोक्ष रूप से पैदा की गई बिजली को ले जाने के लिए जलमग्न तारों की जरूरत नहीं होगी।

सागर पर बहनेवाली पवनें

थल पर बहनेवाली तेज पवनों की ऊर्जा से बिजली बनाने के प्रयत्न अनेक स्थानों पर किए जा रहे हैं और इनमें काफी हद तक सफलता भी मिली है, पर

अभी तक पवन ऊर्जा को बड़े पैमाने पर बिजली में परिवर्तित नहीं किया जा सका है। आमतौर से कुएं से पानी निकालने या एक घर को प्रकाशित करने के लिए अथवा अन्य छोटे-मोटे कामों के लिए ही पवनजनित विद्युत् का उपयोग किया जाता है। पर सागरों पर बहती हुई तेज पवनों की ऊर्जा का उपयोग बड़े पैमाने पर बिजली बनाने के लिए किया जा सकेगा यद्यपि उसके लिए थलीय तकनीकों का उपयोग नहीं किया जा सकता और न ही सागर पर तिरती हुई पवनचक्कियां लगाई जा सकती हैं। वास्तव में इस बारे में अब तक जो अध्ययन किए गए हैं, उनमें पवन ऊर्जा और लहर ऊर्जा को साथ-साथ इस्तेमाल करने की ओर ही अधिक रुझान रहा है। उनके लिए एक ही स्थान पर ऐसे संयंत्र स्थापित करने की बात सोची गई है जो पवन ऊर्जा के साथ लहर ऊर्जा का भी उपयोग कर सके। इसलिए जब कभी लहर ऊर्जा के उपयोग में सफलता मिलेगी, शायद तब ही सागर पर बहनेवाली तेज पवनों की ऊर्जा का उपयोग भली-भांति किया जा सकेगा।

सागर के गर्भ के कोयला भंडार

यद्यपि सागर की तली में स्थित कोयला भंडारों का उपयोग कर बिजली बनाना वस्तुतः सागर से प्राप्त होनेवाली ऊर्जा के क्षेत्र में नहीं आता परंतु वे ऊर्जा के ऐसे स्रोत हैं जिनका अब तक बिलकुल भी उपयोग नहीं किया गया है। यद्यपि पिछले अनेक वर्षों से कोयले के थलीय भंडारों के (सागर के नीचे) विस्तारों में कंक्रीट ग्रेविटी प्लेटफार्मों पर से गहरी सुरंगें खोदकर, उनमें से बिजली पहुंचाकर खुदाई की जा रही है, पर ऐसा उन्हीं भंडारों में किया जा सकता है जो तट से अधिक से अधिक 10 किलोमीटर दूर स्थित हों। खुले सागरों में तट से, काफी दूर स्थित, भंडारों में ऐसा नहीं किया जा सकता जबकि ऐसे भंडारों की संख्या काफी अधिक अनुमानी जाती है। साथ ही उनमें बढ़िया किस्मों के कोयले की बहुत विशाल मात्रा मौजूद है। इसके लिए तो (गहरे) सागर में ही जाकर खुदाई करनी पड़ेगी।

खुले सागरों में स्थित भंडारों में से कोयला निकालने के लिए सागर में विशाल तिरते चबूतरे बनाकर उन पर से खुदाई की जा सकती है। पर गहरे सागरों के भंडारों में ऐसा करना संभव नहीं होगा। वहां गहराई के तथा खुदाई में उत्पन्न होनेवाली ऊष्मा की विशाल मात्रा के कारण प्रचलित तकनीकों का इस्तेमाल नहीं किया जा सकता। इसलिए अन्य तकनीकों का उपयोग करना पड़ेगा। भंडारों में ही कोयले को गैस में परिवर्तित करना एक ऐसी तकनीक है जो प्राकृतिक गैस के कुओं में अपनाई जाती है। गैस को आसानी से तट पर लाया जा सकता है।

कोयले को गैस में बदलने की आज हमें अनेक विधियां ज्ञात हैं। इनमें से

कुछ का उपयोग व्यावसायिक पैमाने पर भी किया जा रहा है। इनसे प्राप्त होने-वाले अंत-उत्पाद आमतौर से हाइड्रोजन, मीथेन, कार्बन मोनो-ऑक्साइड आदि होते हैं, पर वह तकनीक सर्वोत्तम समझी जाती है जिससे मीथेन सबसे अधिक मात्रा में प्राप्त होती है। यद्यपि ऐसी तकनीक रासायनिक रूप से जटिल नहीं है, पर उसमें कोयले के काफी छोटे टुकड़े करना और उन्हें 500° सें० से भी अधिक ताप तक, भाप की मौजूदगी में, गर्म करना जरूरी होता है। थल पर इसमें कोई मुश्किल नहीं होती, पर गहरे सागर में स्थित खानों में ऐसा करना काफी कठिन कार्य होगा। साथ ही खानों में कोयले को गैस में बदलने के लिए भी तिरते चबूतरों आदि की जरूरत होगी।

11
सागर भी प्रदूषित होते जा रहे हैं

मानव-प्रगति का कदाचित् सबसे बड़ा 'बोनस' है प्रदूषण और यह प्रदूषण ही आज संसार की सबसे बड़ी समस्या बनता जा रहा है। उसके फलस्वरूप संपूर्ण पृथ्वी का अस्तित्व खतरे में पड़ने लगा है। आज केवल वायु, जल (थलीय) और भूमि ही प्रदूषित नहीं हैं, सागर भी प्रदूषित हैं। सागर के वे भाग भी, जो पिछले कुछ दशकों तक शुद्ध थे, तेजी से प्रदूषित होते जा रहे हैं। आज से लगभग 30 वर्ष पहले, 10 वर्षों की समुद्री यात्रा से लौटने पर जैक्स कुस्तू ने अपने निष्कर्षों को एक ही वाक्य में व्यक्त किया था—"सब सागर मृतप्राय होते जा रहे हैं।" निस्संदेह कुस्तू को सागर के बारे में जितना ज्ञान है उतना किसी अन्य व्यक्ति को नहीं। उनके अनुसार, पिछले कुछ दशकों में समुद्री जीव-जंतुओं की संख्या में बहुत तेजी से कमी आई है। उनकी संख्या में 40 प्रतिशत तक की कमी हो गई है। साथ ही हजारों जातियों के जीव-जंतु समूल रूप से लुप्त हो गए हैं।

सागर को अनेक वस्तुएं दूषित कर रही हैं जिनमें भारी धातुओं के यौगिक, कीटनाशक, रेडियोधर्मी अवशेष, घरेलू कूड़ा-कर्कट, नागरीय सीवेज शामिल हैं। पर यदि हमें सागरीय प्रदूषण के लिए किसी एक कारक को सबसे अधिक उत्तरदायी बताना हो तो निश्चय ही हमें पेट्रोलियम का नाम लेना पड़ेगा। इसलिए पहले पेट्रोलियम प्रदूषण की ही चर्चा कर ली जाए।

पेट्रोलियम

पेट्रोलियम हमारे लिए अत्यंत उपयोगी पदार्थ है। उससे निकाले गए डीजल और पेट्रोल हमारे मोटर वाहन चलाते हैं; रेलगाड़ियां दौड़ाते हैं और हवाई जहाज उड़ाते हैं। मिट्टी के तेल और पेट्रोलियम गैस को बड़े पैमाने पर घरों में जलाया जाता है। कारखानों में डीजल से बिजली के जेनरेटर चलाए जाते हैं। पेट्रोलियम से प्राप्त रसायनों के उपयोगों का तो कहना ही क्या, आज हम पेट्रोलियम के बिना

जीवन की बात भी नहीं सोच सकते । पर जब यही पेट्रोलियम सागर पर बिखर जाता है तो तबाही मचा देता है और ऐसा होता ही रहता है । पेट्रोलियम पानी से हलका होता है और उस पर बहुत तेजी से फैल जाता है । एक टन पेट्रोलियम पानी की 1,200 हेक्टेयर सतह पर फैल सकता है ।

आमतौर पर पेट्रोलियम के पेट्रोल, डीजल जैसे हलके अंश हानिकर नहीं होते, क्योंकि वे बिखरने के बाद शीघ्र ही वाष्पित हो जाते हैं, लेकिन अशोधित खनिज तेल पानी में बिखरने के बाद आसानी से अलग नहीं हो पाता । तेल-प्रदूषण की घटनाएं इसी तेल के कारण अधिक भयानक होती हैं । खनिज तेल में अनेक प्रकार के कार्बनिक यौगिक पाए जाते हैं जिनमें प्रमुख हैं पैराफिन, चक्रीय पैराफिन व एरोमैटिक यौगिक जो अलग-अलग रूप व मात्रा में जल-जीवन के लिए हानिकारक होते हैं ।

सागर पर बिखरे तेल में अनेक परिवर्तन होते हैं । तेल की थोड़ी मात्रा पानी में घुल जाती है । कुछ मात्रा सूक्ष्मजीव विघटित कर देते हैं । वे इसके हाइड्रोकार्बनों का ऊर्जा के रूप में इस्तेमाल करते हैं ।

खनिज तेल के भारी हाइड्रोकार्बन गाढ़े और भारी होते जाते हैं । धूप और ऑक्सीजन उन्हें पॉलीमरित कर देती हैं जिससे वे बहुत गाढ़े और भारी होकर डामर की छोटी-छोटी काली गोलियों में बदल जाते हे और उनके वे अंश, जिनमें गंधक, धातुएं, मोम आदि होते हैं, तली में बैठ जाते हैं ।

तेल-प्रदूषण से पारिस्थितिक असंतुलन भी पैदा हो जाता है । जल की सतह के तेल की महीन चादर से ढक जाने के कारण वातावरण से वायु-विनिमय रुक जाता है जिससे पानी में ऑक्सीजन कम हो जाती है । यह कमी 20 से 30 प्रतिशत तक आंकी गई है । इससे पानी तक पूरी रोशनी भी नहीं पहुंच पाती और जलीय वनस्पतियों, यथा शैवाल, में प्रकाशसंश्लेषण नहीं हो पाता । इससे मछलियों के लिए भोजन की कमी हो जाती है । रोशनी की अनुपस्थिति में जल-जीव अपना भोजन नहीं ढूंढ़ पाते । इस प्रकार तेल-प्रदूषित क्षेत्र में समस्त जैव-शृंखला ही अस्त-व्यस्त हो जाती है ।

सतह पर बिखरा तेल पादप प्लांक्टनों और जंतु प्लांक्टनों का खात्मा कर देता है । अगर वे किसी तरह बच भी जाते हैं तो भी अपंग जरूर हो जाते हैं । यही हाल शैवालों तथा अन्य सूक्ष्मजीवों का होता है । इन सबकी बड़ी संख्या में मृत्यु से सागर की खाद्य-शृंखला गड़बड़ा जाती है और वायुमंडल की ऑक्सीजन-सप्लाई में रुकावट पैदा हो जाती है । जैसा कि आप पढ़ चुके हैं कि समुद्री पौधे ही हमारे वायुमंडल की 70 प्रतिशत ऑक्सीजन की पूर्ति करते हैं ।

पेट्रोलियम में उपस्थित विभिन्न यौगिकों की विषैली प्रकृति मछलियों व उनके भोजन के रूप में काम में आनेवाले सूक्ष्म जल-जीवों के लिए प्राणघाती हो

सकती है।

यदि मछलियां इनकी उपस्थिति को सह भी लें तो भी भोजन-सामग्री के अभाव में भागने का रास्ता ढूंढ़ने लगती हैं। कभी-कभी सामूहिक मत्स्य-विनाश भी हो जाता है। मछलियों के गलफड़ों में तेल की छोटी-छोटी बूंदें चिपक जाने से उन्हें सांस लेने में बाधा पहुंचती है और वे दम घुटने के कारण मरने लगती हैं।

प्रदूषित क्षेत्रों में मछलियां दुर्गंधपूर्ण स्वाद देने लगती हैं तथा खाने योग्य नहीं रह जातीं। जल में केवल 0.01 मिलीग्राम/लीटर तेल की मात्रा मछली में दुर्गंध पैदा करने के लिए काफी होती है। तेल के कुछ अवयव जैसे बहुचक्रीय एरोमेटिक हाइड्रोकार्बन कैंसर पैदा कर सकते हैं। ये पदार्थ मछली के मांस में एकत्रित पाए गए हैं। इस तरह की मछली को खाना मनुष्य के लिए हानिकारक हो सकता है। वास्तव में तेल-प्रदूषण समूचे मत्स्य उद्योग के लिए ही हानिकारी होता है।

पेट्रोलियम के विभिन्न रचकों के मछलियों पर कुप्रभावों को 'घातक मात्रा—50' (लीथल डोज—50) की शब्दावली में निम्न प्रकार से दर्शाया जा सकता है। किसी पदार्थ की 'घातक मात्रा—50' वह न्यूनतम मात्रा है जिसे ग्रहण करने के फलस्वरूप प्रयोगाधीन जीवों में से 50 प्रतिशत की मृत्यु हो जाए। निम्न आंकड़े ट्राउट मछली पर किए गए प्रयोगों पर आधारित हैं—

पदार्थ	घातक मात्रा—50 (मिलीग्राम/लीटर)
गैसोलीन	60—180
डीजल	300—4,000
धमन तेल	1,000—1,50,000
लुब्रीकेंट	3,000—1,80,000

सतह पर बिखरे तेल की गाढ़ी होती परत सागर के पक्षियों के परों को उस समय जकड़ लेती है, जब वे अपना शिकार—मछली आदि—पकड़ने के लिए सागर में गोता लगाते हैं। समझा जाता है कि हर वर्ष लाखों पक्षी इस प्रकार मर जाते हैं।

सतह से नीचे जाते समय तेल के हाइड्रोकार्बन आमतौर से समुद्री जंतुओं के शरीर में पहुंच जाते हैं। ऐसा होने पर वे काफी समय तक विघटित नहीं होते। जब कोई अन्य जंतु उन्हें खा लेता है तो वे उसके पेट में पहुंच जाते हैं। इस प्रकार बिना विघटित हुए वे एक के बाद एक अनेक समुद्री जंतुओं के शरीरों में पहुंच जाते हैं। इस चक्र में अनेक बार वे उन जंतुओं के शरीर में भी पहुंच जाते हैं जिन्हें हम खाते हैं।

अभी हमें इसका पूरा ज्ञान नहीं है कि धीरे-धीरे तली में बैठ जानेवाले तेल-अंशों के समुद्री जीवों पर क्या प्रभाव पड़ते हैं। तली में तेल काफी समय तक रहता है। उस पर किसी अन्य पदार्थ की परत जमने में भी काफी समय लगता है। वैसे तली में बैठे तेल पर सूक्ष्मजीवों के आक्रमण होते रहते हैं। हो सकता है कि वे इसे किसी उपयोगी या और भी घातक पदार्थ में बदल देते हों। तेल के बिखरने का शायद सबसे घातक परिणाम पानी की उर्वरा शक्ति का ह्रास और अनेक सूक्ष्मजीवों के नए विभेदों—ऐसे विभेद हानिकारक भी हो सकते हैं—का विकास है।

तटवर्ती सागर ही खनिज तेल से सबसे अधिक प्रदूषित होते हैं। ये ही वे क्षेत्र हैं जहां 'टैंकरों' में तेल भरा और निकाला जाता है; यहीं टैंकर लंगर डालते हैं; यहीं उन्हें धोया जाता है। 1973 के अंतरराष्ट्रीय 'कन्वेंशन' के बावजूद धोवन को सागर में फेंका जाता है ताकि टैंकर अपने यात्रा-समय को कम करके मालिक को अधिक लाभ पहुंचा सकें। इसके अलावा सागर से निकाले जानेवाले खनिज तेल का अधिकांश भाग अब भी तट के निकट के क्षेत्रों से निकाला जाता है और इस कारण इसी क्षेत्र में बिखरता है। तट पर बने बड़े भंडार-टैंकों से रिसनेवाला तेल और पाइप लाइनों से चूनेवाला तेल भी यहीं बिखरता है। इन्हीं कारणों से तटीय सागर सबसे अधिक प्रदूषित क्षेत्र हैं। विडंबना यह है कि ये ही वे क्षेत्र हैं, जहां मछलियों की अनेक महत्त्वपूर्ण जातियां अंडे देती हैं और यहीं उनसे बच्चे निकलते हैं।

अनेक बार तेल ढोनेवाले टैंकर दुर्घटनाग्रस्त भी हो जाते हैं। दुर्घटना में टैंकर में चाहे आग न लगे, चाहे वह न डूबे, पर वह छलक जरूर जाता है और छलकने से तेल सागर पर फैल जाता है।

अनुमान है कि 20 से 50 लाख टन तक तेल सागर पर बिखर जाता है।

समुद्रों के तेल-प्रदूषण के प्रति हमारी चिंता पहले-पहल एक तेल टैंकर के दुर्घटनाग्रस्त हो जाने से प्रारंभ हुई थी। 1967 में 'टोरी कैनन' नामक विशाल तेलवाहक पोत के भूमध्यसागर में क्षतिग्रस्त हो जाने से हजारों टन तेल पानी में बिखर गया और इस अकस्मात् प्रदूषण से सैकड़ों टन मछलियां मर गईं; अन्य जल-जीवों के विनाश का अनुमान तक नहीं हो सका।

इसके बाद तेल टैंकरों के परिवहन में तेजी से वृद्धि हुई और उसके साथ-साथ टैंकरों के दुर्घटनाग्रस्त होने की और सागर में तेल बिखर जाने की घटनाओं में भी वृद्धि होने लगी। सन् 1978 में 'एक्को कैंडिज' टैंकर एक दुर्घटना के कारण सागर में डूब गया। फलस्वरूप 22,000 टन तेल सागर पर बिखर गया। इससे 3,00,000 टन मछली व अन्य जीव तथा हजारों की संख्या में समुद्री पक्षी मृत्यु को प्राप्त हुए।

टैंकरों के आकार और उनके माल ढोने की क्षमता में वृद्धि होने के अप्रत्यक्ष दुष्परिणामस्वरूप उनके टकराने की घटनाओं में भी तेजी से वृद्धि हुई है और साथ ही सागर-प्रदूषण के विस्तार में भी। आज किसी टैंकर के दुर्घटनाग्रस्त होने पर उससे कहीं अधिक क्षेत्र में तेल फैल जाता है जितने क्षेत्र में एक्को कैंडिज की दुर्घटना में फैला था।

सागर पर तेल फैलने की इन घटनाओं में टैंकरों के धोने से सागर पर बिखरने-वाला तेल शामिल नहीं है। इसकी मात्रा लगभग 10 लाख टन प्रतिवर्ष आंकी गई है। कहा जाता है कि अकेले भूमध्यसागर में ही प्रतिवर्ष 3 लाख टन तेल बिखरता है। इससे तथा तटीय देशों के औद्योगिक व्यर्थों के फेंके जाते रहने से आज भूमध्यसागर मात्र 'एक गंदी झील' बनकर रह गया है। उसकी 80 प्रतिशत मछलियां मर गई हैं।

इंडोनेशियाई पेट्रोलियम और गैस संस्थान के अनुसार खनिज तेल के बिखरने से जावा सागर अत्यधिक प्रदूषित सागर बन गया है। जकार्ता खाड़ी में टैंकरों की धोवन से दक्षिण सुमाता और एंबोन क्षेत्र में समुद्री वनस्पति और जंतु लुप्त हो गए हैं। न्यूफाउंडलैंड के दक्षिणी तट के निकटवर्ती सागर में, फ्लोरिडा के निकट-वर्ती सागर में और सारगोसा सागर के पूर्वी भाग में तेल उत्पादों की मात्रा अनुमेय (परमिसिबल) मात्रा से 100 गुनी अधिक हो गई है।

सागर से तेल निकालने की कोशिशों ने भी जाने-अनजाने सागर को बहुत प्रदूषित किया है। 1969 के आरंभ में लासऐंजिल्स के निकट तेल का कुआं खोदते समय, गलत ड्रिलिंग से 2,000 वर्ग किलोमीटर क्षेत्र में तेल की 2-3 सेंटीमीटर मोटी तह जम गई थी, यह एक मामूली घटना है। और ऐसी घटनाएं आमतौर से होती ही रहती हैं।

औद्योगिक व्यर्थ

पिछले कुछ दशकों में औद्योगीकरण में जितनी तेजी आई है, उतनी पहले कभी भी मानव-इतिहास में नहीं आई थी। आज हम बहुत बड़ी मात्रा में औद्योगिक व्यर्थ फेंकते हैं और उन्हें फेंकते समय हमें यह ध्यान नहीं रहता कि ये दूषित पदार्थ यदि शीघ्र विघटित नहीं हो जाते तो अंततः सागर में ही पहुंचते हैं। इन औद्योगिक व्यर्थों में ऐसे काफी पदार्थ होते हैं जिन्हें न तो समुद्री जीव सीधे खा सकते हैं और न ही जैव-रासायनिक क्रियाएं उन्हें अहानिकारक पदार्थों में जल्दी विघटित कर सकती हैं। ऐसे पदार्थ काफी स्थायी होते हैं और लंबे समय तक बिना विघटित हुए सागरों में पड़े रहते हैं। इसलिए आज हर सागर प्रदूषित है, कोई कम कोई अधिक।

पारे और सीसे की विशाल मात्राएं

सागर प्रतिवर्ष बड़ी मात्रा में पारे के घातक यौगिक ग्रहण करते हैं। यह हलाहल उन्हें प्राप्त होता है उन पदार्थों से जो हम कृषि और उद्योगों में इस्तेमाल करते हैं। इनमें से अनेक पारे के कार्बनिक यौगिक भी होते हैं। पारे के कार्बनिक यौगिक कवकनाशियों और उत्प्रेरकों के रूप में इस्तेमाल किए जाते हैं। ये पानी के साथ घुलकर, वर्षा के पानी के साथ बहकर, नाले, नदियों और बड़ी नदियों में से होते हुए अंततः सागर में पहुंच जाते हैं।

ये विषैले यौगिक पानी में 50 से 100 वर्षों तक बिना विघटित हुए पड़े रह सकते हैं। कुछ यौगिक मैथिल मर्करी में बदल जाते हैं जो अत्यंत घातक विष है। पारे के यौगिकों को वे मछलियां तथा अन्य जंतु, जिन्हें हम खाते हैं, सीधे खा लेते हैं, अथवा उन तक वे सागर की जटिल खाद्य-शृंखला के माध्यम से पहुंचते हैं। पारादूषित जंतुओं को खाने से मनुष्य अंधा हो सकता है; उसके मस्तिष्क को हानि पहुंच सकती है; उसे तंत्रिका तंत्र की बीमारियां हो सकती हैं और यहां तक कि उसकी मृत्यु भी हो सकती है।

आज स्थिति यह है कि अनेक सागरों में, विशेष रूप से औद्योगिक रूप से प्रगतिशील देशों के तटवर्ती सागरों में, पारा यौगिकों की मात्रा 'अधिकतम अनुमेय' मात्रा से कहीं अधिक हो गई है। जापान की मिनीमाता खाड़ी और अमेरिका की सेनफ्रांसिस्को खाड़ी पारा प्रदूषित सागरीय क्षेत्रों के ज्वलंत उदाहरण हैं।

औद्योगिक प्रगति के फलस्वरूप सागर को प्रदूषित करनेवाला एक अन्य महत्त्वपूर्ण पदार्थ है सीसा (लैड)। इसके यौगिक भी बड़ी मात्रा में सागर में पहुंचते हैं। समझा जाता है कि हर वर्ष विभिन्न प्रक्रियाओं से हम सागर में लगभग 1,50,000 टन सीसे के यौगिकों की बढ़ोतरी कर रहे हैं। उत्तरी गोलार्द्ध के सागरों की सतह के पानी में ही पिछले 60 वर्षों में, जब से सीसे के 'एंटी नाक' यौगिकों का इस्तेमाल आरंभ हुआ है, सीसे की मात्रा 0.01–0.02 म्यू० ग्राम से बढ़कर 0.07 म्यू० ग्राम प्रति किलोग्राम हो गई है। सीसे की इस बढ़ती हुई मात्रा के सागर के जीव-जंतुओं पर क्या प्रभाव पड़े हैं, उनका अभी हमें पूरी तरह ज्ञान नहीं है, पर वे निश्चित रूप से अच्छे नहीं हैं।

कीटनाशक

बढ़ती हुई जनसंख्या के लिए प्रत्येक देश अधिकाधिक मात्रा में खाद्यान्न उत्पन्न करने के हर संभव उपाय कर रहा है। इसके लिए वह बहुत बड़ी मात्राओं में विभिन्न किस्मों के रसायनों का उपयोग करके फसलों को नुकसान पहुंचानेवाले कीड़ों, जंतुओं, जीवाणुओं आदि को नष्ट करता है। इन रसायनों ने खाद्यान्नों के उत्पादन को बढ़ाने में महत्त्वपूर्ण योग तो दिया है, पर साथ ही दिया है प्रदूषण।

कीटनाशक रसायनों से उत्पन्न यह प्रदूषण थल, वायु और नदियों तक ही सीमित नहीं है, सागर भी इससे प्रभावित हो चुके हैं और होते जा रहे हैं ।

कीटनाशकों में कदाचित् सबसे अधिक इस्तेमाल होता है डी० डी० टी० का। इसके विघटन से बनता है डी० डी० ई० । निश्चय ही सबसे अधिक प्रदूषण इसी से होता है । सागर के जंतुओं के शरीर में इसकी काफी मात्रा पाई गई है । वैसे अन्य कीटनाशक जैसे डीएल्ड्रिन, एल्ड्रिन, हेप्टाक्लोर एपोक्साइड, बेंजीन हैक्सा-क्लोराइड भी प्रदूषण फैलाने में अपना-अपना योग देते हैं । रसायनज्ञों के अनुसार ये स्थायी पदार्थ हैं और इनमें क्लोरीन की काफी मात्रा उपस्थित होती है । इसलिए समुद्री जीव-जंतुओं को भारी हानि पहुंचाने में भी ये पीछे नहीं रहते । अनेक क्षेत्रों, विशेष रूप से तट के निकट के क्षेत्रों, में मछलियों तथा अन्य जंतुओं की संख्या में भारी कमी आ जाने का कारण अनेक बार ये कीटनाशक ही होते हैं ।

रेडियोधर्मी अवशेष

परमाणु बमों के परीक्षण अनेक बार सागर में किए जाते हैं । इनसे पानी में रेडियोधर्मी पदार्थों की मात्रा अत्यधिक बढ़ जाती है । उसमें स्ट्रांशियम-90 और सीजियम-137 जैसे नए रेडियोधर्मी समस्थानिक आ जाते हैं । कार्बन-14 और ट्रीटियम जैसे पदार्थों की मात्रा बढ़ जाती है । ये पदार्थ समुद्री जीवों के शरीर में पहुंचकर संचित होते रहते हैं । इनकी सांद्रता पानी में मौजूद रेडियोधर्मी पदार्थों की सांद्रता की तुलना में हजारों-लाखों गुना अधिक हो जाती है । निश्चय ही यह स्थिति जीवों के लिए अत्यंत घातक होती है ।

रेडियोधर्मिता से वह जीव विशेष ही प्रभावित नहीं होता, जिसके शरीर में सांद्रता बढ़ी है, वरन् उसकी आनेवाली पीढ़ियां भी प्रभावित हो सकती हैं और जब रेडियोधर्मी पदार्थों से प्रदूषित जीवों को मनुष्य खाता है, तब वे पदार्थ उसके शरीर में पहुंच जाते हैं और उसे अनेक व्याधियों का शिकार बना देते हैं ।

इस क्रिया के अनुसार आज सागर के जल में ऐसे पदार्थ भी पाए जाने लगे हैं जो कारखानों द्वारा सागरों से हजारों किलोमीटर तक दूर फेंके जाते हैं ।

अरब सागर और बंगाल की खाड़ी : स्थिति चिंताजनक नहीं

हमारे देश को सागर तीन ओर से घेरे हुए हैं । हमारे सागरीय तटों की लंबाई 6,100 किलोमीटर से भी अधिक है । हमारा विशिष्ट आर्थिक सागरीय क्षेत्र का, जो तट से 200 नॉटिकल मील तक फैला है, क्षेत्रफल 20.15 लाख वर्ग किलोमीटर है । यह हमारे देश के कुल क्षेत्रफल का लगभग 60.5 प्रतिशत है ।

हमारे देश के तटवर्ती इलाके काफी घने बसे हैं । समझा जाता है कि देश की लगभग चौथाई आबादी वहां बसी हुई है । विशेषज्ञों द्वारा यह अनुमान लगाया

गया है कि महानगरों में लोग अपेक्षाकृत अधिक कूड़ा-कर्कट उत्पन्न करते हैं। महानगरों में औसतन एक व्यक्ति प्रतिदिन 120 लीटर सीवेज उत्पन्न करता है, जबकि छोटे शहरों में सीवेज की उत्पादन दर लगभग 60 लीटर प्रति व्यक्ति प्रतिदिन है। हमारे तटों पर बसे महानगरों—कलकत्ता, बंबई, मद्रास आदि से तथा छोटे शहरों और गांवों से सागर में प्रतिवर्ष लगभग 35 घन किलोमीटर सीवेज मिलता है।

विश्व के अन्य सागरों की भांति हमारे देश को घेरे हुए सागर—अरब सागर और बंगाल की खाड़ी—(जो हिंद महासागर के घटक हैं) भी कुछ दशक पूर्व तक, हजारों वर्षों से मानव-निर्मित कूड़ा-कर्कट निरंतर आत्मसात करते रहने के बावजूद भी स्वच्छ और स्वास्थ्यवर्द्धक थे। यद्यपि विश्व के अन्य सागरों से जुड़े रहने के फलस्वरूप इन पर भी उन सागरों के प्रदूषण का प्रभाव पड़ता है, पर पिछले कुछ वर्षों तक वे अपेक्षाकृत काफी शुद्ध थे। उनकी स्व-शुद्धिकरण-क्षमता अक्षुण्ण थी। वे प्रदूषित नहीं हुए थे। पर पिछले कुछ वर्षों में हमारे देश में औद्योगिक क्रांति आई।

अन्य देशों की तुलना में हमारे औद्योगीकरण की दर धीमी है। इससे चाहे वांछित प्रगति न हुई हो। इतना अवश्य है कि वातावरण को प्रदूषित करने की हमारी दर अपेक्षाकृत कम है। हमारे तट अपेक्षाकृत अधिक साफ और रमणीक हैं। हमारे तटीय सागरों के पानी में इतना पारा, सीसा, कीटनाशक और रेडियोधर्मी पदार्थ नहीं हैं जितने यूरोपीय अथवा अमेरिकी देशों के तटीय सागरों के जलों में, पर यह स्थिति तेजी से बदलती जा रही है। हमारे कारखाने सागर को प्रदूषित करने में दिन-पर-दिन अधिकाधिक योग दे रहे हैं। समुद्र-तटों के निकट स्थित हमारे रिएक्टर, परमाणु बिजलीघर, तेल के कुएं, उर्वरक कारखाने आदि प्रदूषण को तेजी से बढ़ा रहे हैं।

अरब सागर और बंगाल की खाड़ी में हमारे देश की बड़ी-बड़ी नदियां मिलती हैं जो प्रतिवर्ष लगभग 1,645 घन किलोमीटर ताजा पानी उनमें मिलाती हैं। अरब सागर में गिरनेवाली प्रमुख नदियां तीन ही हैं—सिंधु, नर्मदा और ताप्ती जबकि बंगाल की खाड़ी में ब्रह्मपुत्र, गंगा, महानदी, गोदावरी, कृष्णा, कावेरी, इरावदी आदि मिलती हैं। इसलिए उक्त ताजे पानी का 25 प्रतिशत भाग अरब सागर में मिलता है और 75 प्रतिशत भाग बंगाल की खाड़ी में। और लगभग इसी अनुपात में उनमें मिलते हैं प्रदूषक। थलीय क्षेत्रों के हानिकारक प्रदूषकों—कीटनाशी, संश्लेषित डिटर्जेंट तथा अन्य विषैले रसायनों की मात्रा भी, जिन्हें नदियां अपने साथ बहाकर लाती हैं, इनमें बढ़ती रहती हैं। पृष्ठ 169 की सारणी में देश के निकटवर्ती सागरों में मिलनेवाले ताजे (वर्षा और नदियों द्वारा लाए गए) पानी की और व्यर्थ, प्रदूषक पदार्थों की मात्राएं दी गई हैं।

भारत के निकटवर्ती सागरों में मिलनेवाले ताजे पानी और प्रदूषकों की मात्रा

देश का कुल क्षेत्रफल	— 32,76,000 वर्ग किलोमीटर
विशिष्ट आर्थिक क्षेत्र (एक्सक्लूसिव इकोनॉमिक जोन)	— 20,15,000 वर्ग किलोमीटर
तटवर्ती क्षेत्रों में रहनेवाली आबादी	— 18 करोड़
कृष्य क्षेत्र	— 16,50,000 वर्ग किलोमीटर
प्रतिवर्ष नदियों द्वारा लाया गया पानी	— 1,645 घन किलोमीटर
अरब सागर पर होनेवाली वार्षिक औसत वर्षा	— 6,100 घन किलोमीटर
बंगाल की खाड़ी पर होनेवाली वार्षिक औसत वर्षा	— $6,5 \times 10^{12}$ घन मीटर या 6,500 घन किलोमीटर
तटीय आबादी द्वारा सागरों में प्रतिवर्ष मिलाए जानेवाला सीवेज (60 लीटर प्रति व्यक्ति प्रतिदिन की दर से)	— 3,90,00,00,000 घन मीटर
तटीय उद्योगों द्वारा सागरों में प्रतिबर्ष मिलाए जानेवाले व्यर्थ पदार्थ	— 39,00,00,000 घन मीटर
नदियों द्वारा प्रतिवर्ष लाए जानेवाला सीवेज	— 5,00,00,000 घन मीटर
अरब सागर पर से प्रतिवर्ष ढोए जाने-वाला कुल तेल	— 57,90,00,000 टन
देश के पश्चिमी तट पर प्रतिवर्ष जमा होनेवाली तारकोल की गोलियां	— 750-1,000 टन

समझा जाता है कि हमारे थलीय क्षेत्रों तथा तटों पर स्थित कारखानों से निकलनेवाले व्यर्थ पर हानिकारी पदार्थों की लगभग 3.9 घन किलोमीटर मात्रा प्रतिवर्ष हमारे सागरों में मिलती है।

देश में जितने पीड़कनाशियों और संश्लेषित डिटरजेंटों का उत्पादन होता है, उनकी लगभग 25 प्रतिशत मात्रा अंततः सागर में मिल जाती है।

तसल्ली की बात है कि अब भी अरब सागर और बंगाल की खाड़ी में पारे के विषैले यौगिकों की, जो सागर में बहुत लंबे समय तक 50 से 100 वर्षों तक बिना विघटित हुए पड़े रह सकते हैं और जो उन समुद्री जीवों के शरीरों में संचित होते रहते हैं जिन्हें हम खाते हैं, मात्रा काफी कम है। अब तक भी समुद्री खाद्य जीवों में उनकी मात्रा दस लाख भाग में मात्र 0.5 भाग (शुष्क आधार पर)

है। यह मात्रा हानिकारी स्तर तक नहीं पहुंची है। वैसे बंगाल की खाड़ी की खाद्य मछलियों आदि में पारे के यौगिकों की मात्रा अरब सागर के जीवों की अपेक्षा अधिक पाई गई है।

फसलों की कीड़ों से रक्षा करने के लिए उन पर छिड़के जानेवाले कीटनाशकों की, जो नदियों आदि के पानी के साथ बहकर अंततः सागर में पहुंच जाते हैं, मात्रा भी अरब सागर और बंगाल की खाड़ी में अपेक्षाकृत कम है। इन कीटनाशकों में आमतौर से डी० डी० टी०, बी० एच० सी०, पी० सी० बी० आदि होते हैं। ये भी सागर की खाद्य श्रृंखला में से गुजरते हुए अंततः उन जीवों के शरीर में पहुंच जाते हैं, जिन्हें हम खाते हैं। अरब सागर के उत्तरी भाग के जीवों में इनकी मात्रा अधिक है, पर अब भी वह हानिकारी स्तर पर नहीं पहुंची है।

अब तक हमारे निकटवर्ती, विशेष रूप से तटवर्ती, सागरों को सबसे अधिक प्रदूषित करनेवाला पदार्थ पेट्रोलियम ही है। इन सागरों को प्रदूषित करनेवाला अशोधित पेट्रोलियम मुख्य रूप से उन टैंकरों में से रिसता है, जो उसे पश्चिमी एशियाई देशों से ढोकर सुदूर-पूर्व को ले जाते हैं। वैसे इसकी कुछ मात्रा सागर के तट पर, विशेष रूप से अरब सागर के तट पर, स्थित तेलशोधक कारखानों के व्यर्थ के रूप में भी सागर में मिलती है। समझा जाता है कि अरव सागर में से प्रतिवर्ष 57,90,00,000 टन अशोधित तेल ढोया जाता है जिसमें से 33,10,00,000 टन पश्चिमी गोलार्ध के देशों को और बाकी सुदूर-पूर्व के देशों को जाता है। ये टैंकर मुख्यतः हमारे पश्चिमी तट के, विशेष रूप से उसके दक्षिणी भाग के, काफी निकट से गुजरते हैं और वह क्षेत्र ही सबसे अधिक प्रदूषित होता है। पर बंगाल की खाड़ी पर भी पेट्रोलियम-प्रदूषण का प्रभाव पड़ रहा है। टैंकरों के धोवनों से बंगाल की खाड़ी में प्रदूषण बढ़ रहा है।

अध्ययनों में अरब सागर और बंगाल की खाड़ी, दोनों में, सतह से लेकर 20 मीटर गहराई तक पेट्रोलियम हाइड्रोकार्बनों की सांद्रता लगभग एक जैसी ही पाई गई है। वह 0 से लेकर 1,000 म्यू० ग्राम प्रति लीटर तक पाई गई है।

हमारे तटों को प्रदूषित करने में, विशेष रूप से पेट्रोलियम से प्रदूषित करने में, मानसून पवनें भी बहुत योग देती हैं। वे अप्रैल से अक्तूबर तक थल की ओर बहती हैं। इसलिए उस दौरान अरब सागर और बंगाल की खाड़ी की जलधाराओं की दिशा भी थल की ओर बदल जाती है और ये जलधाराएं अपने साथ तारकोल की उन गोलियों को भी, जो सागर पर पेट्रोलियम के बिखर जाने के बाद जटिल रासायनिक क्रियाओं के फलस्वरूप बनती हैं, भारी मात्रा में, तटों तक ले आती हैं। उन दिनों अरब सागर के तटों, विशेष रूप से दक्षिणी भाग के तटों, पर इन गोलियों की सांद्रता लगभग 28 ग्राम प्रति वर्गमीटर क्षेत्र तक हो जाती है।

अरब सागर और बंगाल की खाड़ी के प्लांक्टनों तथा तटीय अवस्तरों में

पेट्रोलियम हाइड्रोकार्बनों की मात्रा (सूखे भार पर) क्रमशः 19.5 से 83.3 म्यू० ग्राम प्रति ग्राम और 4.8 से 8.5 म्यू० ग्राम प्रति ग्राम पाई गई है।

प्रदूषण से होनेवाली हानियों की चर्चा करते समय अरब सागर और बंगाल की खाड़ी की विशिष्टताओं की चर्चा करना भी प्रासंगिक होगा। अरब सागर की विशिष्टता यह है कि संसार के उष्णतम भागों में से एक में स्थित होने के कारण उसमें वाष्पीकरण बहुत अधिक होता है। वाष्पीकरण की दर उसमें (अरब सागर में) मिलनेवाले ताजे पानी की दर से अधिक है। इसलिए उसमें ईरान की खाड़ी और लाल सागर के पानी निरंतर मिलते रहते हैं। इसके विपरीत बंगाल की खाड़ी में मिलते रहनेवाले ताजे पानी की दर वाष्पीकरण की दर से अधिक है। इसका प्रभाव प्रदूषक पदार्थों, विशेष रूप से भारी धातुओं, की अपने जल में घोलने की क्षमताओं पर पड़ता है।

इस प्रकार हम देखते हैं कि हमारे निकटवर्ती सागर भी तेजी से प्रदूषित होते जा रहे हैं। यद्यपि वे अब भी भूमध्यसागर या न्यूयॉर्क के निकटवर्ती सागर अथवा जापान की मिनीमाता खाड़ी की भांति 'गंदी झीलों' में नहीं बदले हैं। इससे हमारे देश की आबादी, विशेष रूप से तटवर्ती इलाकों में बसी आबादी, भी प्रभावित होने लगी है।

प्रदूषण दूर करने के उपाय

सागरीय प्रदूषण दूर करने के उपायों की चर्चा करते समय भी पेट्रोलियमजन्य प्रदूषण दूर करने की बात करना श्रेयस्कर होगा। वर्षों से वैज्ञानिक सागर पर बिखरे तेल को साफ करने के प्रयोग कर रहे हैं। उन्होंने उसे समेटने, साफ करने या रासायनिक रूप से ऐसे यौगिकों में परिवर्तित करने की बिधियां सुझाई हैं जो समुद्री जीव-जंतुओं और अंततः मनुष्य के लिए हानिकारी न हों।

इनमें शायद सबसे सरल है किसी चूषक युक्ति से तेल की परत को चूस लेना। बंदरगाहों और थल के अंदर घुसी खाड़ियों को तेल प्रदूषण से मुक्ति दिलाने के लिए यह विधि काफी इस्तेमाल की जाती है। पर खुले समुद्रों के, बड़े क्षेत्र में फैले तेल को दूर रखने के लिए इसका उपयोग नहीं किया जा सकता।

बिखरे हुए तेल को उस पर उपयुक्त अवशोधक पदार्थ फैलाकर भी दूर किया जा सकता है। इस काम के लिए पालीयूरेथेन फोम काफी उपयुक्त पाया जाता है। तेल की सतह पर यह फोम फैला दिया जाता है। वह तेल को अवशोधित कर लेता है। फिर उस फोम को इकट्ठा करके फेंक दिया जाता है।

पालीयूरेथेन फोम के स्थान पर कुछ लोगों ने लकड़ी का बुरादा इस्तेमाल करने के भी सुझाव दिए हैं। तेल की परत पर बारीक, अधिक घनत्ववाला, चूर्ण फैलाकर उसे तली पर बैठाया जा सकता है। स्टीयरेट से उपचारित चाक चूर्ण

एक ऐसा ही पदार्थ है। पर ये पदार्थ बहुत छोटे क्षेत्र में बिखरे तेल को ही ठिकाने लगा सकते हैं।

टैंकरों से बड़ी मात्रा में तेल छलक जाने पर अथवा टैंकर के दुर्घटनाग्रस्त हो जाने पर तेल बड़े क्षेत्र पर बिखर जाता है। उस समय पीछे बताई गई विधियां कारगर नहीं होतीं। तब जो विधि इस्तेमाल की जाती है, उसका उद्देश्य होता है तेल को बहुत छोटी-छोटी बूंदों में इस प्रकार छितरा देना कि वे बुंदकियां आपस में मिल नहीं पाएं। इसके लिए किसी छितरानेवाले पदार्थ—डिस्परसेंट—को उपयुक्त घोलकों में घोलकर तेल की परत पर, एक पतली परत के रूप में, फैला दिया जाता है और फिर सागर की परत को मथा जाता है। इससे तेल बहुत छोटी बुंदकियों में बंट जाता है। डिस्परसेंट के रूप में डिटरजेंट इस्तेमाल किए जाते हैं।

समुद्र में फेंके गए व्यर्थ पदार्थों को ठिकाने लगाने के लिए वैज्ञानिक जीव-वैज्ञानिक विधियों का उपयोग भी सुझा रहे हैं। इन विधियों में समुद्र के सूक्ष्म-जीवों का भी उपयोग किया जाता है। ब्रिटेन के वैज्ञानिकों ने एक ऐसा पदार्थ विकसित किया है जो अपने वजन से 30 गुना अधिक तेल सोख लेता है। इस पदार्थ की 0.9×0.5 मीटर बड़ी और 1.2 सेंटीमीटर मोटी चादर 10 सेकेंड के अंदर ही आधा टन तेल सोख लेती है।

सागर पर बिखरे पेट्रोलियम को ठिकाने लगाने में भारतीय वैज्ञानिक डॉ० आनंद एम० चक्रवर्ती का भी विशेष योग है। संयुक्त राज्य अमेरिका की जनरल इलेक्ट्रिक कंपनी की प्रयोगशाला में अपने अनुसंधानों के दौरान, कुछ वर्ष पूर्व डॉ० चक्रवर्ती ने 'स्यूडोमोनास' बैक्टीरिया का ऐसा विभेद विकसित किया है जो पेट्रोलियम-भक्षी है। इस विभेद में उसके अपने आनुवंशिक पदार्थ के साथ उसी जाति के (स्यूडोमोनास) अन्य चार विभेदों के डी० एन० ए० (प्लाज्मिड) भी मौजूद होते हैं। ये प्लाज्मिड, जो कोशिका में स्वतंत्र रूप से मौजूद होते हैं, पेट्रोलियम के चार भिन्न-भिन्न रचकों को विघटित कर देते हैं। डॉ० चक्रवर्ती के इस 'आविष्कार' से पहले व्यर्थ (मुख्यत: समुद्र में फैले) पेट्रोलियम के भक्षण हेतु विभिन्न विभेदों के बैक्टीरियाओं का काम एक ही विभेद कर सकता था, इसलिए यह निश्चय ही एक उपलब्धि है।

औद्योगिक व्यर्थों को समुद्र में फेंकने की एक तर्कसंगत विधि यह है कि उन्हें नलों द्वारा तट से बहुत दूर, गहराइयों में, छोड़ दिया जाए। यदि इन पाइपों में डिफ्यूजर भी लगा हो तो अधिक बेहतर होगा। गहराइयों में ये पदार्थ ठंडे और भारी पानी के साथ मिलते हैं। इन्हें ऊपर आने के लिए पानी की विभिन्न सतहों को पार करना पड़ता है और हर सतह के साथ ये रुकते जाते हैं। इस प्रकार सबसे ऊपरी सतह का पानी साफ ही बना रह सकता है।

सन् 1954 में समुद्र को तेल से प्रदूषित होने से बचाने के लिए एक अंतरराष्ट्रीय सम्मेलन बुलाया गया था। इस सम्मेलन में लिए गए निर्णयों के अनुसार टैंकरों को तट से कम से कम 80 किलोमीटर दूर धोया जाना चाहिए, जिससे उनका तेल तट के निकट न आए। खाड़ियों में न तो टैंकरों को धोना ही चाहिए, न ही उन तेलवाहक जहाजों को ठहराना चाहिए, जिनमें 20 हजार टन से अधिक तेल भरा हो। सागर में रेडियोधर्मी प्रदूषण को रोकने का एक सरल उपाय है—समुचित उपचार के बाद ही रेडियोधर्मी अवशेष को सागर में फेंकना। पर अधिकांश रिएक्टरों में इस ओर समुचित ध्यान नहीं दिया जाता।

12
वरुण के साम्राज्य में प्रवेश

मनुष्य सागर के तट पर अत्यंत प्राचीन काल से रहता आया है। यद्यपि उस समय भी सागर के पानी में इतना खारीपन था कि मनुष्य न तो उसे पी सकता था और न ही उससे खाना पका सकता था परंतु सागर में से मछली पकड़ने आदि के लिए उसमें गोता अवश्य लगा सकता था। पहले-पहल वह हाथ से ही मछली आदि जीव पकड़ता रहा। भाले आदि का आविष्कार कर लेने और जाल बनाना सीख लेने के बाद उसकी मछली पकड़ने की क्षमता बहुत बढ़ गई। वह पानी की सतह पर जाल फैलाकर ही काफी अधिक मात्रा में मछली पकड़ने लगा। परंतु सागर के अंदर गोता लगाने का आनंद वह नहीं भूला। आज भी मात्र आनंद के लिए ही हजारों लोग सागर में गोता लगाते हैं। यद्यपि वैज्ञानिक आनंद के साथ-साथ नई जानकारियां प्राप्त करने के लिए भी सागर की गहराइयों में प्रवेश करते हैं।

मनुष्य ने यह भी बहुत पहले ही जान लिया था कि वह गोता लगाकर सागर के बहुत अंदर तक नहीं जा सकता। इसका कारण है पानी का दबाव। आप पढ़ चुके हैं कि पानी की गहराई के साथ उसके दबाव में तेजी से वृद्धि होती जाती है। सागर की सतह पर पड़नेवाला वायु का दबाव सामान्यतः एक वायुमंडल (760 मिलीमीटर) होता है। पर लगभग 10 मीटर नीचे जाने पर दबाव 2 वायुमंडल के समतुल्य हो जाता है; लगभग 20 मीटर नीचे 3 वायुमंडल के समतुल्य और लगभग 30 मीटर नीचे 4 वायुमंडल क बराबर तथा इस प्रकार दबाव बढ़ता ही रहता है। हर 10 मीटर गहराई पर 760 मिलीमीटर बढ़ जाता है। पानी का दबाव बढ़ने का प्रभाव मनुष्य के फेफड़ों में भरी वायु पर भी पड़ता है। दबाव बढ़ने के साथ-साथ इस वायु का आयतन घटता रहता है। आमतौर पर गोताखोर गोता लगाने से पहले लंबी सांस लेकर अपने फेफड़ों को पूरी तरह वायु से भर लेता है। उस समय उसके फेफड़ों में लगभग 6 लीटर वायु आ जाती है। बायल के प्रसिद्ध सिद्धांत के अनुसार दबाव के बढ़ने से आयतन उसी अनुपात में

घट जाता है। जब वह गोता लगाकर 30 मीटर नीचे पहुंचता है तो वायु का आयतन घटकर मात्र 1.5 लीटर हो जाता है। इतनी वायु तो उस समय हमारे फेफड़ों में बची रहती है जब हम पूरी तरह सांस बाहर निकाल देते हैं। इसलिए और अधिक गहराई में जाने की कोशिश करने से गोताखोर के फेफड़ों को स्थायी हानि पहुंच सकती है जिससे उसकी मृत्यु तक हो सकती है। यही कारण है कि गोताखोर बिना विशेष प्रबंध के 30 मीटर से नीचे नहीं जाता।

हजारों वर्षों तक मनुष्य सागर में इतनी गहराई तक जाकर ही संतुष्ट होता रहा। पर क्या वह उसे नियति मानकर हमेशा के लिए संतुष्ट रहता ? नहीं। अंत में उसने एक ऐसे हेलमेट का आविष्कार कर ही लिया, जिसमें सतह से पंप करके वायु भेजी जा सकती थी। इस वायु से फेफड़े भर लेने के बाद जो फालतू वायु बचती है वह हेलमेट के किनारों से स्वत: ही बाहर निकल जाती है। उन्नीसवीं सदी के आरंभिक चरण में ब्रिटिश वैज्ञानिक जॉन डीन ने पहला सफल डाइविंग सूट विकसित किया। बाद में एक जर्मन इंजीनियर अगस्टस सीन के सहयोग से उसने पूरी पोशाक ही तैयार कर ली। इसमें सिर की रक्षा के लिए मजबूत हैट था और पूरे शरीर के लिए जल सह्य (वाटर टाइट) सूट। यद्यपि यह पोशाक काफी भारी थी और इसको पहनने में गोताखोर को असुविधा होती थी पर कुछ संशोधनों के बाद यह आज भी इस्तेमाल की जाती है।

अपने-आप में पूर्ण डाइविंग एपरेटस के विकास में काफी समय लगा। इस एपरेटस का महत्त्वपूर्ण अंग था एक लचीला थैला। इस थैले में ऑक्सीजन एक कनस्तर से आती थी। गहरे पानी में लचीले थैले पर जो दबाव पड़ता था उसी के अनुसार ऑक्सीजन के दबाव में भी संशोधन हो जाता था। सांस के साथ शरीर से बाहर निकलनेवाली वायु सोडा-लाइम से भरे एक डिब्बे में से गुजरती थी, जिससे उसकी कार्बन डाइऑक्साइड अलग हो जाती थी और उसे फिर से सांस लेने के लिए इस्तेमाल किया जा सकता था (सांस के रूप में जो वायु हम अंदर लेते हैं उसमें ऑक्सीजन की मात्रा लगभग 20 प्रतिशत और कार्बन डाइऑक्साइड की 0.03 प्रतिशत होती है। पर जो वायु हम शरीर से बाहर निकालते हैं उसमें ऑक्सीजन 16 प्रतिशत और कार्बन डाइऑक्साइड लगभग 4 प्रतिशत होती है)। इस एपरेटस में बुलबुले नहीं उठते थे। इसलिए इसका इस्तेमाल युद्ध के दौरान फ्रागमैन (गोताखोर जिन्हें काफी समय तक पानी के भीतर रहकर जहाज आदि की मरम्मत करनी पड़ती है) भी करते थे।

कालांतर में ऐसी युक्तियां भी विकसित हो गईं जिनमें संपीडित वायु इस्तेमाल की जाती थी। इसमें वॉल्व लगा होता था जिसे हाथ से चलाना पड़ता था। बाद में इस वॉल्व को स्वचालित बना दिया गया।

गोताखोर को पानी के दबाब से बचाने और पानी के अंदर ही पर्याप्त मात्रा

में वायु पहुंचाने के इन प्रयासों में कदाचित् 'एक्वालंग' (जल फेफड़े) का आविष्कार बहुत बड़ी उपलब्धि थी और यह उपलब्धि हासिल की जैक्स येस कुस्तू और इमाइल गैंगनन ने। जैसा कि आप जानते हैं, जैक्सयेस कुस्तू महान् सागर वैज्ञानिक हैं जो सागर के बारे में पढ़कर अथवा प्रयोगशाला में शोध करके ही संतुष्ट नहीं हो जाते। उन्हें सागर से अत्यंत प्रेम है और वे स्वयं सागर में गोता लगाते हैं। उसकी तली, उसके जीव-जंतुओं आदि का अध्ययन करने का उन्हें जनून है। उस समय कुस्तू फ्रांस की नौ सेना में कार्यरत थे और गैंगनन इंजीनियर जिन्हें गैस नियंत्रण वॉल्वों के बारे में विशेष ज्ञान था। उनके द्वारा विकसित एक्वालंग गोताखोरों के लिए वरदान सिद्ध हुआ है।

भिन्न जगत्

सागर के भीतर मनुष्य एकदम भिन्न जगत् में रहता है। उसके अंग प्राकृतिक रूप से सागर के भीतर कार्य करने के लिए उपयुक्त नहीं हैं। उसकी आंखें मछली की आंखों के समान चपटी नहीं होतीं। इसलिए पानी के अंदर उसे वस्तुएं फोकस में नहीं दिखाई देतीं। उसे उनकी लंबाई-चौड़ाई के बारे में सही अनुमान नहीं हो पाता तथा उनकी दूरी का ठीक अंदाज भी नहीं लग पाता। इन सबके लिए गोताखोर को अभ्यास करना पड़ता है। सागर के भीतर के धुंधले परिवेश में जीव-जंतुओं को साफ-साफ देखने के लिए 'ऑब्जेक्ट लोकेटर' अथवा 'डाइवर्स सोनार' का उपयोग करना पड़ता है।

सागर में आसानी से तैरने के लिए गोताखोर अपने पैरों में पख (फिन) बांध लेता है। इससे गति बढ़ाने के लिए उसे भुजाओं का उपयोग नहीं करना पड़ता। वह काफी देर तक तैर सकता है और हाथों से पौधों या जंतुओं के नमूने इकट्ठे कर सकता है अथवा कैमरे से उनके चित्र खींच सकता है।

एक्वालंग, ऑब्जेक्ट लोकेटर तथा फिन ने मनुष्य को सागर में विचरण करने हेतु बहुत सुविधाएं प्रदान कीं। पर फिर भी मनुष्य सागर के गर्भ में किसी भी गहराई तक नहीं जा सकता और न ही लगातार कितनी भी देर तक विचरण कर सकता है। वह इच्छित गहराई तक भी नहीं जा सकता। इसका सबसे बड़ा कारण एक दुर्भाग्यपूर्ण खोज है कि प्राणपद वायु, ऑक्सीजन, भी दो वायुमंडल के दबाव पर ही 'विष' बन जाती है। उस समय उसे सांस के रूप में लेने पर शरीर को स्थायी हानि पहुंच सकती है। यह खोज कुस्तू ने अपनी जान को बड़े भारी खतरे में डालकर की थी। वे ऑक्सीजन से भरे सिलिंडर के साथ 10 मीटर से गहरे सागर में चले गए थे। बड़ी कठिनाई के बाद ही वे ऊपर सतह पर आ सके थे।

पर इसका यह अर्थ नहीं, गोताखोर को सागर के गर्भ में सांस के रूप में

ऑक्सीजन लेनी ही नहीं चाहिए। वह ऑक्सीजन और निष्क्रिय गैसों के मिश्रण का उपयोग करता है। भारी दबाव पर केवल ऑक्सीजन ही जहर नहीं बनती वरन् नाइट्रोजन जैसी निष्क्रिय गैस भी अपने कुप्रभाव दर्शाने लगती है। अधिक दबाव पर सांस के रूप में नाइट्रोजन लेने पर वैसा ही नशा हो जाता है जैसा कि बहुत अधिक अल्कोहल पीने (मदिरापान करने) से होता है। लगभग 100 मीटर गहरे सागर में नाइट्रोजन में सांस लेने से गोताखोर पर इतना नशा चढ़ सकता है कि वह स्वयं अपना मास्क हटा दे और मछली की भांति तैरने की कोशिश करने लगे। ऐसी स्थिति के घातक दुष्परिणामों का सहज ही अनुमान लगाया जा सकता है। वैसे ज्यादा दबाव पर गैसें इतनी गाढ़ी हो जाती हैं कि उनमें सांस लेने में दिक्कत होने लगती है।

प्रसिद्ध ब्रिटिश वैज्ञानिक जे० बी० एस० हॉल्डेन, जिन्होंने बाद में भारतीय नागरिकता ले ली थी और जो भारत में ही बस गए थे, ने अनेक वर्ष पहले ही यह पता लगा लिया था कि दबाव बढ़ जाने पर रक्त सीरम की ऑक्सीजन से संयुक्त होने की क्षमता हीमोग्लोबिन की क्षमता से अधिक हो जाती है। इसके फलस्वरूप दबाव के नीचे हमें कम ऑक्सीजन की आवश्यकता होती है। इसीलिए बाद में गोताखोरों की वायु टंकी में ऑक्सीजन की मात्रा अपेक्षाकृत कम कर दी गई।

नाइट्रोजन के कुप्रभावों के बारे में वैज्ञानिकों का मत है कि असामान्य भारी दबाव पर नाइट्रोजन, कोशिकाओं, जिनमें तंत्रिका तंत्र की कोशिकाएं भी शामिल हैं, की वसीय सतही झिल्लियों में घुल जाती है जिससे उनके गुण बदल जाते हैं। ऐसा केवल नाइट्रोजन के साथ ही नहीं, अन्य गैसों के साथ भी होता है।

वैज्ञानिक गोताखोरों के लिए 'आदर्श गैस' की खोज कर ही रहे थे कि हीलियम की ओर उनका ध्यान गया। हीलियम काफी हलकी गैस है। वह अत्यंत निष्क्रिय गैस भी है। इसलिए सागर के भारी दबाव में उसमें सांस लेने में कठिनाई नहीं होती। साथ ही हीलियम शरीर की कोशिकाओं से क्रिया भी नहीं करती। पर हीलियम के साथ भी एक बहुत बड़ी अड़चन का सामना करना पड़ा (यह अड़चन हर गैस के साथ होती है।)। जब सागर के भारी दबाववाले पर्यावरण से गोताखोर एकदम सागर-सतह पर आ जाता है तो उसके शरीर की मांसपेशियों में से गैसें उसी प्रकार, बुलबुलों के रूप में, निकलने लगती हैं जैसे सोडावाटर की बोतल खोलने पर कार्बन डाइऑक्साइड निकलती है। यह बहुत कष्टदायक स्थिति होती है। पहले गोताखोर इसे अपनी नियति समझते थे। इस व्याधि से वे अपंग हो जाते थे और अनेक बार उनकी मृत्यु तक हो जाती थी। विसंपीडन (डिकंप्रैशन) के फलस्वरूप होनेवाली इस व्याधि को वैज्ञानिक 'चोक्स', 'स्टैगर्स' अथवा 'बेंड्स' कहते हैं।

इस व्याधि का पता लग जाने के बाद अगला कदम ऐसी पद्धति का पता लगाना था जिससे गैस शरीर में से धीरे-धीरे निकल सके। प्रो० हॉल्डेन ने इस बारे में भी पहल की और एक ऐसी समय-सारणी बनाई जिसमें यह बताया गया कि गोताखोर को कितनी गहराई पर कितनी देर तक रुकना चाहिए तथा कब दबाववाले क्षेत्र में पहुंचने के लिए कितनी देर प्रतीक्षा करनी चाहिए। आमतौर पर गोताखोर दो-तिहाई दूरी तक तो जल्दी ऊपर आ सकता है। इसके बाद उसे हर तीन मीटर ऊपर आने के बाद कुछ देर रुकना चाहिए। जैसे-जैसे सतह पास आती जाती है, रुकने का समय बढ़ता जाना चाहिए।

यद्यपि उक्त समय-सारणी सामान्यतः बहुत उपयुक्त है पर व्यक्ति विशेष की शारीरिक हालत के अनुसार उसमें संशोधन करने आवश्यक होते हैं। बाद में ब्रिटिश नौ सेना ने अपने गोताखोरों पर लंबे समय तक प्रयोग किए। इनमें यह पाया गया कि जो व्यक्ति जितनी अधिक गहराई तक नीचे जाता है उसे ऊपर आने के समय उतनी ही कम दूरियों पर उतने ही अधिक समय तक रुकना चाहिए। उदाहरणार्थ 300 मीटर की गहराई तक जानेवाले गोताखोर को ऊपर आते समय हर 30 सेंटीमीटर की दूरी पर 10 मिनट रुकना चाहिए। इस प्रकार उसे सतह तक आने में एक सप्ताह तक का समय लग सकता है।

वैसे गोताखोर जितनी गहराई तक जाता है उसे जल में रहने का उतना ही कम समय दिया जाता है। अमेरिकी नौ सेना के नियमों के अनुसार जो गोताखोर 120 फुट (लगभग 37 मीटर) की गहराई तक जाए उसकी गोता शुरू करने से तली छोड़ने तक की अवधि 18 मिनट से अधिक नहीं होनी चाहिए। साथ ही इतना गहरा गोता लगाने के बाद 24 घंटे तक उसे पुनः गोता नहीं लगाना चाहिए।

यदि किसी कारणवश गोताखोर को निर्धारित समय से पूर्व ही सतह पर आना ही पड़ जाता है तब उसे तत्काल ही दबाव कक्ष में ले जाया जाता है। इस कक्ष में गोताखोर पर उस स्तर के अनुसार दबाव डाला जाता है जहां उसे सामान्यतः रुकना चाहिए था। जब गोताखोर दूसरे 'विश्रामस्थल' के लिए तैयार हो जाता है तब दबाव कम कर दिया जाता है। उसे उत्तरोत्तर कम दबाववाले कक्षों में ले जाया जाता है। इस प्रकार गोताखोर को सामान्य वायुमंडल के दाब में आने तक कई घंटे लग जाते हैं।

गोताखोर के गहराई से सतह पर आने की गति उसके ऊतकों में से निष्क्रिय गैस के बाहर निकलने की गति पर निर्भर करती है इसलिए गोता लगाने और शीघ्र विसंपीडित होने के तरीके इस बात पर निर्भर करते हैं कि गोता लगाने के दौरान गोताखोर किस गैस में सांस लेता है। प्रो० सी० जे० लैंबर्टसन के अनुसार विसंपीडन-दर में सुधार करने के लिए गोताखोर को ऑक्सीजन की वह अधिकतम

मात्रा दी जानी चाहिए जो उसे हानि न पहुंचाए। इससे वह नीचे जाने और गहराई में रहने के दौरान निष्क्रिय गैसों को कम से कम मात्रा में ग्रहण करेगा। इससे इन निष्क्रिय गैसों के विसंपीडन के दौरान शरीर से बाहर निकलने की समस्या भी उतनी ही कम रहेगी।

विसंपीडन में निष्क्रिय गैसों को बुलबुलों के रूप में शरीर से निकलने से रोकने के लिए अनेक उपाय सुझाए गए हैं। इनमें गोता लगाने के दौरान गोताखोर को आर्गोन, हीलियम, निओन सहित विभिन्न निष्क्रिय गैसों का मिश्रण देना; अंशतः विपॉलीमरित हायएल्यूरोनिक एसिड जैसे रसायनों का इस्तेमाल करना तथा गोताखोर को जलमग्न विसंपीडन कक्ष (सबमार्जिनल डिकंप्रैशन चैंबर) में रखना आदि शामिल हैं।

गैसों के मिश्रण में निष्क्रिय गैसों के साथ कार्बन डाइऑक्साइड, ऑक्सीजन और पानी की भाप भी होती है। इस मिश्रण से दबाव के कुप्रभाव कुछ हद तक कम हो जाते हैं पर यदि किसी वजह से ऊतकों में कोई छोटा-सा भी बुलबुला बन जाता है तब वह सब गैसों के कुल दबाव के प्रभावस्वरूप बढ़ता ही जाता है। परंतु इसका यह अर्थ नहीं कि निष्क्रिय गैसों का मिश्रण इस्तेमाल ही नहीं किया जाना चाहिए। मिश्रण में गैसों को बदलते रहने तथा नीचे जाते समय ऊपर आने के दौरान अलग-अलग मिश्रण इस्तेमाल करने से विसंपीडन के कुप्रभावों से कुछ राहत मिलती है।

ऑक्सीजन-हीलियम मिश्रण के साथ प्रयोग करके प्रो० लैंबर्टसन ने यह पाया कि इस मिश्रण के वायुमंडल में—जब गोताखोर को बीच-बीच में निओन मिश्रण भी दिया जाता रहे—तब वह 5,000 फुट की गहराई तक गोता लगा सकता है। साथ ही उतनी गहराई पर हलका काम भी कर सकता है। इसमें गोताखोर को कोई दिक्कत नहीं होती। पर जब वह कोई भारी काम करने लगता है तब उसे गैसों के मिश्रण में (जो भारी दबाव के कारण गाढ़ा हो जाता है) सांस लेने में कठिनाई होने लगती है।

इसके बाद विभिन्न गहराइयों पर अधिकतम समय तक रहने के अनेक प्रयोग किए गए। इनमें गोताखोरों ने 1,000 से 1,700 फुट की गहराइयों पर कुछ मिनटों से लेकर पांच से भी अधिक दिनों तक रहने के प्रयास किए। इन प्रयोगों में गोताखोरों को विशेष पोशाकें पहनाई गईं और विभिन्न प्रकार के गैस मिश्रणों में सांस लेने की सुविधाएं प्रदान की गईं। इनमें पाया गया कि 1,700 फुट ही वह अधिकतम गहराई है जिस पर मनुष्य बिना किसी हानि के, काफी समय तक रह सकता है।

जानवरों पर किए गए प्रयोगों में पाया गया है कि उन्हें अंशतः विपॉलीमरित हायएल्यूरोनिक एसिड (पार्शली डिपालीमराइज्ड हायएल्यूरोनिक एसिड—

पी० एच० डी० ए०) देने से विसंपीडन के कुप्रभाव काफी हद तक कम हो जाते हैं। यद्यपि अभी तक पी० एच० डी० ए० की सही-सही क्रिया का पता नहीं चल पाया है परंतु समझा जाता है कि पी० एच० डी० ए० वसा की उस परत को नष्ट कर देता है जो प्रत्येक नाइट्रोजन बुलबुले के इर्द-गिर्द बन जाती है और उसकी रक्षा करती है। उस परत के नष्ट होने से नाइट्रोजन गैस के बुलबुले फट जाते हैं और गैस फैल जाती है।

तो क्या मनुष्य इतनी ही गहराई तक गोता लगाकर संतुष्ट हो गया ? इस बार भी इस प्रश्न का उत्तर नकारात्मक ही है। वह आकाश में पक्षियों की भांति उड़ नहीं सकता पर वायुयान में बैठकर आसानी से कितनी ही देर विचरण कर सकता है और अंतरिक्ष-यान में बैठकर अंतरिक्ष के भयंकर शून्य में लगातार कई महीनों तक रह सकता है और यहां तक कि चांद पर भी पहुंच सकता है। तब वह सागर की गहराइयों में भी मनचाही दूरी तक जा सकता है। और इस कार्य के लिए भी उसने विशेष 'यान' विकसित किए हैं। अगले अध्याय में इन्हीं यानों और सागर की तली पर 'बस्ती' बनाकर रहने के प्रयासों के बारे में पढ़िए।

13
बस्तियां : सागर की गहराइयों में

गोताखोर पानी के दबाव के कारण उत्पन्न होनेवाली विभिन्न प्रतिक्रियाओं के फलस्वरूप केवल कुछ मिनट तक ही सागर की गहराइयों (अपेक्षाकृत कम गहराइयों) में रह सकता है। कुछ मिनट गहरे सागर में रहने के बाद उसे, सब सावधानियां लेने के बावजूद भी, कई घंटों तक आराम करना जरूरी होता है। इन परिस्थितियों में सागर की गहराइयों में बाकायदा बस्ती बनाकर रहने की बात भी ऐसी कल्पना प्रतीत होती है जिसका पूरा होना संभव नहीं लगता। पर मनुष्य हारनेवाला जीव नहीं है। वह पक्षियों की भांति आकाश में उड़ नहीं सकता पर अपने यान में वह अंतरिक्ष में लगातार इतने महीनों तक विचरण कर चुका है जितना कोई भी पक्षी नहीं कर सकता। तब सागर में बस्ती बनाकर रहने के कार्यक्रम में कैसे पीछे रह सकता है।

प्रथम प्रयोग

सागर में रहने का प्रथम प्रयास किया गया था सितंबर, 1962 के आरंभ में। यह प्रयोग डॉ० लिंक ने किया था पर वे स्वयं सागर के गर्भ में नहीं उतरे थे। वहां रहनेवाले व्यक्ति थे बेल्जियम के गोताखोर रॉबर्ट स्टेन्यूइट। स्टेन्यूइट डॉ० लिंक द्वारा डिजाइन किए गए चैंबर में, सागर में, 200 फुट (लगभग 60 मीटर) नीचे उतरे थे। वहां वे 26 घंटे रहे थे जिसमें से उन्होंने 8 घंटे अपने 'घर' के बाहर गुजारे थे। सांस के लिए जो गैस इस्तेमाल की गई थी उसमें 3 प्रतिशत ऑक्सीजन और 97 प्रतिशत हीलियम थी। बाहर निकलने के बाद उन्हें कई घंटे विसंपीडन की स्थिति में गुजारने पड़े थे। इस प्रकार उनके पूरे प्रयोग में 88 घंटे लगे थे।

स्टेन्यूइट के प्रयोग के एक सप्ताह बाद ही दो फ्रेंच गोताखोर, अल्बर्ट फाल्को और क्लॉड वेस्ले, तैरकर ऐसे 'विशाल कक्ष' में पहुंचे जिसे 34 टन भारी लोहे के वजन की सहायता से 36 फुट (लगभग 11 मीटर) नीचे सागर की तली पर

ले जाया गया था। ये गोताखोर भी किसी अन्य व्यक्ति के प्रयोगों में भाग ले रहे थे। ये व्यक्ति थे जैक्स येस कुस्तू और इनके प्रयोग का नाम था 'कानशेल्फ-प्रथम' और कक्ष का 'डाओजिन'।

गोताखोर डाओजिन में एक सप्ताह तक रहे। क्योंकि ये बहुत कम गहराई पर रहे थे इसलिए उनके लिए न तो विसंपीडन की व्यवस्था की गई थी और न ही सांस लेने के लिए विशेष गैस मिश्रण की। वे साधारण वायु ही सांस के रूप में लेते थे।

इन दो प्राथमिक प्रयोगों ने वैज्ञानिकों को काफी जानकारियां प्रदान कीं। उनसे 1957 में अमेरिकी नौ सेना द्वारा जानवरों पर किए गए प्रयोगों के निष्कर्षों की पुष्टि हुई। ये निष्कर्ष थे कि मनुष्य काफी लंबे समय तक ऑक्सीजन-हीलियम मिश्रण को सांस के रूप में, बिना किसी विशेष हानिकारी शारीरिक प्रभाव के, ले सकता है। साथ ही मनुष्य सागर की गहराइयों में लंबे समय तक सामान्य कामकाज कर सकता है।

अपने प्रयोग के बाद कुस्तू ने यह टिप्पणी की—"मनुष्य सागर में थल से संपर्क रखे बिना आसानी से जीवनयापन कर सकता है।"

अन्य प्रयोग

वर्ष 1962 के बाद सागर की गहराइयों में रहने के अनेक प्रयोग किए गए पर उनमें अमेरिका और फ्रांस का ही बोलबाला रहा। 1963 में कुस्तू के दल ने लाल सागर में प्रयोग किए। इस दल में पांच व्यक्ति थे और वह दल साब रूमी रीफ नामक स्थान पर एक विशेष 'गृह' में, जो पहले प्रयोग के कक्ष से अधिक जटिल था, 36 फुट नीचे एक महीने तक रहा। 'कानशेल्फ-द्वितीय' प्रयोग में गृह की आकृति तारा-मछली जैसी थी और दल के सदस्य सांस के रूप में सामान्य वायु ही लेते रहे पर दल के दो सदस्य एक सप्ताह के लिए 96 फुट नीचे स्थित एक बेस पर चले गए थे। वहां उन्होंने ऑक्सीजन, नाइट्रोजन और हीलियम का मिश्रण इस्तेमाल किया।

जब इस प्रयोग की खबर स्टेन्यूइट ने सुनी तो उसका दिल भी कुछ और कर गुजरने के लिए मचलने लगा। इसलिए अगले वर्ष, 1964 में, उसने भी अपने साथी, जान लिंडबर्ग, के साथ रबड़ के बने कक्ष में 430 फुट गहराई पर रहने का निश्चय किया और वह अपने प्रयोग में सफल भी रहा। वे दोनों लगभग दो दिन तक अपने कक्ष में, सागर के गर्भ में रहे और इस दौरान उन्होंने 4% ऑक्सीजन और 96% हीलियम के मिश्रण को सांस लेने के लिए प्रयुक्त किया।

स्टेन्यूइट के सफल प्रयोग के बाद अमेरिकी नौ सेना ने अपना प्रसिद्ध 'सी-लैब-प्रथम' प्रयोग आरंभ किया। सी-लैब-प्रथम 35 फुट लंबा और 12 फुट

व्यास का सिगार की आकृति का एक कक्ष था। इसमें बरमूडा के तट के निकट, 192 फुट गहरे सागर में, चार व्यक्ति दस दिन तक रहे। इन्हें 16 प्रतिशत नाइट्रोजन, 4 प्रतिशत ऑक्सीजन और 80 प्रतिशत हीलियम का मिश्रण दिया गया।

वर्ष 1965 में सी-लैब-द्वितीय प्रयोग किया गया। इसमें 205 फुट की गहराई पर स्थित कक्ष में 10-10 व्यक्तियों के तीन दलों ने 15-15 दिन बिताए। इन दलों में अंतरिक्ष-यात्री स्कॉट कारपेंटर भी शामिल थे। वे लगातार 30 दिन तक सी-लैब-द्वितीय में रहे।

जब सी-लैब-द्वितीय प्रयोग चल ही रहा था कि कुस्तू का 'कानशेल्फ-तृतीय' प्रयोग आरंभ हो गया। इस बार कुस्तू ने 18 फुट व्यास का एक गोला बनवाया जिसमें दो मंजिलें थीं—निचली मंजिल गोता लगाने और सोने के लिए थी और ऊपरी भोजन करने और वैज्ञानिक प्रयोगों के लिए। इस विशेष कक्ष को भूमध्य-सागर में केप फेरात के पास 328 फुट नीचे उतारा गया। इस प्रयोग में गोताखोरों ने जिनमें कुस्तू का पुत्र फिलिप भी शामिल था, भाग लिया। वे 22 दिनों तक सागर की तली पर रहे।

फरवरी, 1969 में आरंभ किए गए अमेरिकी नौसेना के महत्त्वाकांक्षी प्रयोग सी-लैब-तृतीय को, जो 600 फुट गहरे सागर में किया जा रहा था, शुरू करने के दो दिन बाद ही एक गोताखोर की दुर्घटना में मृत्यु हो जाने के कारण समाप्त कर देना पड़ा।

1960 के दशक के अंतिम चरण में सागर की गहराइयों में रहने के प्रयोगों में रूस, जर्मनी और ब्रिटेन भी शामिल हो गए। 1967 में रूस ने अपने प्रयोग 'दस्को-द्वितीय' में चार 'जल-यात्रियों' (एक्वानट) को काले सागर में, 80 फुट नीचे, एक सप्ताह तक रखा। उसके बाद रूस ने अपना 'चेरनोमोर' प्रयोग किया। इसमें जलमग्न प्रयोगशाला में चार-चार व्यक्तियों के कई दलों को छह-छह दिन तक रखा गया।

जर्मनी ने अपनी जलमग्न प्रयोगशाला का नाम रखा 'हेलिगोलैंड'। उसे हेलिगोलैंड द्वीप के निकट उत्तर सागर में 75 फुट नीचे भेजा गया और उसमें 28 जुलाई से 19 अगस्त, 1969 तक जल-यात्रियों के कई दल रहे। उन्होंने उत्तर सागर के ठंडे जल में अनेक प्रयोग किए।

इसके बाद भी टैक्टाइट सीरीज के तथा अन्य अनेक महत्त्वपूर्ण प्रयोग किए गए। पर इन प्रयोगों की चर्चा काफी लंबी हो गई, अतएव इसे समाप्त कर सागर की गहराइयों में लंबे समय तक रहने के कुप्रभावों की तथा सागर के सबसे गहरे स्थल (उस समय तक ज्ञात) में उतरने के रोमांचकारी अभियान की चर्चा करना श्रेयकर होगी।

कुप्रभाव

इन प्रयोगों में अब तक मनुष्य लगातार आठ महीनों से अधिक समय तक सागर की गहराइयों में रहकर सामान्य काम तथा विविध वैज्ञानिक प्रयोग कर चुका है। अब तक वह कई हजार फुट गहराई पर रह चुका है। इसलिए इस असामान्य पर्यावरण में जीवन-यापन करने के संदर्भ में काफी जानकारियां प्राप्त हो चुकी हैं।

श्वसन गैस मिश्रण में हीलियम की काफी अधिक मात्रा होने के कुप्रभाव अवश्य पड़ते हैं। इस मिश्रण में लंबे समय तक सांस लेते रहने से लोगों की आवाज में काफी परिवर्तन आ जाता है। वह बतख की आवाज के समान हो जाती है जिसे समझना कठिन हो जाता है। विचित्र बात यह है कि आवाज में इस परिवर्तन का प्रभाव अलग-अलग भाषाएं (यथा अंग्रेजी, जर्मन, फ्रेंच आदि) बोलनेवाले व्यक्तियों पर भिन्न-भिन्न होता है। गोताखोरों और वैज्ञानिकों का अनुभव है कि हीलियम के प्रभाव से जर्मन भाषा अपेक्षाकृत कम 'गड़बड़ाती' है। उस भाषा को समझा जा सकता है। वैसे कुछ दिन अभ्यास करने के बाद हीलियम-प्रभावित भाषा को समझा जा सकता है बशर्ते बोलनेवाला धीरे-धीरे बोल रहा हो। वैज्ञानिक ऐसी युक्तियां विकसित करने में प्रयत्नशील हैं जिनसे भाषा की यह गड़बड़ी दूर की जा सके। यदि मनुष्य को सागर को अपना शरण-स्थल बनाना है तब यह अत्यंत आवश्यक है।

हीलियम के वातावरण का एक अन्य दुष्प्रभाव है ऊष्मा-ह्रास की तेज गति। हीलियम, नाइट्रोजन (जो हमारे वायुमंडल में लगभग 80 प्रतिशत है) की तुलना में छह गुनी अधिक सुचालक है। इसका अर्थ यह हुआ कि हीलियम के वातावरण में थल की अपेक्षा चीजें लगभग छह गुनी ठंडी जल्दी होती हैं। इसी कारण सागर के गर्भ में रहनेवाले लोगों के शरीर से ऊष्मा-ह्रास बहुत तेजी से होता है। वे जल्दी ही ठंड महसूस करने लगते हैं। इसीलिए सी-लैब-प्रयोगों में 'कक्ष' को गरम करने के लिए बिजली की व्यवस्था की गई थी। आजकल गोताखोरों के डाइविंग सूटों को गरम रखने के लिए प्लूटोनियम-238 जैसे रेडियोधर्मी पदार्थों को इस्तेमाल करने पर विचार कर रहे हैं।

सागर की गहराइयों में रहने के ऐसे कुप्रभाव भी होते हैं जिनका संबंध हीलियम से नहीं है। ये हैं 200 फुट से अधिक गहराई पर डाइविंग सूट की सरंध्रता का समाप्त हो जाना, श्वसन गैस मिश्रण की सप्लाई को निरंतर बनाए रखना, सांस के साथ बाहर निकलनेवाली कार्बन डाइऑक्साइड को उपयुक्त तरीके से ठिकाने लगाना आदि और विसंपीडन की समस्या तो हमेशा ही बनी रहती है। वैज्ञानिकों ने इन समस्याओं के भी हल निकालने के प्रयत्न किए हैं। उन्हें इनमें सफलता भी मिली है। उदाहरणार्थ कानशेल्फ-तृतीय प्रयोग के दौरान

लोगों ने ऐसी पोशाक पहनी थी जिसमें कार्बन डाइऑक्साइड से भरे सूक्ष्म गुब्बारे हजारों की संख्या में लगे हुए थे ।

श्वसन गैस की सप्लाई को निरंतर जारी रखने के लिए स्व-नियंत्रित दाब पात्रों का उपयोग सुझाया गया है और सांस के साथ बाहर निकलनेवाली कार्बन डाइऑक्साइड को ठिकाने लगाने के लिए उसे ठंडा कर जमाने की व्यवस्था सुझाई गई है।

बेथोस्फीयर

गोता लगाकर केवल वे ही व्यक्ति सागर में जा सकते हैं जिनकी शारीरिक शक्ति काफी हो और जिन्हें गोता लगाने का वर्षों का अभ्यास हो। लगभग यही शर्त उन लोगों पर भी लागू होती है जो जलमग्न 'गृहों' में निवास करना चाहते हैं। अगर घंटों तक सागर में तैरने का अभ्यास नहीं है तब वे न तो जलमग्न गृहों में रह सकते हैं और न ही गोता लगा सकते हैं। विडंबना यह है कि एक विद्वान् सागर वैज्ञानिक हमेशा ही कुशल गोताखोर अथवा कुशल तैराक नहीं होता। पर सागर की गहराइयों का अन्वेषण वह जितनी अच्छी तरह से कर सकता है उतनी अच्छी तरह से गोताखोर नहीं कर सकता। इसलिए एक ऐसे यान की जरूरत थी जिसमें बैठकर अकुशल तैराक पर साहसिक और अत्यंत तीव्र अवलोकन क्षमतावाला सागर वैज्ञानिक सागर की गहराई में उतर सके। अंत में एक कठोर खोलवाले गोले का आविष्कार हो गया जो सागर में पानी का भारी दबाव सह सकता था साथ ही उसमें बैठा व्यक्ति पारदर्शी झरोखों से आसपास की वस्तुओं/दृश्य का सुचारु तरीके से अवलोकन कर सकता था। अनेक स्वचालित यंत्रों से सुसज्जित इस गोले को नाम दिया गया 'बेथीस्फीयर'।

बेथीस्फीयर में सबसे पहले विलियम बीब और ओटिस बर्टन 1934 में, समुद्र में बरमूडा के निकट, 3,028 फुट गहराई तक, उतरे थे। इस गहराई पर बेथीस्फीयर पर दबाव 7,016 टन था।

बीब और बर्टन को बेथीस्फीयर में मरोड़ न खानेवाली एक इस्पात केबल द्वारा जहाज से नीचे उतारा गया था। उसका वजन $2\frac{1}{2}$ टन था। उसकी दीवारें लगभग 4 सेंटीमीटर मोटी थीं। भीतरी व्यास केवल 140 सेंटीमीटर था। उसमें स्थान केवल इतना ही था कि दो यात्री और आवश्यक उपकरण समा सकें। बेथीस्फीयर में हवा की नमी सोखने के लिए कैल्सियम क्लोराइड से भरे और कार्बन डाइऑक्साइड सोखने के लिए सोडा-चूना से भरे पात्र रखे थे।

बाद में इस बेथीस्फीयर का उपयोग अन्य गोताखोरों ने वर्षों तक किया। ओटिस बर्टन ने बाद में भारी दीवारों का एक अन्य बेथीस्फीयर बनवाया। यह इस प्रकार बनाया गया था कि तीन किलोमीटर गहराई पर पड़नेवाले दबाव को

सह सके। परंतु पहले गोले की भांति लटकते समय यह गोला भी केवल तार (केबल) पर निर्भर रहता था। इसे सतह पर स्थित जहाज से संलग्न रखना पड़ता था। गोले के भीतर विद्यमान व्यक्ति अपने यान को नियंत्रित नहीं कर सकते थे।

बेथीस्काफ

समुद्र-गर्भ का अन्वेषण करनेवालों को ऐसे यान की आवश्यकता थी जो अपने-आप गोता लगा सके तथा ऊपर आ सके। 'बेथीस्काफ' नामक नौका यह कार्य कर सकती है।

'बेथीस्काफ' दो ग्रीक शब्दों 'बेथी' (गहरा) और 'स्काफ' (नाव) को जोड़ने से बना है। भौतिकविद् पिकर्द ने 1930 के आखिर में प्रथम बेथीस्काफ तैयार किया। इससे पूर्व वे गुब्बारों द्वारा वायुमंडल के ऊपरी भाग में विचरण कर चुके थे। समुद्र की गहराइयों में उतरने का निर्णय करने पर उन्होंने गिलाफ की शक्ल की एक नाव तैयार की। नाव का ऊपरी भाग, तिरौंदा, सिगार के आकार का था। इसका काम वही था जो गुब्बारे में गैस-थैली का होता है। निचला भाग अथवा यात्री कक्ष, गांडोला, इस्पात का गोला था।

प्रथम बेथीस्काफ 1948 में तैयार हुआ। बाद में फ्रांस की नौ सेना ने इसे ले लिया। वर्षों के परीक्षण के बाद 1954 में फ्रांसीसी नौ सेना के दो अधिकारियों ने बेथीस्काफ में अफ्रीका के उत्तरी तट के निकट 13,287 फुट की गहराई तक गोता लगाया।

प्रोफेसर पिकर्द का विश्वास था कि बेथीस्काफ और अधिक गहराई तक जा सकता है। फ्रांसीसी नौ सेना के इंजीनियर अभी प्रथम गहन समुद्र नौका का परीक्षण ही कर रहे थे कि शीघ्र ही पिकर्द ने दूसरे बेथीस्काफ का भी निर्माण किया, इसका नाम उन्होंने 'ट्रीस्ट' रखा। 'ट्रीस्ट' कई वर्ष तक भूमध्यसागर में कार्य करता रहा। बाद में इसे अमेरिका ने खरीद लिया। अमेरिकी नौ सेना की इलेक्ट्रॉनिक प्रयोगशाला में इसमें कुछ संशोधन किए गए। वह अब इस योग्य हो गया कि मनुष्य गहनतम गहराई तक ले जा सके। 'ट्रीस्ट' को मारियाना ट्रेंच के तल तक भेजने का कार्यक्रम बनाया गया। गुआम द्वीप से लगभग साढ़े चार सौ किलोमीटर दूर स्थित यह ट्रेंच उस समय तक ज्ञात सबसे अधिक गहरी खाई थी (बाद में, 1962 में कुक ट्रेंच का पता चला जो मारियाना ट्रेंच से अधिक गहरी है।)।

नाव-अधिकारी लेफ्टिनेंट वाल्श और उनके सहयोगी प्रोफेसर पिकर्द के पुत्र, जैक्स, 23 जनवरी, 1960 की प्रातः 'ट्रीस्ट' में सवार हुए तो उन्हें पता चला कि गोता लगाने के लिए चुने गए स्थान तक खींचकर लाने में ट्रीस्ट को कुछ हानि पहुंच गई है। टेलीफोन के तार कट गए थे और नीचे जाने तथा ऊपर आने की

गति मापने का एक मीटर बिलकुल नष्ट हो गया था। पर बेथीस्काफ में एक टेलीफोन-व्यवस्था और भी थी। बेथीस्काफ के जलमग्न होने पर इसका उपयोग किया जा सकता था।

पहले वाल्श और बाद में जैक्स पिकर्द इस्पाती गांडोला तक पहुंचनेवाली नली में प्रविष्ट हुए। गांडोला 6.5 फुट व्यास का, मोटी दीवारों का बना गोला था। उसमें ऑक्सीजन देने और कार्बन डाइऑक्साइड सोखने के उपकरण इस प्रकार के बनाए गए थे कि यात्री-कक्ष में 48 घंटे श्वास लेने योग्य हवा रखी जा सके। गांडोला की खिड़कियां लगभग $5\frac{1}{2}$ इंच मोटे पारदर्शी प्लास्टिक की बनी थीं।

बेथीस्काफ के सिगार के आकार के तिरौंदे में 13 टंकियां थीं। इनमें से 11 टंकियों में 30,000 गैलन गैसोलिन भरा था। गैसोलिन जल की अपेक्षा हलका होता है। अतएव बेथीस्काफ में उत्प्लावकता पैदा होती थी। ट्रीस्ट के गोता लगाने के पहले तक तिरौंदे के प्रत्येक सिरे पर एक-एक टंकी खाली रखी जाती थी। तब इन टंकियों के वॉल्व खोल दिए जाते थे। समुद्र-जल के प्रवेश आरंभ कर देने पर बेथीस्काफ डूबना शुरू हो जाता था। नीचे उतरने के दौरान गैसोलिन दब जाता था और गैस-टंकी में खाली स्थान भी समुद्र-जल से भर जाता था।

ट्रीस्ट आठ बजकर बीस मिनट पर जलमग्न हुआ। लगभग 100 मीटर तक वह तेजी से नीचे गया। वहां यह थर्मोक्लाइन पर था। यहां जल का ताप एकदम कम हो जाता है। ठंडे पानी का गर्म जल की अपेक्षा घनत्व अधिक होता है। इसने बेथीस्काफ की उत्प्लावकता बढ़ा दी। चालकों ने तिरौंदे से गैसोलिन छोड़ा ताकि नौका भारी हो नीचे जाती रहे।

ट्रीस्ट के 10,000 मीटर तक उतरने तक सब कुछ ठीक रहा। तब चिटकने की जोर से आवाज हुई, जिसने गांडोला को हिला दिया। बाद में वाल्श ने बताया कि तब भूकंप-सा प्रतीत हुआ था। इस भयानक कंपन के बाद दोनों व्यक्तियों ने विद्युतीय उपकरणों के स्विच बंद कर प्रतीक्षा करना शुरू किया। परंतु इसके बाद और धक्के नहीं लगे। उपकरणों को पुनः चालू किया गया तो वे सामान्य स्थिति का संकेत कर रहे थे। दोनों व्यक्तियों ने और गहरा जाने का निर्णय किया।

उनका अनुमान था कि तली केवल आधा मील और नीचे है। सतह के निरीक्षण से लिए मापों के आधार पर मारियाना ट्रेंच की गहराई 10,850 मीटर मानी गई थी। परंतु ट्रीस्ट के गहराई-मापक-यंत्र में यह स्तर अंकित हुआ तो तल का कोई चिह्न न था। जल-यात्रियों को यह मालूम न था कि वे समुद्र के फर्श से कितने ऊपर थे, अतएव उन्होंने गुटिकाएं फेंक बेथीस्काफ के उतरने की गति 15 सेंटीमीटर प्रति सेकिंड कर दी। यह आवश्यक था कि सरलतापूर्वक सामान्य तरीके से फर्श पर उतरा जाए। मापक-यंत्र की सुई जब 37,500 फुट का संकेत कर रही थी, तो गहराई पता लगानेवाले यंत्र ने संकेत किया कि ट्रीस्ट

तली के निकट पहुंच गया है। इसके तुरंत बाद यात्रियों को तली दिखने लगी।

अब गहराई मापने पर वह 37,800 फुट निकली। बाद में नौ सेना के वैज्ञानिकों ने बेथीस्काफ के उपकरणों की सावधानी से जांच की तो पाया कि खड्ड में ऐसी स्थितियां थीं कि गहराई-मापक-यंत्र 2,000 फुट की गलती कर गए। बाद में सरकारी रिपोर्ट में यह अंकित किया गया कि वाल्श और पिकाडं ने 35,800 फुट गहराई तक गोता लगाया।

समुद्र-तल मृदु पंक का था। ट्रीस्ट ज्यों ही उतरा, कीचड़ के बड़े बादल ने बेथीस्काफ को घेर लिया। कुछ समय तक तो बाहर पूर्ण अंधकार रहा। धूल जब छंट रही थी तो पिकर्द ने छोटी लाल रंग की श्रिम्प मछली तैरती देखी।

कुछ क्षण बाद बेथीस्काफ के पिछले भाग के सामने के सुराख में से समुद्र-तल देखने के लिए बत्ती जलाई गई तो पता चला कि निर्देशन-कक्ष तक पहुंचानेवाली ट्यूब की खिड़की में दरार पड़ गई थी।

पिकर्द और वाल्श का विचार तली पर तीस मिनट तक ठहरने का था। परंतु टूटी खिड़की का पता चलने के तुरंत बाद ही उन्होंने ऊपर आना शुरू कर दिया। ऊपर वे तेज गति से आए—लगभग 120 सेंटीमीटर प्रति सेकिंड की दर से। तल पर गांडोला के बाहर 38° फा० ताप अंकित किया गया। भीतर का ताप 45° फा० था। ट्रीस्ट के ऊपर आते समय गांडोला के तल से चिपटा कीचड़ भंवर के रूप में बहता हुआ निकला। कीचड़ में रंग के धब्बे मिले हुए थे। तल पर पड़े भारी दबाव ने गोले को दबा दिया था, जिससे कुछ रोगन चिटख गया था, रोगन और कीचड़ के ऊपर उठते हुए बादल से जल-यात्रियों में भ्रांति पैदा हो गई कि ट्रीस्ट ऊपर जाने के स्थान पर नीचे उतर रहा है।

चार घंटे से कुछ ही कम समय में, सायं पांच बजने से ठीक पहले, ट्रीस्ट सतह पर पहुंच गया।

यह सफल गोता समुद्र के गहनतम भागों में मनुष्य की अन्वेषण-क्षमता की जांच के लिए सावधानीपूर्वक नियोजित परीक्षण था।

14
भविष्य की झांकी

मनुष्य महीनों तक सागर-तल पर रह चुका है, वह उसके सबसे गहरे खड्ड में उतर चुका है (उस समय तक ज्ञात), नाभिकीय शक्तिचालित पनडुब्बियों में बैठकर उत्तरी ध्रुव के विशाल हिमखंडों के नीचे से निकल चुका है तथा अनेक बातों में सागर पर विजय प्राप्त कर चुका है। आज उसके पास 'ट्रीस्ट' से भी अधिक सुचारु बेथीस्काफ हैं जिनसे वह सागर में किसी भी स्थान पर, किसी भी गहराई पर उतर सकता है। वैसे उसके पास ऐसे उपकरण भी हैं जिनसे वह सागर की तली में बिना वहां जाए 'झांक' सकता है। अब मनुष्य मोतियों की ही नहीं, मछलियों की भी खेती करने के प्रयत्न कर रहा है। साथ ही वह सागर की तली पर पड़े बहुधात्विक पिंडों को बटोरने की कोशिश भी कर रहा है और जल के विभिन्न स्तरों के तापांतरों से बिजली बनाने के प्रयत्न भी। इन सबसे ऐसा लगता है कि वह सागर का वास्तविक उपयोग करने के प्रयत्न ही नहीं कर रहा वरन् उसमें निवास करने के बारे में भी गंभीरता से सोच रहा है। जैसा कि आप पहले अध्याय में पढ़ चुके हैं, अगर मनुष्य ने अपनी जनसंख्या-वृद्धि को नियंत्रित नहीं किया तब उसे अंततः सागर की शरण में ही जाना पड़ेगा। अंतिम शरण-स्थल के रूप में सागर उपयुक्त स्थान सिद्ध हो सकता है।

पर सागर को अपना स्थायी निवास बनाने के पहले मनुष्य को अब भी बहुत-सी बातें 'सीखनी' हैं, अनेक कारकों—शारीरिक और पर्यावरणीय—पर विजय पानी है। इस बारे में आज से अनेक वर्ष पहले महान् कुस्तू गंभीरता से विचार कर चुके हैं। उनका मत था कि सागर की गहराइयों में निवास करने के लिए मनुष्य को वायु (गैसों के मिश्रण) में सांस लेने के अपने स्वाभाविक गुण को बदलना होगा। उसे पानी में ही सांस लेने की आदत सीखनी होगी। उसे अपने शरीर में उपयुक्त यंत्र फिट कराने होंगे तथा विसंपीडन-जन्य व्याधि को रोकने के लिए शरीर में एक विशेष द्रव्य भराना होगा जिसे संपीडित नहीं किया जा सके। वास्तव में मनुष्य की एक नई प्रजाति ही विकसित करनी होगी। यह

प्रजाति 'जल-मानव' (होमो एक्वाटिक्स) होगी।

पर जल-मानव विकसित करना क्या आसान काम है? नहीं। वैसे अनेक चिकित्सक चूहों, कुत्तों आदि पर ऐसे प्रयोग कर चुके हैं जिनमें उन्हें पानी में ही सांस लेने के लिए मजबूर किया गया था। यद्यपि वे प्राणी अंततः मृत्यु को प्राप्त हो गए पर अनुमानित अवधि से कहीं अधिक समय तक जीवित रहे।

हो सकता है कालांतर में चिकित्सक मनुष्य के शरीर में विशेष युक्तियां लगाकर उसे सागर की गहराई में स्थायी रूप से निवास करने के योग्य बना सकें, पर उस दिन को आने में शताब्दियां लग सकती हैं। उस समय तक, जब तक जल-मानव विकसित नहीं हो जाता, हम सागर की अपार खाद्य और खनिज संपदा का उपयोग करके, अपने कारखानों और घरों के लिए बिजली पैदा करके तथा अपनी घरेलू औद्योगिक और कृषि आवश्यकताओं के लिए समुद्री जल को विलवणीकृत करके पानी अवश्य प्राप्त कर सकते हैं। इस प्रकार हम थल पर ही रहकर सागर की 'शरण' में रह सकते हैं। पर इसके लिए यह परम आवश्यक है कि हम सागरों को गंदी झील न बनने दें। उनमें हानिकारी पदार्थ न फेंकें। साथ ही जो सागर हमारे अज्ञानतावश गंदे हो चुके हैं उन्हें फिर से साफ करने का प्रयत्न करें।

हम आशावान हैं। हम अपनी समस्याओं पर विजय पाकर अपने भविष्य को अवश्य उज्ज्वल बना सकेंगे।

शब्दावली

अंतरीय	Headland
अंत:ज्वारीय क्षेत्र	Intertidal zone
अंत:प्राणिजात	Infauna
अधस्थल	Subsurface
अधिप्राणिजात	Epifauna
अद्योबिंदु	Nadir
अपतट, तट से दूर	Offshore
—रोधिका	—bar
—मत्स्यन	—fishing
—मत्स्यन क्षेत्र	—fishing ground
—बालभित्ति	—sand bar
—ढाल	—slope
—द्रोणिका	—trough
—क्षेत्र	—zone
अपरद	Detritus
अपरदन	Erosion
अपसरण	Divergence
अभिवृद्धि	Accretion
अभिसरण	Convergence
अवशिष्ट पुलिन	Relict beach
अवसादन	Sedimentation
अवसादी	Sedimentary
असंरक्षी गुण	Non-conservative property
असांतत्य तल पार्थक्य तल	Discontinuity
आग्नेय	Igneous

आयनमंडल	Ionosphere
आविलता	Turbidity
आविल धारा	Turbidity current
अवैपोराइट	Evaporite
उड़नशील	Volatiles
उत्थान	Rise
उत्स्रवण	Upwelling
उपतट, तटवर्ती	Inshore
—संकर्ष जाल	—Dragnet
—मत्स्यन	—Fishing
—जल	—Water
उभयगामी गति	Amphidromic motion
ऊष्मा बजट	Heat budget
एकमेन कुंडली	Ekman spiral
एलनीनो	El nino
ऐंठन	Torsion
ऐल्बिडो/श्विति	Albedo
कंटिका	Spicula
कगार	Scarp
कल्प	Period
कर्मस्थिति	Niche
कर्षण	Drag
कवचयुक्त	Shelly
कॉरिओलिस प्रभाव	Coriolis effect
कार्बन यौगिकीकरण	Carbon fixation
क्रिटेशस कल्प	Cretaceous period
कोरल/प्रवाल	Coral
कोरल द्वीप	Atoll
क्रोड	Core
क्रोड युक्ति	Coring device
क्षतिपूर्ति गहराई	Compensation depth
—जैव	—biological
क्लोरीनता	Chlorinity
खंडज	Clastic

खड्ड	Canyon
खाड़ी रोध	Bay barrier
खारी	Brackish
खुली खाड़ी	Bight
गतिक तलाकृति	Dynamic topography
गर्त/अवनमन	Depression
गभीर प्रकीर्णन परत	Deep scattering layer
गभीर वेलापवर्ती क्षेत्र	Bathypelagic
गभीर सागर	Bathyl
गहनतम खड्ड	Hadal
गाद	Silt
गीआह/निमग्न टीला	Guyot
गुरुत्व तरंग	Gravity wave
गुरुत्वमापी	Gravimeter
गैस निष्कासन	Degassing
गोलार्ध	Hemisphere
चंद्र दिन	Lunar day
चक्रवात	Cyclone
चर्ट	Chert
चाप	Arc
चुंबकीय असंगतता	Magnetic anomaly
जलकृषि	Aguaculture
जलधारा	Current
—अधस्तल	—subsurface
—अपवाह	—drift
—घूर्णी	—rotary
—प्रति	—reversing
—सघन	—density
—वेलांचली	—longshore
जलमंडल	Hydrosphere
जलमार्ग	Channel
जलराशिकी	Hydrographic
जलवैज्ञानिक	Hydrological
जलीय चक्र	Hydrologic cycle

जलोढ़ पंखाकार जमावट	Alluvial fan
जीव-जीवी जमावट	Eiogenous sediment
जीवमंडल	Biosphere
जीवीय	Biotic community
जेटी	Jetty
जैवभूगोल	Biogeography
जैवमात्रा/बायोमास	Biomass
ज्वार-भाटा	Tide
—लघु	—neap
—बृहत्	—spring
—अर्द्धदैनिक	—semidiurnal
—भूमध्यरेखिक	—equitorial
ज्वारभित्ति	Bore
ज्वारीय तरंग	Tidal wave
ज्वालामुखी पर्वतमाला	Ring of fire
टर्बिडाइट	Turbidite
टॉमोग्राफी	Tomography
ट्रोपोस्फीयर	Troposphere
तट/तटीय	Shore
—उप	—inshore
—अप	—offshore
—निकट	—near
—अग्र	—fore
तटबंध	Levee
तटरेखा	Shoreline
तत्रजनिक	Authigenic
तनुतापी	Stenothermal
तनुलवणी	Stenohaline
तरंग परास	Fetch
तरंगिका	Rip current
तरणक	Nekton
तलमज्जी	Demersal
ताप प्रणता	Thermocline
तूफान महोर्मि/झंझा महोर्मि	Storm surge

तृतीयक	Tertiary
थर्मोहैलाइन	Thermohaline
थर्मोहैलाइन परिसंचरण	Thermohaline circulation
थलीय उद्गमी तलछट	Terrigenous sediment
दक्षिणावर्त	Dextral
दुर्बलतामंडल	Asthenosphere
दैनिक	Diurnal
द्रोणी/गर्त	Trough
द्वीप चाप व्यवस्था	Island arc system
नॉट	Knot
निक्षेप	Deposit
—जलजनित	—hydrogenous
नितल/नितल जीव/नितलवासी	Benthos
नितलस्थ	Benthic
निपंक	Ooze
नेरिटांचली जल	Neritic water
पंखाकार घाटी	Fan valley
पेंजिआ	Pangaea
पेंथालैस्सा	Panthalassa
पपड़ी/पर्पटी	Crust
परपोषित	Heterotroph
परिवेश	Ambient
—प्रकाश	—light
—शोर	—noise
—ताप	—temperature
पश्च जल	Back water
पश्च तट	Back shore
पारासारी	Tonic
—अति	—hyper
—अल्प	—hypo
पारितंत्र	Ecostystem
पार्थक्य तल	Discontinuty
पार्थक्य	Interface
पालिनिया/हिमदेशीय झील	Polynya

पिक्नोक्लाइन	Pycnocline
पुराचुंबकत्व	Paleomagnetism
पुराजलवायु	Paleoclimate
पुलिन/तट	Beach
पुलिन रोध	Groin
पोषी	Trophic
—स्वपोषी	—auto
—परपोषी	—hetero
पृथुतापी	Eurythermal
पृथुलवणी	Euryhaline
प्रकाशी	Photoic
—अ	—aphotoic
—मंद	—disphotic
प्रक्षोभ	Turbulance
प्रतिचक्रवाती	Anticyclonic
प्रतिध्वनिक गहराई मापन	Echo sounding
प्रतिपवन	Leeward
प्रवाह प्रतिरूप	Flow pattern
प्राग्जैविक	Azoic
प्राथमिक उत्पादन	Primary production
प्रोफाइल/परिच्छेदिका	Profile
प्लवक विज्ञान	Planktology
प्लांक्टन	Plankton
—पादप	—phyto
—महा	—mega
—बृहत्	—macro
—सूक्ष्म	—micro
—नैनो	—nano
—परमनैनो	—ultranano
—अस्थायी	—mero
—पूर्ण	—holo
—अतिसूक्ष्म	—ultra
—बैक्टीरिया	—bacterio
—जंतु	—zoo

प्लांक्टन पुंज	Plankton bloom
प्लावी हिमखंड	Floe
प्लीस्टोसीन/अत्यंतनूतन	Pleistocene
प्लुतक	Flotsam
प्लेट विवर्तनिकी	Plate tectonics
प्लेसर	Placer
फियार्ड	Fjord
बर्फ	Ice
—तटलग्न	—fast
—पुंज (प्लावी)	—pack-pancake
बर्म	Berm
बेदीथर्मोग्राफ	Bathythermograph
बेसिन	Basin (Ocean)
बैरियर रीफ	Barrier reef
ब्यूफोर्ट संख्या	Bearfort numbers
भंवर	Eddy
भू-अपनति	Geanticline
भूकंपी	Seismic
भूमध्यसागरीय परिसंचरण	Mediterranean circulation
भूविपेक्षी धारा	Geostrophic current
भूविवर्तनिकी	Geotectonics
भृगु	Cliff
भ्रंश	Fault
भ्रंश खंड	Fault block
भ्रमिल	Vortex
मत्स्य उद्योग	Fishery
महाकल्प	Era
महातरंग	Swell
महाद्वीपीय उत्थान	Continental rise
महाद्वीपीय ढलान	Continental slope
महाद्वीपीय पर्पटी	Continental crust
महाद्वीपीय मार्जिन	Continental margin
महाद्वीपीय विस्थापन	Continental drift
महाद्वीपीय शैल्फ	Continental shelf

महासागरीय क्षेत्र	Oceanic province
महासागरीय पटल	Oceanic crust
माध्य सागर तल	Mean seal level
मुक्त तरणक	Free floating
मैंटल	Mantle
मैग्मज जल	Juvenile water
मोहोरोविसिक असांतत्य	Mohorovicic discontinuity
युग	Epoch
रक्त ज्वार	Red tide
रीफ भिप्ति	Reef
रीफ अंचल/भित्ति अंचल	Reef flat
रुद्धोष्म	Adiabatic
रूपांतरित भ्रंश	Transform fault
रेडियोलेरीय	Radiolariam
रोधिका/भित्ति	Bar
रोधिका पुलिन	Barrier beach
लघु महाद्वीप	Microcontinent
लवणता	Salinity
तरंग/लहर	Wave
—प्रणोदित	—forced
—खंडित्र	—breaker
—मुक्त	—free
—उथली जल	—Shallow water
—संक्रमण	—transitional
लिथोथैमनियन कटक	Lithothamnion ridge
लैंगम्यूर परिसंचरण	Langnuir circulation
लैगून	Lagoon
वलन	Fold
वायुकृत	Eolian
वायु विलय/ऐरोसोल	Aerosol
विकिरणी	Radiative
वितल	Abyss
वितल पर्वत	Abyssat hill
वितलीय/अतल	Abyssal

विभंग	Fracture
विलवणीकरण	Desalinization/Desalination
विश्व वायुमंडलीय अनुसंधान कार्यक्रम	Global atomospheric research programme (GARP)
विसरण गुणांक	Diffusion co-efficient
विसर्प	Meander
वेलांचल	Littoral zone
वेलापवर्ती	Pelagic
—अधि	—epi
—मध्य	—meso
—गभीर	—bathy
—अतल	—abysso
वेलापवर्ती तलछट	Pelagic sediment
वृताकार गति	Gyre
शैलजन	Lithogenous sediment
शैवालविज्ञान	Phycology
शोल	Shoal
संतुलन/साम्यावस्था	equilibrium
संयोजी भित्ति	Tombolo
संरक्षी गुण	Conservative property
सदिश	Vector
सबस्ट्रेट	Substrate
समज्वार रेखा	Corange line
समताप मंडल	Stratosphere
समतापीय	Isothermal
सममान रेखा	Isopleth
समलवणता रेखा	Isohaline
समस्थिति	Isostaey
समीर/मलयानिल	Breeze
समुद्रगिरि मंच	Tablemount
समुद्री गुफा	Sea cave
समुद्री टेकरी	Sea knoll
समुद्री बर्फ	Sea ice

सागर	Sea
—खुला	—Open
सागर तट	Sea shore
सागरीय	Meri
सिएलिक	Sialic
सिमैटिक	Simatic
सिल	Sill
सीमांत सागर	Marginal sea
सुप्रकाशित क्षेत्र	Euphotic zone
सुरंग	Tunnel
सुस्थितिक	Eustatic
सूचक प्रजाति	Indicator species
सूर्यातप	Insolation
सेश	Seiche
स्कूना	Scoona
स्तरिक	Stratigraphic
स्तरीय प्रवाह	Laminar fllow
स्थलमंडल	Lithosphere
स्थलाकृति	Topography
स्थानबद्ध	Sessile
स्पिट	Spit
स्वेरड्रप	Sverdrup (Sv)
हिमनद	Glacier
हिम विदर	Crevasse
हिम शैल्फ	Ice Shelf
हेलोक्लाइन	Halocline

□□□